知財インテリジェンス

知識経済社会を生き抜く基本教養

玉井誠一郎 著

HANDAI Live
036
大阪大学出版会

はじめに

　日本のバブル崩壊から現在にいたる20年の間に、世界はインターネットに代表される情報革命やグローバル経済の進展などによって激変した。日本の得意とする物つくりは、アジアの新興国に拡散して産業空洞化が進行し、今や先端技術産業といえどもその研究開発投資の成果物である設計情報や製造ノウハウ情報を適正に保護しなければ、情報流出やニセモノの出現によってすぐに価格競争に陥り、投資回収（投資収益率ＲＯＩ：Return on Investment、利益÷投資）は得られず経営は成り立たない時代になった。

　ドラッカー（P. F. Drucker）が『断絶の時代』の中で述べた知識社会（知識経済社会）が到来したのである。この社会では、資本金、設備、土地などの有形資産にかわり、知識・情報が経済価値を生み出す主要な源泉となり、人の教育水準、業務プロセス、知的財産権（ほぼ同義語で使用される知的財産を含めて以後知財と略称する）、外部との結びつきなどの無形資産が価値形成に大きな比率を占めるとされる。特に知財は事業競争戦略上きわめて重要で、政府はこの観点から2002年に知財の創造・保護・活用を理念とする知財立国構想を打ち立て現在も推進中である。しかし、10年にわたる首相を本部長とする国家重

点政策の取り組みにもかかわらず、明らかな成果は表れていない。

その理由として、目的や理念が機能していないうえに、企業・大学を含め多くの国民には知財に関する誤った理解や幻想があり、基本財産権としての知財に対する意識や感度が低いことが考えられる。知財とは、実物の商品（製品、サービス）と一体になって初めてその価値を発現できるもので、商品や事業と乖離した知財は費用（コスト）だけで価値を生まない。今まで盛んにイノベーション投資が叫ばれ実施されてきたが、砂漠に水をまくがごときのばらまきや、税金の無駄使いに終わっている。日本企業が10数年にわたり基礎研究から商品化までの投資を続けた先端技術商品（液晶、薄型TV、太陽電池、リチウムイオン電池など）は、量産化になると海外勢にシェアや利益をさらわれている現実の原因分析や対応をせずに、依然として先端技術に投資するような経営者は、投資回収の視点が欠落しており、その経営資質が疑われても仕方ないであろう。知財を投資回収のコアとする真正のイノベーション（Real Innovation）が必要とされる時代になった。

収入500万円の世帯が1000万円の支出をするために差額の500万円を毎年借金でまかなうようなことは繰り返せないのに、国家となるとこの行為が許されるのであろうか？日本国の累積債務は1000兆円にもなっているのである。そしてとりあえずその不足部分を増税でまかなおうとしているが、根本のところを変えないと問題の本質は解決しない。収入に見合う生活、つまり500万円の中でやりくりして生活するしかないとい

はじめに

う覚悟を国家ももつべきである。そして、この困難でハングリーな環境こそが人々を強くし、助け合いの精神を生み、創意工夫や真の革命的な発明・発見・イノベーションを起こしてきた歴史の事実に学びたい。

本書は、今後のグローバル知識経済社会を生きる経営者、技術者、学生などの一般人を対象に、知財を自らの最高、かつ最強の基本財産権として理解し活用できるようにするための考え方・知識・実務を明示した啓発的「教養書」である。本書を通じて、自らの知的成果物を知財化し活用できる能力、つまり知財インテリジェンスの獲得や知財による自らの知財ブランドの形成、さらには、知財に敏感な国民への変革（知財立国構想でいう国民の知財意識の向上）が先導されることを期待する。なお、より体系的に知財戦略経営について習得したい方は、拙著『知財戦略経営概論』（日刊工業新聞社刊）を併せて参照されたい。

先の東日本大震災で明らかになったように、いわゆる閉鎖的な原子力村の体質はそのまま知財関係者でつくる「知財村」にも当てはまる。彼ら知財村の住人の多くは、旧態依然とした蛸壺的体質の中に安住しているようである。知財の本来目的である「儲けるための知財経営活動」ではなく「知財のための知財管理活動」に終始し、結果責任を取らない。

これは、官僚主導行政の予算消化・非効率・無責任な体質と同じであると考えられ、知財投資に見合う成果や活用展開は期待できないであろう。特許をとればその事業が守れるなどというのは幻想である！　実際は特許庁も警察も守

ってくれない。特許権者が自らの費用で侵害を調査し、裁判費用を支払い、自らが守るのである。この権利行使のための費用を、特許侵害者にとって痛くもかゆくもないただの紙切れである。単なる自己満足と出願費用がかかっただけの特許となってしまう。

近年の特許裁判データを調べると、特許権者の勝率は3割程度、しかも敗訴原因の半数以上が特許無効（最初から特許はなかったもの）になっている。特許庁で特許可されたものが、裁判では同じ特許法により無効と判示されている現実をどう考えるべきであろうか？　無効な特許となった責任は誰が取るのか？　誰のための特許制度なのか？　この知財業界の旧態依然とした姿勢がムダと悪しき幻想を生むのである。

さらに、特許が取れたから独占実施できると勘違いしている人がきわめて多い。特許のうえに特許はいくらでも取得できる。他人の特許のうえに取った特許はその権利を侵害しているので排他（排除）される。特許庁を初めとして出願系の弁理士・弁護士諸氏は盛んに特許出願を奨励するのだが、特許出願の申請者がこのような基本的なことを理解していないと後で困ったことになる。加えて重要なことは、知財の保護は出願するよりも守秘のほうがはるかに優れている場合が多いことである。

知財は、「儲けるための手段（利益確保のための財産権）」であり、額に飾る勲章ではない。知財活動の成果は、知財部門の活動パフォーマンスを示す出願件数でも登録件数では

はじめに

もない。経営への貢献つまり、儲けとしての利益（やブランド価値）として計測・評価されなければならない。これができないものはおよそ経営とはいえない。経営とは、PDCA（Plan Do Check Action）サイクルを回し、投資回収（ROI）で計測されなければならない。社会へのお役立ち料（貢献）として儲け（利益）を頂く行為である。その活動は、役所的な予算消化や失敗検証のない活動は経営とは言わずただの浪費である。この観点からすると、従来の出願件数などの多寡を競うような活動は、管理知財（ノルマ知財）とも呼ばれ、経営に直接貢献する経営知財とは知識を意味するが、その知識を行として実践できなければ真の役立つ知識ではないのと同じである。少なくとも経済活動においては！

ところで、高度化した科学技術の時代においては、知識人とか専門家と称される人たちの専門能力は、きわめて局所的でありその質たるやピンからキリである。経験によって裏づけられた経験知こそが知識を経済価値に転嫁することができる。先哲のいう「知行合一」の知とは知識を意味するが、その知識を行として実践できなければ真の役立つ知識ではないのと同じである。少なくとも経済活動においては！

たとえば、著名な経済学者であっても、技術を商品にしたことも、品質管理したことも、販売したことも、不良対策をしたことも、資金繰りしたことの経験がない人は、起業や事業経営に失敗する。「知」のみの学術知識は、「行」としての実践経営には役立たない。

v

ある大学で外科の教授を選任するに際して、学術論文の実績をもとに選任したところ手術のできない教授が選ばれたとの笑い話がある。知財にかかわる弁護士・弁理士諸氏についても法律の知識はあるが、顧客の事業分野、事業内容、技術内容に対する精通度が低く、裁判や交渉などの経験知のない人は笑い話の外科教授と同類である。巷で語られる専門家や知識人と称される人々の中身や実力が問われ、選別される時代なのである。

知識経済社会は、開示説明社会でもある。分かりやすい言葉で論理的に明快に数値をもって説明することが要求される。曖昧な説明や表現、たとえば、一定期間、一定の目処、高度なもの（を特許とする）というような用語は勝手な解釈や混乱を生む。ビジネスに用いる文書は、厳密さを要求される。曖昧な表現は、後の言い訳や解釈を残し、どうにでも解釈できる表現はなんらの法的効力をもたない。

筆者は、大手電器メーカーに入社以来、新製品の研究開発からその事業化までを世界的視野で実践するとともに知財の重要性に気づき300件に及ぶ特許出願を行ってきた。定年前10年間は、半導体事業の知財戦略タスクフォース活動の統括者として特許調査、出願、交渉、裁判を主導し半導体の知財収支の大幅な改善に務めた。現在、大阪大学およびその関係協会（米国シリコンバレーモデルよりはるか以前、今から74年前の昭和13年に関西財界人が産学連携による新産業創生のために設立した財団法人）に所属し、新しい産学連携モデルの構築や知財事業（IPアカデミー）などの推進に携わっている。

vi

はじめに

そして、近年20年の経済の沈滞、グローバル経済の伸展に伴う産業空洞化、地域産業や中小企業の疲弊、永年多大の研究開発投資をしてきた数々の先端技術が事業化後にすぐに海外企業にシェアを奪われること、行政の小手先の施策などいずれの問題もその根底に知財に対する正しい理解や取り組みが欠落していることを痛感するとともに・知識経済社会を生き抜くための基本的インテリジェンス（知力）として、知財の知識や経験の少ない経営層や技術者・学生など広く国民一般向けに簡明で本質をついた教養書が必要だと感じていた。これが、本書を著す動機になった。

執筆に際しては、巻末に掲げる参考文献やインターネット上にある公開情報の一部を参照もしくは引用させていただいた。その著者並びに出版でお世話になった大阪大学出版会の栗原佐智子さんに謝意を表したい。また、日本の知財に警鐘を鳴らし続けている一般社団法人 知財経営推進企業協会（IPMA）の矢間伸次理事長に敬意を表したい。

本書により最先端の知財（特に特許）現場の実際と知財戦略経営の考え方を理解され、今後の事業経営や知財ブランドの形成に活用いただければ幸いである。

本書を父母（織雄、梅子）と妻子（文美、明日香、裕子、景子）に贈る。

「自らの財産権を投げ出したものは隷属への道を歩む」　ハイエク（F. A. Hayek）

平成24年4月1日

著者識す

目　次

はじめに ……………………………………………………………… i

第1章　知財は最重要の基本財産権 ……………………………… 1

無形資産価値の上昇　2／知財の重要性　8／産業空洞化問題の核心　23／米中の産業競争戦略　31

コラム1　文明史から見た人類発展の原動力（私有財産制度）　45

第2章　知財立国構想とその現状 ………………………………… 47

知的創造サイクルを理念とした知財立国構想　48／死蔵され活かされない知財、旧態依然とした知財村　53／ニセモノ被害の実態　60／特許流通ビジネスの現状　65／特許裁判の現状　74／特許法の問題点　78

コラム2　知識経済社会とは何か（知識が価値をもつ社会）　82

第3章　特許の本質を理解する ……………… 85

特許権は排他権であり実施権ではない　86／基本特許と改良特許　90／特許侵害となる条件とは　92／特許無効となる条件とは　96／言葉の戦争　100

特許の価値　105

コラム3　世界観をもつ（航海のための地図と羅針盤、自然科学と社会科学の違い）　113

第4章　強い知財をつくる技術 ……………… 115

知財化プロセス　116／技術者が出願明細書を書く意義　132

特許請求の範囲の書き方　148／事例研究　159

コラム4　華厳哲学の示唆（世界は相関している、個と全体の調和）　164

第5章　知財経営の要諦と実践 ……………… 167

管理知財から経営知財への革新　168／知財マネジメントに関する先行研究の概要　171

知財経営とは何か　180／知財経営の進化　184／知財経営計画の策定　189

x

目 次

開示知財経営の実践 191／守秘知財経営の実践 198

特許ライフサイクルマネジメント 208／特許裁判の実際 210

コラム5　経営理念、ビジョン、ミッション（戦略の上に来るもの、不易流行） 232

第6章　新しい知財モデルの提唱（知財ブランドをつくる） 235

新しいモデルの必要性 236／知財ブランドモデルの提唱 238

システム構成例と想定される派生ビジネス 245

新しいマネジメントモデルの提唱 254

国民知財運動を先導する知財ブランド協会（SIR）の創設と展開の構想 262

コラム6　憂患に生き安穏に死す（サナトリウム国家に未来はない） 265

おわりに（知財革命の先頭に立つビジョン＆ミッション） 269

参考文献 271

付　録

特許法　抄録（第五章以下省略） 275

不正競争防止法　抜粋（第一章、第二章、第五章） 302

xi

第 1 章

知財は最重要の基本財産権

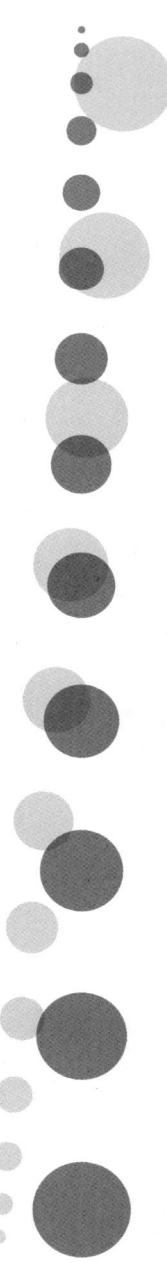

無形資産価値の上昇

🛜 知識経済社会の到来

無形資産が価値の源泉

近年、先進国では、工業化社会から情報化社会に移行したと言われている。この社会は、技術情報・アイデア・知財（知的財産権）・顧客情報などの無形資産（見えない資産）が資本金、設備、土地などの有形資産にかわり経済発展の源泉になると考えられているため、知識経済社会とも呼ばれる。

図1は、企業価値（企業の株式時価総額に相当）が有形資産と無形資産とから構成されることを示したものである。無形資産は、教育水準などの人的資産、知財や業務プロセスなどの構造資産、外部パートナーとのつながりなどの外部資産とから構成されるが、点線で囲んだものを特にインテリジェンス（Intelligence）と呼ぶことにする。近年の調査研究によると、ここ30年の間に企業価値に占める無形資産の割合が有形資産を大きく逆転し、

無形資産価値の上昇

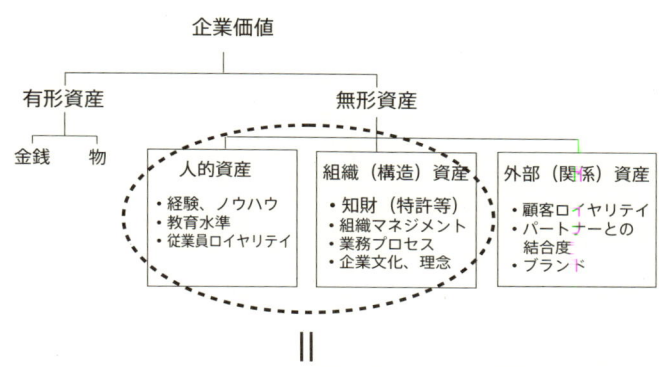

図1　企業価値の構成

株価を上げるには無形資産の増強に努めなければならなくなってきた。そして、この無形資産の中でも特に知財は、個人、ベンチャー企業、中小企業など資本規模の大小や過去の経歴・実績などに関係なく、事業競争力と富の創造を図るための最重要の基本財産権であると考えられている。

人は目に見えるものには敏感で、たとえば、倉庫にホコリをかぶっている在庫品を見つけた経営者はすぐにその処理を命じるが、知財のような見えない資産には鈍感で任せきりにする。このため価値を生まずコストのみがかかる休眠特許がいたるところに存在することになる。

土地の所有者は、その財産権を明確にするために測量して他との境界線を1cmたりとも譲らず厳密に線引きして登記する。そもそも財産権は、このように計測できるほどに明確でなけれ

ばならないものである。しかるに、目に見えない特許などの知財はどうだろうか？　特許請求の範囲（これをクレームという）、つまり排他独占的財産権としての権利の境界は言葉の限界もあり明確でない場合が多い。そのためさまざまな解釈が生じ、特許紛争が起こる。境界の不明な財産権は、不確実（リスク）財産である。その権利交渉は、一般的に専門家に依頼する。その結果、専門業界は潤い、当事者には不満が残ることも多くみられる。これも自らの財産権の境界を曖昧にした因果応報であろう。

米国では基本財産権である知財の保護は、合衆国憲法第一条第八節に宣言された建国の精神である。したがって、知財侵害に対してはきわめて敏感である。自分の知財が侵害された場合は、あたかも無法者が自分の庭に侵入したのと同じ感覚をもち、これを銃で撃退することもいとわない。そのため米国では知財侵害訴訟は頻繁に行われ、損害額も桁違いに大きい。これに比べ、日本はこの財産権に対する認識や感度が格段に低いように感じられる。技術者は特許などの知財を開発の付録くらいにしか考えておらず、経営者は知財を知財部に任せきりにしたり、外部専門家に丸投げにしてその見解を鵜呑みにしているのが現状である。つまり、最重要の財産権を他人任せにして放置しているのである。

現代の古典、『隷属への道』で有名なノーベル経済学賞受賞者ハイエク（F. A. Hayek）は、「自らの財産権を投げ出したものは隷属への道を歩む」と言明した。彼は、政府の財政出動による経済政策を提唱したケインズと双璧を成す学者である。彼は、福祉向上のために

税金を取るという、常識的にみて一見有効に見える政策に対しても、安易に自らの財産権を差し出すことに反対する。彼は、政治家や役人が世の中や市場についてすべてを知っているわけではなく、また一律な政策でそれをコントロールできるわけでもないので、このような政策に安易に自らの財産権を差し出せば、ついには自由を拘束された隷属（隷従）の道を歩むことになると警鐘を鳴らす。共産主義、社会主義、全体主義は同根でこれらを集産主義と呼び、自由主義の対極におく。彼の主張は、規律ある自由競争の是認と市場による合理的なコントロールにあるのだが、その考え方の正当性は歴史の事実が証明している。結果の平等を求める共産主義は、歴史がその失敗を証明している。機会の平等と自由競争こそが、自然で合理的な社会の発展と進歩の基本であることは明らかであろう。大きな政府を作り、ゆりかごから墓場までという政策のもと、税金や国債による福祉政策を取った欧州は破綻の危機に瀕している。日本も国の借金（国債）1000兆円、財産権は、基本的人権と同じように最重要の権利であって、この権利を人任せにしたり安易に投げ出したりする国民は隷属の道を進むことになると考えるべきである。特に見えない資産として、今後の社会における価値の源泉になる知財に関しては！

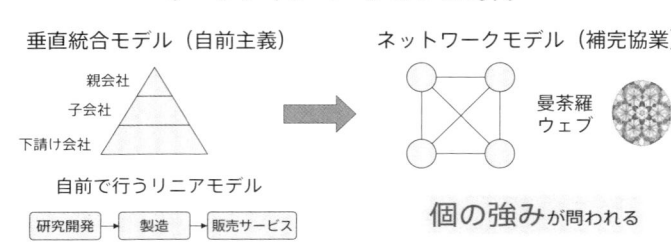

図2　競争環境の変化

固有の強みが問われる

さて、グローバル化が進展する社会においては、図2に示すように自前の中央研究所をもち、商品の基礎研究から開発・生産・販売・サービスまでを社内やそのグループ企業内で行う垂直統合モデル（リニアモデルともいう）はすでに破綻している。これにかわる事業戦略モデルとして、自社の強みをもとにして不足部分を他から調達しスピーディに市場ニーズに対応するネットワークモデル（補完協業）が注目されてきた。これをオープンイノベーションという。

このモデルは、インターネットのウェブや仏教でいう曼荼羅（マンダラ）に似ている。このネットワークに参画できるのは、企業も個人も他と差別化できる自己ブランド（ソロブランド）とも言うべき固有技術や独自の強みをもっていることが要求される。

そして、この社会で価値創造の主役になるのが知識労働者（ナレッジワーカー）と呼ばれる人たちである。従来の工場作業者が指示されたことをこなす労働者であることに

6

無形資産価値の上昇

対し、知識労働者は指示されるまでもなく、自らPDCAの経営サイクルを回す「自主責任経営者（自己経営者）」である。その創造性は、市場や企業を立脚点にするため、学術成果（論文）ではなく儲けという商用的尺度で計測されることになる。自己経営者の典型は、創業者である。創業者は、会社を自分の会社と意識し、サラリーマン社長や社員とはまったく異なる意識、つまり会社との一体意識を持つ。サラリーマンは、自己と会社を分けて考え、自分のキャリアのひとつくらいにしか考えないが、創業者はあたかも自分の身体や家財と同じ意識を持つ。大企業の社員や官僚・公務員は、自らを組織の歯車のひとつと考え、私の会社とか私の国家という意識は希薄になる傾向がある。この意識が、大企業病や官僚制度の弊害を引き起こす元になる。ベンチャー企業や中小企業の社員は、一人何役もこなさねばならないから、おのずと自主責任経営意識が高まる。パナソニックの創業者松下幸之助は、このことに気づき会社がいかに大きくなっても、一人ひとりが経営者としての意識（これを社員稼業と言う）をもつように説いた。ここが重要なポイントである。これからの知識労働者は、「固有の知的な強みを持つこと」、「知財が最重要の財産権であること」および「自主責任経営（自己経営）が基本であること」をしっかりと肝に銘ずべきである。

さらに付言すれば、画期的な商品（製品やサービス）を支える知財を生み出した技術者に対する経済的対価は、スポーツ選手、政治家、経済人、特許弁護士などと比べて格段に

知財の重要性

低い。世界的な特許発明であってもせいぜい受け取る対価は数千万円どまりである。米国のプロスポーツ選手などは、関連スポンサー収入を含めてその2桁以上の対価を得ている。知財が競争力の源泉としてますます重要視されつつある今日、価値ある知財に対する経済的インセンティブとしての発明者対価を大幅に引き上げるとともに、その貢献を世に知らしめることが知財立国の観点からも重要であると筆者は考える。

🛜 知財の基礎知識（主な知財の種類と概要）

ここで、知財（知的財産権）の基礎知識を理解するためにその概要を述べておきたい。知財とは、人の知的創造活動によって生まれた表現や技術などの無形財産である。知財は、図3に示すように、知的創作物についての権利と営業標識についての権利に大別され、各々

| 知財の重要性

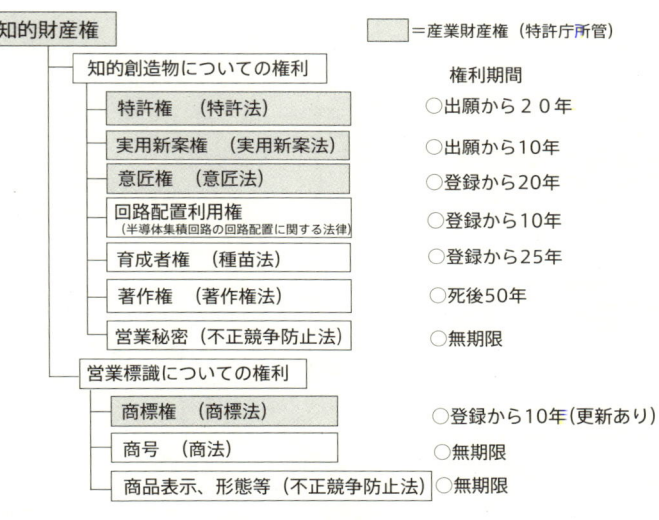

図3　知財（知的財産権）の種類

の権利は法律にもとづき保護される。主な権利には、特許庁が主務官庁である産業財産権とよばれる特許権、実用新案権、意匠権、商標権と、経済産業省が主務官庁である半導体集積回路の回路配置利用権、技術ノウハウや営業秘密を保護する不正競争防止権（営業秘密＝トレードシークレット）と、文化庁が主務官庁である著作権等がある。図4は、知財の事例を視覚的に示したものである。以下、主要な知財についてその概要を簡潔に述べる。なお、本書では特に断らない限り、特許権に代表される産業財産権を知財として論じる。

第1章　知財は最重要の基本財産権

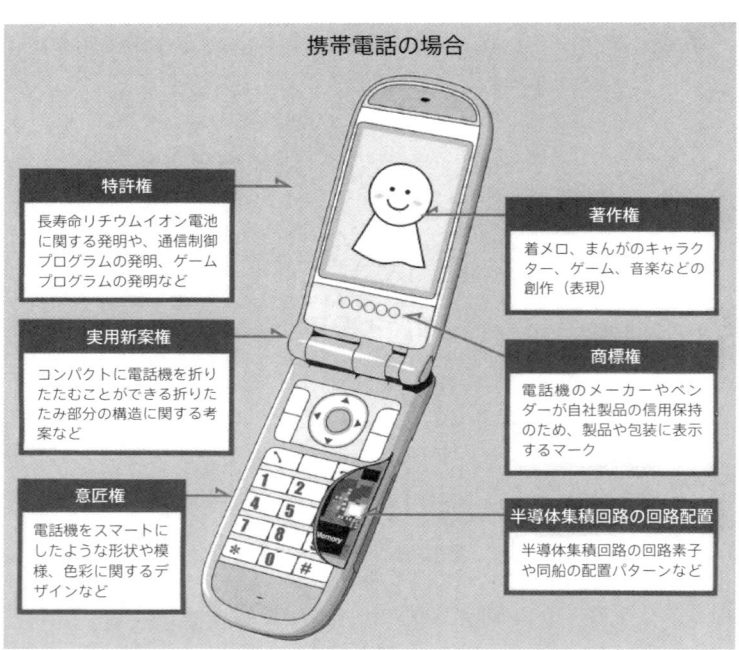

図4　主な知財の使用例
(出典：特許庁)

特許権

技術開発活動において、従来になかった新しい物や方法を生み出すことを発明という。日本の特許法では、発明を「自然法則を利用した技術的思想の創作のうち高度のもの」と定義している（特許法第二条第1項）。

そして、発明が特許として許可されるか否かは特許法に照らして特許庁で審査される。主な審査の関門は、①世界で初めての発明であること（新規性：特許法第二十九条第

1項)、②発明が容易に考え出せないこと(進歩性:特許法第二十九条第2項)、③当業者(その業界の専門家)が再現実施できるほどに明確に発明の内容を開示していること(実施可能要件:特許法第三十六条)等である。

発明には、「物の発明」と「方法の発明」の2種類がある。物の発明(プログラムを含む)は、それが特許になった場合、その発明を実施した物品を事業として生産、販売、使用、譲渡、輸出入した場合に権利が及ぶ。

物の発明は、そのつくり方がどのようであれ最終品としての物を権利化するので、一般的には方法の発明より権利範囲が広く、またその権利範囲に侵入している(権利侵害という)ことの発見も容易である。

方法の発明は、順序や時間等の方法(プロセス)を要件とする発明で、特許になればその方法を事業として使用することに対して権利が及ぶ。しかし、その方法の時系列や順序が規定されることや証拠が最終品に残っていない場合は、侵害発見が困難になる。方法の発明には、物を生産する方法の発明も含まれる。この生産方法の発明は、その方法に加えて、その方法で生産された物の販売や使用等にも権利が及ぶ。

また、発明には、実務上、基本発明、改良発明、用途発明、特許発明、先使用発明、職務発明等がある。

- 基本発明

  発見等にもとづく基本的な発明であり、それがカバーする範囲は最も広い。

- 改良発明

  文字通り先の発明の欠点を改良した発明である。先の発明が特許になっている場合、その構成要件（これをエレメントと言う）をすべて含む改良発明は、その特許を侵害（踏むと言う）するが、すべての構成要件（これをオールエレメントと言う）を含まない場合は侵害にはならない（非侵害という）。

- 用途発明

  製薬分野において、ある物質が特許になっている場合でも、その物質の特定の性質・属性を発見し、新規な用途を考えた場合にその用途が特許になる可能性がある。しかし、先の物質の特許を侵害していることに変わりはない。

- 特許発明

  特許許可（登録）された発明をいう。

- 先使用発明

  発明を特許出願せず秘密情報として管理し、事業に使用する準備、又は使用している発明をいい、他社から同じ発明が特許になった場合でも特許法第七十九条の先使用権制度により事業を継続すること（通常実施権を得るという）ができる。

12

知財の重要性

- 職務発明

　特許法では、発明を行った者が特許を受ける権利を有すると定めているため、企業の従業員（大学等の教員・研究員も含む）が職務（業務）上発明を行った場合でも、特許を受ける権利は従業員個人に帰属する。しかし、企業が多額の開発投資を行った結果の発明を従業員個人の特許発明にすれば、企業は開発投資に見合った収益を得られないため、企業には通常実施権（注記）が認められている。職務発明に関する特許法三十五条の規定では、従業員が企業に職務発明についての特許を受ける権利を譲渡した場合「相当の対価」を請求できると定めている。この相当の対価の額は、企業が社内の職務発明規定等に基づいて相当と思われる対価を支払っていても、最終的には裁判所が判断するため、従業員から訴訟を起こされるリスクをゼロにすることができない。

　そのため、企業関係者から特許法第三十五条を改正する声が高まり、平成16年に改正され、社内規定が不合理と認められる場合にのみ裁判所が対価を算出することになった。しかし、筆者は、この職務発明の発明者への対価報酬額やその決め方に関して、個の財産権の観点から依然として問題意識をもっている。

注記（実施権）

実施権とは、特許発明を実施するための権利（ライセンス）をいう。実施権には、特許の所有者である特許権者（ライセンサーという）との契約にもとづく契約実施権（特許権者と、特許権者の意図に関係なく法律上の条件を満たす者に与えられる法定実施権（特許権者が出願する前からその発明を実施していた者に法律上与えられる「先使用に基づく通常実施権」（特許法第七十九条）等）がある。

契約に基づく実施権には、専用実施権と通常実施権の2種類がある。専用実施権は、ライセンスを受けた者だけが独占的に実施できる（exclusive license）。特許権者は、同じ内容について複数人に専用実施権を設定することはできない。また、設定した範囲内において、特許権者であってもその発明を実施することはできない。たとえば、専用実施権者は、設定を受けた範囲内においては特許権者と同等の地位を有する。専用実施権者は、差し止め請求や損害賠償請求を行うことができる。

専用実施権は、特許庁の原簿に登録しなければ効力を生じない（特許法第九十八条第1項二号）。実務的には、ライセンス契約書において独占的である旨を、当事者間で定めておき特許庁原簿への登録を行わない場合もある。この場合は法的には専用実施権と呼ぶことはできず、独占的通常実施権と呼ばれる。独占的通常実施権を有する者が、差し止め請

知財の重要性

通常実施権は、特許発明の実施を独占するものではなく、単にそれを実施することができる権利である (non-exclusive license)。したがって、特許権者は、同じ内容について複数人に通常実施権を設定することができる。通常実施権者は、設定した範囲において他人が発明を実施した場合であっても、差し止め請求や損害賠償請求を行うことはできない。この場合、特許権者に差し止め請求や損害賠償請求を行ってもらうことになる。通常実施権は、特許庁の原簿に登録しなくとも当事者間の契約だけで効力を生じる。ライセンスを受けた者が、さらに他人にライセンスをすることをサブライセンス（再実施権）という。なお、互いにライセンスしあうことをクロスライセンスという。

実用新案権

実用新案は、発明と同様の概念であるが考案と呼ばれ、自然法則を利用した技術的思想の創作と定義され、特許ほどには高度ではない。たとえば物の形状等の小発明をさす。特許と異なり方法や医薬品等の物質の考案は保護対象とならない。平成5年の法律改正により、実用新案は特許庁に申請するだけで形式上、直ちに権利化される無審査主義になった。しかし、権利化されているとはいえ、侵害者等に対して権利行使するためには特許庁に実用新案技術評価書の提示が必要で、ここで初めて事実上の審査（実体審査）が実施される

15

ことになっている。

また、権利行使したあとで、特許庁に申請する前に公開されていた、いわゆる公知技術等が判明して登録実用新案の無効審決が確定した場合は、権利行使者が損害賠償責任を負う。この損害賠償責任は、権利行使者に過失がないことを立証しないと免責されないため、権利行使時には慎重な調査・検討を要する。

意匠権

商品の差別化や競争力を与えるものとして機能や性能に劣らず重要なポイントに、デザインがある。このデザインは、意匠とも呼ばれ意匠法で保護される。意匠とは、物品の形状、模様もしくは色彩またはこれらの結合で、視覚を通じて美感を起こさせるものと定義される。

意匠は、芸術家等の創作する一品に対してではなく工業的な量産品を保護対象とし、特許庁に申請して審査を受ける必要がある。そして登録になると、特許と同じく排他的独占権をもち、模倣に対して差し止めや損害賠償といった権利行使ができる。また、一つのデザインコンセプトから派生するバリエーション意匠についても、一定期間内に同一出願人から出された場合は同等の価値を持つ関連意匠制度を創設し保護を充実させている。

知財の重要性

商標権

市場において、自他の識別を容易にするためのマークや言葉や図形等を商標という。商標法では、商標を文字・図形・記号および立体的形状、もしくはこれらの結合または これらと色彩との結合であって商品やサービス（役務）に使用されるものと定義している。これらのうち、特許庁に出願し、審査され、認められたものが登録商標である。現在は立体形状も商標権の対象とされ、商品や容器の形状等の3次元の形状も商標登録の対象になる。登録商標であっても、その使用が継続して3年間ないと誰でもそれを理由に特許庁に取り消しを求める審判を請求できる。また登録した商標を適正に使用してないと商標が普通名称になり権利行使できなくなることもある。なお、登録の更新は、原則として権利満了前6ヶ月の間で行わなければならない。

著作権

著作権は、著作物を創作した者に創作時点で何らの手続きや審査を要せずに自動的に与えられる権利で、他の知財権とは異なるところが多い。著作物とは、思想または感情を創作的に表現したものであって、文芸、学術、美術または音楽の範疇に属するものと定義される。著作権は、著作者の人格的利益にかかわる著作者人格権と財産権としての著作権とに大別される。著作者人格権には、著作者の同意なしに改変されない権利で、譲渡や相続

されない著作者固有の権利である。

財産権としての著作権は、譲渡可能な権利であり著作物を利用する行為について複製権、演奏権、公衆送信権等というように権利を定めている。ほとんどの国が著作権保護国際条約（万国著作権条約）に加盟しているので世界中で権利が保護される。ちなみに、日本での権利期間は、著作者の死後50年、企業等の団体名義の著作物は公表後50年、映画は公表後70年、欧米では著作者の死後70年である。

不正競争防止法（巻末の付録を参照）

不正競争防止法は、競業者間の公正な競争を確保するために制定された法律で、競争秩序の維持と他の知的財産権法を補完する法律としての役割を担っている。不正競争行為を犯したものには、指し止めや損害賠償の対象となり、さらに刑事罰を科される行為もある。

たとえば、市場でよく知られた商品名を付けたり、同じようなデザインを用いて本物と混同させて販売する行為は、本物がたとえ商標登録されてなくても商標法を補完する役割を果たして不正競争防止法違反であるとされる。また、著名なブランド名を少しもじったようなブランド名や社名も同様に違反になる。また、ノウハウやプロセス等の技術情報や顧客リスト等の企業の秘密情報や営業秘密情報を不正な手段で窃取することや、このような不正取得行為と知りながらこの情報を使用することも違反となる。なお、秘密情報と認

知財の重要性

められるには、秘密情報として管理することと、情報そのものの有用性の両方が必要とされる。

🛜 知財は利益のドライバー（駆動源）

知財本来の目的とは

成果を上げるためには、明確な目的（目標）、目的にかなう評価指標、評価によるフィードバック学習という運営が重要である。何よりも目的と目標を明確にすることが先決である。成果の出ない仕事は、往々にして手段と目的が逆転していることがある。

特許に代表される知財の目的は何であろうか？ それは、第一義に儲け（利益）である。いかに多くの出願や登録があっても利益に貢献できないなら、それは単なる費用（コスト）であり、本来の目的を果たしていないと言わざるをえない。

図1で示したように人の教育水準、企業文化、従業員のやる気などの無形資産を多くもつ企業と少ない企業とでは、そこから生まれる商品（製品やサービス）におのずから優劣が生まれ売り上げに差が出てくる。この意味から無形資産は、売り上げのドライバーとい

えよう。しかし、売り上げが伸びるにしたがい、他者から真似をされコピー品が出てきて、利益が思うように上がらなくなる。これを防ぎ、独占的な利益を確保するのが知財の役割である。この意味から知財は、儲け（利益）のドライバー（駆動源）であるといえよう。

知財の埋め込まれた商品（知財使用商品）は、そうでない商品に比べて当然利益に差が出てくるはずである。国内トップクラスの特許出願や登録件数を誇るテレビを主力商品にする総合電機企業がある。ここの薄型テレビは、発売当初1インチ当たりの価格が1万円、40インチでは40数万円であったが、今では1インチ当たり千円になり10分の1になった。問題は、国内有数の特許を有する企業も特許をもたない企業も価格競争が同じように行われ、特許が結果的に価格や利益に反映されていない事実である！

これは、特許が本来の目的を果たしていないことを意味する。青色ダイオードの必須特許をもち中村修二博士の裁判で有名になった日亜化学は、特許の独占権を活用し売り上げの約半分が粗利益であった。これに比べて上記テレビの例は、手段と目的が逆転している例である。利益確保を第一とする知財の目的、そのために特許活動の成果を利益という指標で評価する評価指標、儲かる特許にするためのフィードバック学習などが機能していない代表例で、株主から知財部門や経営者は一体何をしているのかと厳しく問われて当然であろう。

利益に貢献できない特許はゴミ特許、クズ特許とも呼ばれる。日本が出願世界一を誇っ

知財の重要性

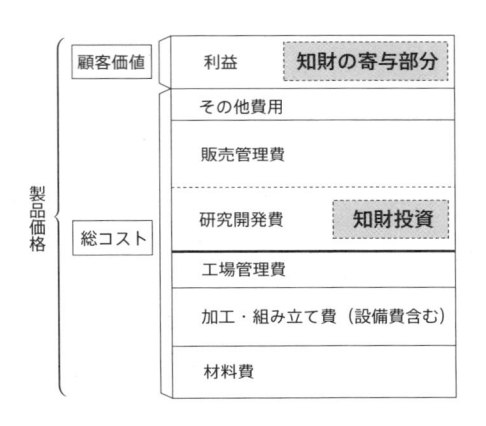

ても、それが利益に貢献できないなら単なる経費の無駄使いそのものである。特許の出願登録管理業務という「管理のための知財（管理知財）」と、経営成果への貢献を問う「経営のための知財（経営知財）」とでは雲泥の差がある。残念なことに国内の大企業といえども現状はまだこの管理知財の状況にある。

図5は、製品の価格に占める費用と利益を示したものである。たとえば、電気製品をつくる場合に、材料費、工場の設備償却費、作業員の労賃など製品を製造する費用、製品の研究開発費（研究開発投資のことでこの中に特許出願費用などの知財費用も含む、本書ではこの活動により生み出される発明、ノウハウとそれを知財化する費用を知財投資という）や販売にかかわる費用（販売管理費）などが総経費（総コスト）になる。これに利益を足したものが製品価格になる。ここで製品の顧客価値を与える発明や特許などの知財が使用された場合、その独占的利益を得なければ知財の意味や目的はない。しかし、現状の製品価格の利益の中身に知財の貢献度をどのように含めているかは不明で、またそのような考え

図5 製品価格に占める知財投資と利益寄与度

21

第1章　知財は最重要の基本財産権

で利益を数値化していないように思える。著名なポーター（M. E. Porter）のバリューチェンにおいても知財投資とその効果はどこにも明らかにされていない。このように研究開発投資や知財投資の効果を計測する仕組みや評価指標の曖昧さのために、利益のための知財活動ではなく、組織の知財部のための知財活動になっているのではないだろうか？　知財活動の成果指標は、第一に利益への貢献で計測するように意識と仕組みを変革しなければ知財の目的に沿ったものにならないと考える。

適正な評価指標とは

ついでながら、適正な評価指標とは何かについて、よく引き合いに出されるスイスにあるIMDという研究機関が発行する国際競争力指標について触れておきたい。この指標によれば日本の国際競争力は、1993年の1位から低下と低迷をたどり、近年は、20数番目にあるとされ、悲観的な例のデータとして評論される。しかし、この中身を知ればこの指標が意味を成さないことが明らかになる。

この指標は、IMDが毎年各国の百名ほどの人にアンケート表を送り、数十項目について5点評価で記述してもらい、それを集計して得点の高い国順にランク付けしたものである。つまり、国民が自国をどのように評価しているかを寄せ集めて、それをもって国際競争力の順位をいうものである。景気のいい国は自国を高く評価するが、それがどうして競

産業空洞化問題の核心

産業空洞化問題の核心

📶 問題の本質

争力指標になるのか不明で、競争力の定義も良く分からない。競争力は国民一人当たりのGDP、輸出入額、生産性などの客観的で数値が明確な指標で計測評価しないと意味がないし、科学的でもない。まぎらわしいこの指標は、国際競争力年鑑ではなく、「自国による自国の評価ランキング」のように名前を変えるべきであろう。

雇用問題と知財

近時の新聞報道によれば、日本の貿易収支は31年ぶりに赤字になり今後も赤字が続くとのことである。この原因に2011年春の震災の影響、欧州の経済不安、タイの洪水など

第1章　知財は最重要の基本財産権

をあげる声もあるが問題の本質はそれではない。大きな流れの底流に労働力が豊富ですべてのコストが安いアジア新興国の追い上げがある。また、TPP貿易交渉（環太平洋貿易パートナーシップ）への参加についても、関税で守られた産業の保護対策などで国論は割れている。

アジア諸国との貿易が増えると、国内産業が衰退する「産業空洞化論」や「生活水準引き下げ論」が出てくる。国際貿易論の基本に照らしてこれを検証したリカード（D. Ricardo）の「比較優位の法則」の応用モデルによれば、労働の安い国との貿易が拡大すると日本の実質賃金が低下する可能性はあるが、安い商品の輸入により生活水準が向上すること、国内産業の調整による労働の再分配や新規産業の創出などにより失業が解消すると競争相手国での生産性向上は、逆に自国経済のためになるとの結論である。この成功事例は、中国に隣接する香港や米国の繁栄にもみられ、中長期的に見た場合閉鎖的な内輪社会の限界は明らかである。

これらの学説や事実からすると、国内の雇用問題は、関税による保護政策やコスト競争ではなく、他国にない新たな価値創造やイノベーションによって対応するのが本筋になる。つまり、産業空洞化問題とは、自国の産業やその構造をより付加価値の高い産業に転換する進化の流れからの必然的な努力要請と受け止めるべきである。TPP貿易交渉についてもこの視点に沿って対応すべきで、競争力のない産業や企業の延命を図る補助金は中止し、

24

産業空洞化問題の核心

これを付加価値の高い産業への構造転換資金に使うべきであると考える。

さて、政府は、空洞化対策としてイノベーションによる産業振興のためのさまざまな補助金制度や大学発ベンチャー一〇〇〇社構想などを打ち出してきた。しかし、これらの支援策は、その投資（支援金）に見合う新規事業の増加や雇用増加が図れていない。つまり、大学発ベンチャー一〇〇〇社計画は、起業数の目標は達成したものの休眠会社が続出し、地方産業や中小企業の荒廃には、依然として歯止めがかかっていない。

問題の本質は、イノベーション投資のみに目が行き、本来の目的である付加価値の高い産業への転換とその持続的な競争力の確保の視点が徹底していないことにある。中小企業の持つ優れた固有技術や地方独特の産物など、利益の源泉になる種を知財化して付加価値が高く、儲かる商品に仕上げる仕掛けが機能していないのである。それどころか、貴重な技術情報の海外流失を止められず、コスト競争に巻き込まれ、国内の雇用維持も困難になっているのが現状である。

国内企業の99.7％を占める中小企業には2種類ある。大企業の下請けや孫受けとして、大企業の都合によっていわば派遣社員的な役割や使われ方をされている企業と、独自固有の突出した差別化技術を持つ企業とである。前者は、大企業が海外に出て行った場合には、高コスト体質の日本にあっては廃業するしかない。後者は、少なくとも本書で述べる知財に対する正しい知識とその活用術という知財経営力を身につけることによって生存し、発

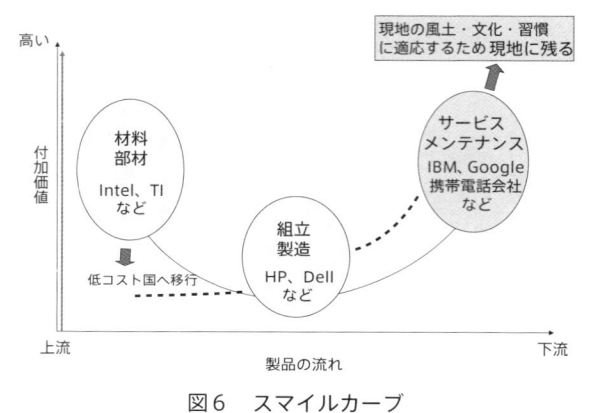

第1章　知財は最重要の基本財産権

図6　スマイルカーブ

国内雇用を創出して産業空洞化を避けるためには知財戦略が必要。

展できると考えられる。その理由は、固有技術が知財によって保護されるからである。無論、関連する国内外企業とのオープンイノベーションや異種技術との融合による新商品開発がさらなる成長発展を助けることは言うまでもない。今後中小企業に求められることは、真の「自立」である。そのためのスローガンは、「知財なくして事業なし」となるであろう。

次に、産業空洞化対策を別の視点からみてみよう。スマイルカーブという概念図は、産業と付加価値を明示的に示すものとして有名である。これは、1990年代に台湾エイサー社の創始者であるスタン・シー（施振榮）会長が、パソコンの製造過程での付加価値の特徴を述べたのが始まりとされる。

スマイルカーブは、図6に示すように、笑った人の口の形の両端に位置する産業、すなわち生産・販売・サービスという製品の流れの中で、その上流と下流にある産業は利益を上げやすいが、中流にある産業は上げにくいことをいう。上流とは、

産業空洞化問題の核心

部品や材料を研究開発して供給しているところ、中流は、これらの部品やモジュールを単純に組み立て製造しているところである。下流はその製品を使って各種サービスやメンテナンスを行っているところである。たとえば、上流は、パソコン等に必要なCPUを作っているインテル（Intel）、Windows OSのマイクロソフト（Microsoft）、あるいは炭素繊維材料を供給する東レのようなメーカー、中流は、パソコンの組み立てをしているヒューレットパッカード（HP）、デル（Dell）あるいはプログラム製作を下請けをしているソフト会社、下流は、これらの機器を用いて各種サービスを提供しているアイビーエム（IBM）や携帯電話会社などが該当する。

この図において、なぜ中流の儲けが薄いかといえば、単純作業が多く付加価値が付けられないためといわれる。そのため中流部分は、国内で生産しようとしても中国等の人件費が桁違いに安いところに太刀打ちできない。国内は、5S（整理、整頓、清掃、清潔、躾）が徹底しているから勝てるなどと、言ってはいられないのである。

パソコンは、組み立て産業でどこの国でも生産できるが、自動車は、すり合わせ産業であるから国内産業が守れると言う人がいるが同意できない。筆者に言わせれば、自動車も組み立て産業であって、作業員が一台ごとに微妙にすり合わせ調整しているのではない。作業手順書に基づいて、機械的にねじを締め組み立てているのである。すり合わせとは、職人が特注品や金型を作る場合の話で、量産品である自動車にすり合わせなど存在しな

第1章　知財は最重要の基本財産権

し、そんなことをすれば後の保守メンテナンスにも影響が出る。すり合わせの代表といわれる自動車といえども、現実にコストの安い国へ生産をシフトしている。さらにすり合わせの代表とされる職人技も、最終的にはデジタル情報に置換することができるのである。

国内唯一の半導体メモリー会社であるエルピーダメモリが2012年3月に破綻した。デジタル的で情の入る余地など微塵もない資本の理論や経済合理性を前にすると、半導体のような先端産業や自動車産業であっても日本に残ることは困難が伴うようである。

雇用を創出する知財とは

では、企業が国内で雇用を創出し確保する方策とは何であろうか？　上流に位置する素材や部品メーカーは、確かに収益性の高い物を作ることができる。しかし、さらに考えればそれを国内で作らずにコストの安い海外にもっていくほうが経済合理性から必然の流れになる。現にIntel等も中国に生産工場をつくっている。中流に位置するメーカーは、当然海外のコストの安いところに流れる。たとえば、台湾系のEMS（委託生産）メーカーであるフォックスコンは中国広東省で何十万人という労働者を抱える工場をもち、世界の有力メーカーのパソコンやiPodなどの製品を大量に生産している。この意味では、このメーカーは中国国内での雇用を大量に創出していることになる。下流に位置する産業は

産業空洞化問題の核心

どうであろうか？ここには、その国の地域の環境、使い方、文化等に適応した多種多様なサービスやニーズという巨大な潜在市場があると考えられる。つまり、標準品であってもその地域の環境に適合するように再開発する必要があり、その時に新しい発明やノウハウが生まれ蓄積される。たとえば、砂漠で使用する洗濯機や空調機は、砂対策が必要になり日本仕様のものは用を成さない。このように現地ニーズへ対応する中から、新材料、新装置、新発明、新サービスなどの限りない展開が生まれ、それを充足する雇用も生まれてくる。

したがって、この領域こそが地域に密着できる領域であり、そこにしかできない固有のもの、つまり輸出入が困難なサービスや製品開発産業として国内に留まれるものと考えられる。しかも、この多種多様で大量生産でない領域は、固定費が小さい中小企業やベンチャー企業の領域に好適と考えられる。そしてここで生まれたものを知財化して保護し、ブランド化していくことこそが下流で成功するための条件になる。

さらに論議を先に進めると、今後のボーダレス化した世界では、知財に敏感な意識をもたない従来の日本では輸出で儲けるシナリオは困難になると考えられる。知財保護のない中国は、まさに世界の工場になり、世界の市場になろうとしている。これに対し日本は、開発や物つくりは、コストの安い国に拡散するからである。

このままでは研究開発に多額投資をする開発試作工場になろうとしているのではないか？

果たして日本は、この状況で生き残れるのであろうか？　これを考えるために、日本の技術指導や知財ライセンスなどによる技術貿易収支の状況を検討してみよう。日本の技術貿易収支は、戦後長らく赤字であったが2002年頃に黒字に転換し現在にいたっている。近時の中身を業種別にみると、自動車産業が黒字全体の大半を牽引し、特に欧米とアジアの現地生産の急拡大に伴う海外現地法人子会社から技術指導料（ロイヤリティ収入）として徴収した親子間取引がその主なもので、親子間取引を除く特許等のライセンス収支はほぼゼロである。この黒字額は、米国の1割程度ときわめて少ない。日本の総合電機メーカーは、ここ10年にわたり米国特許登録件数上位10社のうち半数近くを占めてきた。しかし、その技術輸出額のうちグループ内取引が約75％を占めて、米国特許登録件数の優位性が必ずしもグループ外企業への技術輸出の拡大につながっていない。この事実からすると、開発試作工場に徹する戦略は、国内雇用の維持創出に無理があると言わざるをえない。開発型ベンチャーのような知財ライセンスビジネスは、多少の雇用を生み出すかもしれないが、大半の国民の雇用を創造することはできない。何故なら、その技術に関連する物つくりやサービスを含めた裾野の広い雇用を生み出せないからである。

米中の産業競争戦略

米国の克服策

製造業の競争戦略

産業空洞化問題に対し、それが日本より早く起こった米国はどのように対処したのであろうか。この米国の対応には米国の産業競争戦略が現れている。米国は、1970年代後半からスタグフレーションによる深刻な不況に見舞われ、80年代に入って貿易赤字と財政赤字のいわゆる双子の赤字が増大し、産業競争力や経済弱体化に対する問題意識が高まり、1983年にレーガン政権はヒューレットパッカード社長であったヤング（J. A. Young）を委員長とする産業競争力委員会を発足させた。この委員会は、85年に米国競争力に関する報告書を大統領に提出した。これが「ヤングレポート（Young Report）」と呼ばれるもので、まず国際競争力を「一国が国際市場に供する財とサービスをどの程度生産でき、同時にその国民の実質収入をどの程度維持または増大できるか」と定義し（前述のIMD

第1章　知財は最重要の基本財産権

はこの定義も不明)、この定義に照らすと生産性、生活水準、貿易収支からみて米国の競争力は大きく低下しており、その原因は為替などではなく、製造業の競争力低下にあるとした。これを回復するためには、新技術の創造・実用化・知財の保護（プロパテント政策）、資本コストの低減（生産資本の供給増)、人的資源の開発などが必要であると提言した。

そして現在のオバマ大統領も失業対策として米国内の製造業の復活を掲げている。

この提言で重要な点は、諸外国の中には賃金レベルを低くして競争する国もあるが、そのやり方は米国の選択肢ではないとする点である。中国の低賃金攻勢に対し国内賃金も低くして対抗すべきという方向をとらず、その高賃金を吸収できる高付加価値商品、つまりイノベーションとそれによる技術優位と知財の保護で対抗するという考え方は、今後の日本のあり方に示唆を与える。また、製造部門の地位の高さが関連する周辺サービス部門の競争力を助けていることも指摘されている。

2003年には情報革命を推進するための全米情報基盤組織（NII）が競争力評議会の中に設置され、IBMのCEOであるパルミサーノ（S.J.Palmisano）が議長に就き、2004年12月にいわゆる「パルミサーノレポート（Innovate America)」が発表された。

この内容の骨子は、米国が21世紀も優位な地位を維持してゆくためにはイノベーションが最も重要な要素で、今後は社会全体をイノベーション促進に向けて最適化することが必要であるとしている。国の競争力比較では、「ヤングレポート」時代にはその矛先は日本

知財先進国、米国のプロパテント（特許推進）政策

知財なきイノベーションは慈善事業である

米国は、建国の精神として憲法第一条第八項で知財の保護を明確に宣言する国家であり、国家戦略に知財の保護と活用を組み込むことは当然のことと考えられる。しかし、その米国にあっても1930年代は、特許などによる市場の独占行為が市場競争を抑制するからアンフェアーであるとする独占禁止（反トラスト行為）の声が高まり、特許を利用して競争相手を阻む行為が政府機関から目をつけられる事態となった。アンチパテント時代の到来である。そして、ゼロックスは、1975年に連邦取引委員会から複写に関するゼログラフィー特許を敵味方なくライセンスすることを強要された。その結果、安価な日本製のコピー機が津波のように米国に押し寄せゼロックスは市場での優位を失った。そして米国

の製造業の競争力が失われた。

これを回復する運動が、先に述べたレーガン大統領のプロパテント（特許推進）政策である。米国での知財関連の重要な制度改革は、日本より約20年先行している。たとえば、1980年のバイ・ドール法（政府支援の研究成果を民間に帰属させる制度）と著作権法改正による1985年の「ヤングレポート」（プロパテント政策への転換）、1988年のスペシャル301条成立（知財保護の不十分な国の優先監視制度）、ITC（米国国際貿易委員会）創設、1985年の「ヤングレポート」（プロパテント政策への転換）、1982年のCAFC（特許高等裁判所）創による知財侵害品の水際対策強化と国際事業活動に関する反トラスト法ガイド（反トラスト法の緩和）、1989年の日米構造問題協議開始、1994年のウルグアイ・ラウンドTRIPS成立（知財保護の最低水準を設定）、1995年の中国政府と模造品対策で合意など。この結果、米国での出願件数が倍増するとともに米国の技術貿易黒字が大幅に増加することとなった。

米国は、アメリカンドリームの国である。その例が、ジェイ・ウオーカー（J.S. Walker）が1997年に立ち上げたプライスライン・ドット・コムである。彼は、当時毎日50万席の飛行機座席が空席で終わることを知り電子商取引システムの特許を取得した。これが有名な逆オークション特許で、買い手の指値で価格を設定する。この方法は、買い手・売り手双方のニーズを満たすことになり、航空券、ホテル客室、自動車の販売、住宅

	米国	日本
特許裁判提訴	・特許侵害の疑いの正当性があれば提訴は受理	・特許侵害の明確な証拠がなければ提訴は受理されない
証拠収集	・双方弁護士がすべての関連証拠を収集（ディスカバリー） ・社内の機密情報も提出の義務	・提訴までに、市場で入手可能な情報の中から、証拠収集（特許侵害立証には、侵害企業の機密情報が必要な場合が多い）
懲罰的賠償制度	・故意による特許侵害が認定されると、3倍の賠償金額が課せられる	・なし （民事事件であり懲罰の対象外）
緊急対応	・ITCで認定されると特許侵害商品の米国への輸入を差止め ・ITCは提訴後12カ月で裁定	・水際処置（2004-2005年に制定）

図7　米国の特許侵害排除制度はきわめて優れている

世界の特許訴訟の約90％が米国で行われ、その95％が和解で決着する。

ローンの仲介サービスへ展開された。買い手が指値（証券取引等において希望価格をあらかじめ指定する注文）と希望条件を提示し、クレジットカードで保証した「条件付き注文」を提出すると、プライスラインが参加業者にそれを提示する。希望の価格条件、希望条件で売ろうと思う業者がその提示に応えることになる。買い手の注文を受けるかどうかは売り手次第で、これが逆オークションという方法である。この会社は、瞬く間に企業価値（株価）を上げ一時は資産1兆円ともいわれた。ビジネスに結びついた特許は、薬の特許などを含めてこのように膨大な価値（利益）を生むのである。

ここでもう少し米国の知財事情について述べておきたい。米国は、図7に示すよう

に日本と比べ格段に特許保護制度が進んでいる。ここで注目すべきは、証拠収集制度（ディスカバリー）と懲罰的賠償制度である。米国では、裁判の途中で原告および被告の弁護士が相手側に対して裁判に関連するあらゆる証拠（特許に関連する技術情報のみならず生産販売情報から電子メールなどの電子データまでを含む）の提出を要求し、その証拠にもとづいて裁判が進行する。提出を拒めばアンフェアーとみなされ不利になる。米国では、日本のように自ら集めた手持ちの証拠を相手に隠しながら裁判するのではなく、必要とする証拠の開示を求めそれを双方がオープンにした状況での裁判になる。したがって、最初の証拠は少しでも、知りたいことは相手に開示させれば良いシステムである。

さらに、米国特許訴訟の特徴は、その高額な損害賠償額と裁判費用である。故意侵害（侵害の意思をもっての侵害）で敗訴した場合は、3倍賠償や相手側の弁護士費用も支払わされる。米国で最大の損害賠償額が支払われた事件は、ポラロイドがコダックをインスタントカメラの特許で訴えた事件で、10年に及ぶ法廷闘争の結果、コダックが敗訴し1000億円を越す金額を支払ったうえにインスタントカメラ工場を閉鎖するためさらに数10億円の費用も費やされた。米国では数百億の損害賠償も珍しくないが、ここ15年間の損害賠償額の中央値は8〜9億円である。これは、日本の高額賠償判決の上位4〜5番目の額に相当する。また、直接かかる裁判費用は、平均年間1〜3億円で、その主なものはディスカバリー（開示手続き）のためにかかる費用や弁護士費用などである。裁判になればこれ以

外に間接的な労力や費用として、社内の技術者や関係者の裁判対応にかかる時間や開発の停滞などが発生する。

米国の知財訴訟と特許弁護士

米国では、近時のデータによれば米国連邦地裁の知財訴訟が約9000件、内訳は特許、商標、著作権事件でほぼ3均分割され、件数では日本の約30倍以上である。ただし、このデータは、トレードシークレット裁判や次に述べるITC裁判案件を含んでいないため知財訴訟全体ではもっと多くなる。

米国は、特許訴訟のためのインフラ基盤、すなわち特許弁護士の数（約2万3千人、日本の全弁護士数約2万人よりも多い）、裁判所、裁判を支える仕組みが完備しており世界の特許訴訟の大半が米国で行われる。地方に特許専門の裁判所をつくれば、裁判のために宿泊するホテル、弁護士や司法書士、これを支える諸々のサービス業が必要で地方再生になる。特にその裁判所が原告有利で裁判が早いとなれば、世界中から原告が押し寄せ一大活況を呈することになる。

裁判の早い裁判所（ロケット・ドケット裁判所という）は、全米で3箇所あり、デラウエア州、ウイスコンシン州、テキサス州で1年で結審するため攻める側（原告）には有利とされる。米国で訴訟をする場合は、どこの裁判所で提訴するかもきわめて重要である。

裁判の速さの問題や陪審員裁判であることに起因する対日感情問題などが関係し裁判戦略を立てる必要がある。一般的には、3年程度で地裁判決となるが、不服の場合は、米国知財高等裁判所である連邦巡回区控訴裁判所（CAFC：Court of Appeals for the Federal Circuit）に控訴することになる。地裁は証拠にもとづく事実審が中心になるため最も重要とされる。CAFCは、地裁の法律の解釈について判事する法律審となる。被告・原告ともに裁判費用が高額なためか、最終結審まで行くことはまれで、裁判に勝ってもらう金額もしくは負けて払う金額を計算し、これと裁判費用を天秤にかける。その結果、訴訟の9割以上は和解で終わっている。

米国の特許弁護士は、報酬も高く花形の職業である。特許弁護士には、3種類あって、特許出願を専門にする出願系、裁判所で相手と論陣を張る裁判系、これ以外の知財活用などのサービスをするコンサルタント系である。その弁護士報酬は、1時間いくらという時給弁護士と成功報酬弁護士に分けられる。時給弁護士は、時給で稼ぐインセンティブが働くので、裁判が長引くことが多い。成功報酬弁護士は、依頼側には費用が発生せず、勝ち得た収入の20〜50％くらいの成功報酬を要求されるが、成功報酬を最大化し自らの費用を最小化するインセンティブが働くので効率が良い。裁判費用のない個人や小企業に成功報酬弁護士は好都合であるが、彼らの受任案件はなんといっても侵害額が大きい市場性のある特許である。また、著名な弁護士事務所に所属するといっても全員が有能で成果を必ず

出せるわけでもない。

弁護士を選定する場合は、事務所ではなく弁護士個人の能力や実績を踏まえて決めるべきである。弁護士報酬の目安は、米国知的所有権法協会（AIPLA：American Intellectual Property Law Association）を参照にすると良い。

米国では、特許などが侵害された場合に、裁判所に訴える方法と、ITC（米国国際貿易委員会）に訴える方法、および両方に訴える方法がある。裁判所に訴えた場合は、地裁判決が出るまでに3年程度かかり、費用も数億円以上になることや裁判所の場所（管轄権）が問われる場合がある。これに対し、ITCに訴えた場合は、1年程度で迅速な決定が下され管轄権は関係ないというメリットがある。ITCは、連邦政府機関で米国への輸入品が知財侵害、独占禁止法違反、不正競争防止法違反に該当するか否かを判断する。原告側が十分な準備や証拠の下にこれを行うので、被告には時間がないので不利になることが多い。被告はこの裁定に不服のときはCAFCに控訴できる。現在ITCで扱われる案件の90%以上が特許侵害案件である。

パテントトロール

パテントトロールという言葉を聞いたことがあるだろうか？ パテントトロールは別名をNPE（Non-Practicing Entity）といい、自社では商品の製造販売などの事業を行って

第1章　知財は最重要の基本財産権

おらず、買い取った他人の特許や自社特許をもとに、侵害の可能性のある製造業者から損害賠償金やライセンス料を取る業者のことである。NPEは、自社が製造販売をしていないので、相手から訴えられることはなく、またクロスライセンス（お互いの特許をライセンス（実施権の許諾）することで問題の円滑な解決を図るようにしたもの）も存在しないので始末が悪い。2008年には、このNPEから提訴された企業が300社に上ったとのことである。

NPEの目的は、広く特許投資を募り、それを潤沢な特許買収資金や裁判資金にして相手から損害金を回収することであって、商品の差し止めではない。差し止めは、2006年のeBay判決（五章参照）以降、原則NPEには認められなくなった。彼らは10％を越す投資利回りで資金を集め、この投資を元に会社を設立して特許を買い取り、この特許を実施していると思われる企業を、原告の勝率の高い裁判所に陪審員裁判を求めて数多く提訴し、通常3年程度かかる裁判を経ることなく被告各社を（先に和解した企業を優遇する条件で切りくずしながら）和解に持ち込む。さらに、裁判所に加えてITCにも訴えて早期解決を図ろうとする。

彼らは、法律違反や犯罪行為をしているわけではない。特許権という財産権を正当に行使しているのである。もし彼らが不逞の輩というなら、生産販売を行わない大学や個人も同類になる。攻められる側のガードが甘いだけである。自社の商品にかかわる知財調査や

対策が不十分ことを棚にあげ、この行為はけしからんというのは知財部門が自らその怠慢を認めているようなものである。事業や商品と一体化した知財経営活動ができていない現状から推察して、今後は米国のみならず日本や中国でもNPE活動は増加するであろう。

彼らから提訴されたらどうすべきであろうか？　米国で裁判をすれば、年間1～3億円かかる。そして仮にこの裁判に勝ったとしても彼らから得られる金は0円である。そうすると、たとえ言いがかりであっても、裁判費用より安い和解金で解決するほうが経済合理性から良いと判断して、安易に和解に応じると将来に禍根を残すことになる。あの会社は知財に弱い会社ですぐに和解金を払ってくれるという評判が立ち、次々と別のNPEから攻勢をかけられることになる。提訴された場合の有効な対策は見出し難いが、和解金や裁判費用を最小にするためには、後章で述べる徹底した知財の調査・対策を打っておくことである。

知財先進国の米国も、世界から苦言を呈されることがあった。それは、先発明主義（First to Invent：先に発明したものを保護する）という制度である。しかし、2011年9月16日、先出願主義（First to File：先に出願したものを保護する）に変更になった。ただし、実際の施行日は、2013年3月16日以降の出願からとなる。これにより、日本企業が日本特許を取得し、その商品を米国で販売したときに、日本企業より前に同じ発明をしていた米国企業が日本企業の商品をみて特許出願して、日本企業を特許侵害で訴えるという後

第1章　知財は最重要の基本財産権

出しじゃんけんやサブマリーン特許（発明が市場で花咲くまで特許にせずに潜航させ、花咲いた頃に特許にして権利行使する特許。50年以上も前に視覚認識システムの発明をして、バーコード読み取りなどの市場が立ち上がったときにそれを特許化し1000億円以上のライセンス料を稼いだレメルソン特許などが有名）のようなことはできなくなった。また、先使用権についても、すべての特許について認められようになった（5章参照）。

📶 中国の知財戦略

新幹線特許や商標権問題

　中国といえば、ニセモノ品で有名である。最近では、日本の新幹線に良く似た中国版新幹線を走らせ事故を起こしたが、驚くのは新幹線の発明を世界出願したことである。日本の新幹線関連企業は、このことをどのようにみているのであろうか？　中国では、商標や実用新案といった知財の出願が急増している。商標では、アップルのiPadを商標登録し、アップルに対して法外な使用料を請求し裁判沙汰になっていることや、日本の地名や有名ブランド名を商標登録し商標ライセンス料などを要求する事件が増えている。たとえば、青森という地名を商標登録して青森りんごなどの中国での販売に対し、商売がしたければこの

42

商標を1千万円で買えという類である。知財制度は国ごとの制度であるとはいえ、それに関連する何の事業実体もない中国企業や個人が、他国の有名なブランド名や地名を登録できるところに問題がある。当局の速やかな法改正を望むものである。

中国の国家知財戦略

中国は、現在世界の工場であり13億の人口を持つ大市場でもある。一昔前に、次世代DVDの規格として、ソニーのBlu-ray Discと東芝のHD DVDが争い、結局ソニーが勝ち、規格が統一された。ところが、負けた東芝の規格を中国が採用し、新たに従来の赤色レーザーを使うRed-ray Discを開発して中国規格として普及させているとのことである。ソニーの規格を使う人口は、世界で先進国中心に2〜3億人程度だが、中国は自国だけでもその何倍かの人口がいるのでどちらがデファクト（事実上の世界標準）に近いかは明らかである。ソフトやサービス業界では、ビジネスを優位に運ぶために自らの規格をデファクトにする。今や製造業ではなくサービス業に変身したアイビーエム（IBM）は、自社のサービスをデファクトにするために、無償で虎の子特許を使わせる戦略に出ている。中国の国家知財戦略は、自国および世界に住む中国人の人口にものをいわせたデファクト戦略である。中国は、いつまでも、もの真似やニセモノの国ではないことを特に心すべきである。

中国の知財で障壁となるのは、まず中国語という言語である。中国出願のチェックは中国語で行わないといけないが、これが容易ではない。中国語は、すべて漢字であって日本語のように漢字、ひらがな、カタカナ、ローマ字はない。中国語には、新しい用語にはそれに対応する漢字の言葉を作らなければならないが、翻訳者の質の問題がある。中国出願が急増する中、有能な人員が大幅に不足し、日本語を話す人を雇って翻訳をさせているため、意味のよく分からない技術用語などは正確に翻訳されないか飛ばされることもあるという。その結果、権利行使しようとして訴えたが肝心の部分が欠落していて裁判にならなかったとのことである。さらに、中国では米国のような知財裁判のインフラは整っていないし、地方では自国民に有利に判断されるようである。公正な裁判を受けたいなら現状では北京か上海で裁判を行うことを勧められる。しかし、WTOに加盟し国家戦略として中国規格をデファクト化する政策を進める中国は、近い将来米国以上にデジタル的な知財国家になると考えられる。デジタル的とは、論理的で文明的という意味である。

日本のようにアウンの呼吸でわかりあう言葉や社会とは正反対である。ニセモノ大国といっているうちに昨年GDPで追い越されたように、中国知財によって縛られ身動きが取れなくなることを危惧する。いずれにしても世界を視野にビジネスを展開せざるを得なくなった現代人にとって、知財武装は生存のための基本教養であり基本技術の時代になった。

コラム1 文明史から見た人類発展の原動力（私有財産制度）

人類発展の歴史をその文明史から眺めてみることは有益な教養である。「豊かさの誕生〜成長と発展の文明史」によれば、ここ数十年の経済史学の発達のおかげで人類の発展を定量的に把握することが徐々に可能になり、そのデータから驚くべき事実が明らかになってきた。コラム図1に示すように、1800年代中頃までは、全人類の一人当たりの経済成長率はほとんどゼロであったが、それ以降急速に成長している。この経済の持続的成長と富の増加は、私有財産制の確立、科学的合理主義の定着、豊富な資金が循環する資本市場の形成、効率的な輸送・通信手段の整備の4つの条件が満たされて初めて達成できると述べられている。この中で特に注目したいのは、インセンティブとしての私有財産制度と生産性の向上としての科学的合理主義の定着（つまり、科学技術の発展）である。

さらに、幸福感については、絶対的な富の多寡よりも、隣人と比べてどれだけ豊かかということの方が重要であると述べている。かの文化復興（ルネッサンス時代）においても、周りの人がみんな同様であったので人と比較して不幸であると感じなかった。また、たとえば1958年から1987年にかけて日本では一人当たりのGDPが5倍にも増えたが周りも同様に増えたので幸福感はほとんど変わらなかったとのことである。

一般の人々は、私有財産を持たず貧しかった。文化は賑わっていても財産は乏しく、富を生み出す手段としての文明は沈滞していたが、

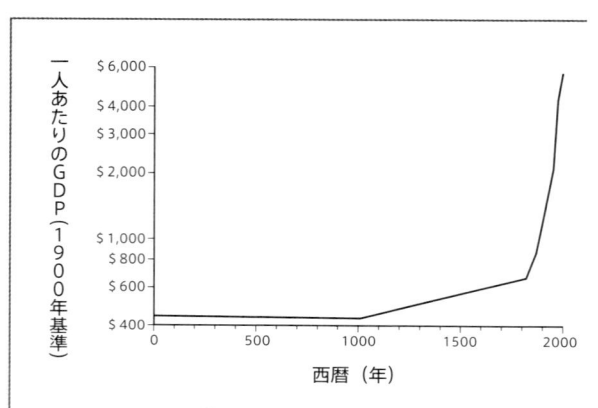

コラム図1　世界全体の一人あたりの GDP の推移

(出典：Maddison, *The World Economy: A Millennial Perspective*, 264)

ところで、著者のバーンスタインはアカデミズムの人ではなく著名な投資アドバイザーである。卓越した成果や実績をあげる人は、このように局所的な専門領域ではなく、歴史や事実をベースにした文明全体に関する基本教養や世界観を持っていることに注目したい。

第 2 章

知財立国構想とその現状

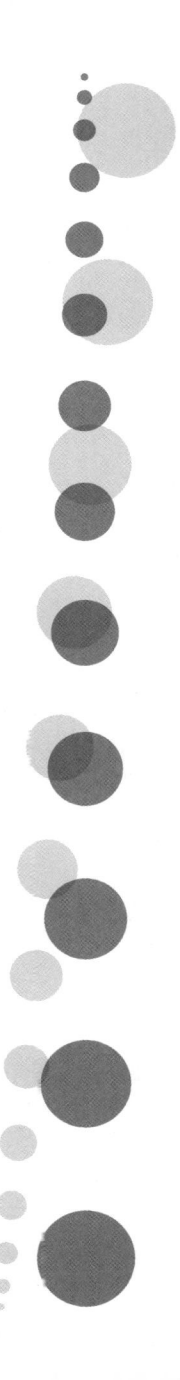

知的創造サイクルを理念とした知財立国構想（米国に20年遅れの政策）

物つくりの時代から知識経済の時代へ

日本の知財立国構想

バブル崩壊後、世界の競争環境は、日本の強みであった工業経済（物つくりの時代）から知識経済（情報経済の時代）へと大きく変化した。日本の高品質な物つくりは、圧倒的なコスト力のある中国、台湾、韓国等のアジア新興国に取って代わられたが、日本は過去の成功体験にとらわれたまま、新しい時代に適合した産業構造を生み出せず、GDP（国民総生産）の成長が止まった沈滞の20年が始まった。

政府は、この閉塞感を打破するために米国の大統領経済諮問委員会をモデルにした産業競争力戦略会議などを設置し、経済学者や経営者からなる委員により過剰設備の処理支援、成長分野での設備投資支援、情報化の推進、経営組織の革新、起業支援、戦略技術支援、

知的創造サイクルを理念とした知財立国構想

知的基盤整備を打ち出した。これらの委員会での基調は、グローバルな知識経済社会にいかに対応するのか、つまり無形資産や知財をコアとする産業競争力政策への転換を促すものであった。このような流れの中で当時の特許庁長官であった荒井寿光氏が、日本の知財に関する行政や法制度の立ち遅れを指摘し、知財立国への課題と施策をまとめプロパテント政策（特許推進政策）への転換を説いた。そして2002年、同氏のリーダシップの下、米国に遅れること約20年、政府は国家競争力強化戦略として知財の創造・保護・活用という知的創造サイクルを国家理念とする知財立国構想を決定した。

知財立国とは、知財をもとにして商品の高付加価値化を進め、経済・社会の活性化を図る国づくりである。この実現に向けた戦略として、知財の創造戦略、保護戦略、活用戦略、人的基盤の充実という総合的な官民あげての取り組みが必要である。図8は、知財立国に向けての国家的取り組みをまとめたもので、総理大臣を本部長とし、2010年に世界一の知財立国を目指す目標を掲げて次の政策を推進している。

1. 知財創造の推進

● 大学、企業における知財の創出

大学は日本の研究者の3割（25万人）を有しているが特許推進に消極的であった。これを改善するため、約30の大学に知財本部を設置し、出願費用などの予算措置

第2章　知財立国構想とその現状

```
知的財産戦略大綱  2002.7.3              知的財産基本法  2002.11.27.
 1. 知的財産の創造の推進               ○知的創造サイクル(創造、保護、活用)
 2. 知的財産の保護の強化                 の活性化という国家理念(基本理念)
 3. 知的財産の活用の促進                 の確立
 4. 人的基盤の充実

                                      知的財産戦略本部  2003.3.1.
                                        本部長：小泉内閣総理大臣

  特許法等改正      不正競争防止法改正   知的財産の創造、保護及び活用に関する
   2003.5.16.          2003.5.16.              推進計画  2003.7.8.
 ・特許関連の料金体系の直  ・営業秘密の保護強化 等
                                     全体270項目、うち経済産業省関連161項目(特許庁90項目)
 ┌関税定率法改正(財務省) 2003.3.28.   1. 創造分野(産学官連携、大学特許の拡大等)
 │ ・輸入差止申立制度を特許権、意匠権等      ・職務発明規定の改正
他│   まで拡充                          2. 保護分野(特許審査迅速化、知財高裁創設、模倣品対策等)
省│ 民事訴訟法改正(法務省) 2003.7.9.        ・任期付特許審査官の採用
の│ ・特許訴訟を東京(地裁・高裁)及び大阪    ・特許審査迅速化法案(仮称)を通常国会に提出
知│   (地裁)に集約化                    3. 活用分野(知的財産の活用・流通の拡大)
財│ 種苗法改正(農水省) 2003.6.10.           ・中小企業における知的財産の活用
関│ ・育成者権の保護の強化(種苗段階だけか 4. コンテンツビジネスの飛躍的拡大
連│   ら収穫段階まで保護対象を拡大)       5. 人材の育成と国民意識の向上
法│ 著作権法改正(文科省) 2003.6.12.
案│ ・映像コンテンツの保護強化、教育用コン          (出典：特許庁 H16 トップ懇資料)
 └   テンツの無許諾利用の拡大等
```

図8　知財立国に向けての国家的取り組み（知財立国構想）

2.
- 研究者の処遇向上　産学連携を図る制度を推進するとともに（25億円／年）を確保する制度を推進。職務発明制度の見直しも同時に取り組む。
- 知財保護の強化
- 迅速かつ的確な審査、審判　特許庁の戦略計画策定、早期審査のための人員確保、権利付与の迅速化。
- 実質的な特許裁判所の創出（特許高等裁判所の設立）裁判が遅い、懲罰が軽いなどの課題を克服、法曹人口を増加する。（法曹人口：日本は2万人で米国の50分の1）
- コピー品、海賊品の対策強化

知的創造サイクルを理念とした知財立国構想

中国など東南アジアのニセモノ被害に対する輸入禁止などの水際対策を含む対策強化。

- **国際的な制度調和の促進**

  米国の先発明主義、各国制度の調和、世界特許に向けての取り組み。

- **営業秘密の保護**

  ノウハウや機密情報流出に対する民事、刑事での保護強化。

3. 知財活用の推進

- **大学などからの知財移転、流通の促進**

  全国の大学に知財本部の設置、TLO（Technology Licensing Organization）の活用。

- **知財の価値評価方法の開発**
- **資金調達への知財活用**
- **企業における戦略的知財活用**

  営業秘密管理指、知財取得と管理指針、技術流失防止指針の策定。

- **映像コンテンツ流通拡大促進**

  著作権をめぐる権利関係も同時調整。

4. 人的基盤の充実

第 2 章　知財立国構想とその現状

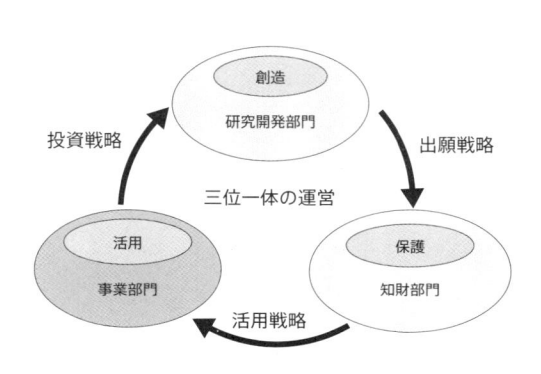

```
        創造
     研究開発部門
 投資戦略          出願戦略
      三位一体の運営
   活用              保護
  事業部門          知財部門
        活用戦略
```

図 9　知的創造サイクル（知財立国の理念）

- 専門人材の養成
  法科大学院における知財専門職大学院の設立および教育の充実。
- 国民の知財意識の向上

図 9 は、知的創造サイクルを示したものである。創造は、主として研究開発部門が担当し、発明やノウハウなどの知的成果物の創造とその出願戦略（外国出願の有無や出願せずに秘密情報にして守秘する方針）を行う。保護は、弁護士・弁理士を含む知財部門が担当し、法的保護が受けられるように知的成果物を権利化（知財化）することやライセンス交渉・訴訟などの権利活用を支援する。活用は、実際の活用責任を担う部門である事業部門が担当し、研究開発部門や知財部門と協力しながら、事業優位のために知財を活用するとともに得られた収益を次の投資にまわす。なお、知財の創造、保護、活用に関する研究開発戦略、知財戦略、事業戦略は三位一体で運用すべきとされている。また、知財立国の行動計画に記述された「国民の知財意識の向上」は、知財立国構想を名実ともに一般国民に浸透させる視点に立

った国民知財運動を示唆する重要な指針であると考えられる。

死蔵され活かされない知財、旧態依然とした知財村

知財立国から10年を経た現在、図10に示すように理念である知的創造サイクルが回っていない。また、当初目標であった「2010年に世界一の知財立国になる目標」にはるかに届いていないし、「国民の知財意識の向上」を計測する手段やその結果も不明のままである。以下、創造、保護、活用のステージごとの現状を述べる。

「創造」での現状

日本は、世界トップクラスの特許出願件数（昨年度35万件）を誇る。出願から1年半後に特許出願内容は公開情報として特許庁のサーバ（特許情報電子図書館：IPDL）から

第2章　知財立国構想とその現状

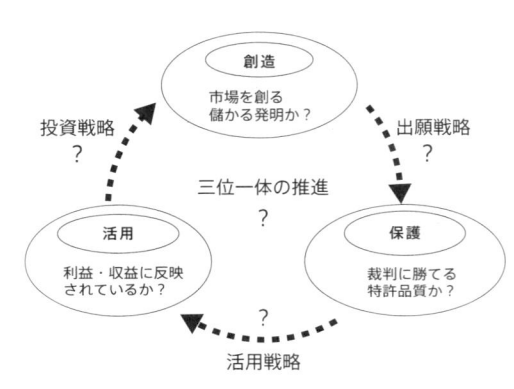

図10　理念である知的創造サイクルが回っていない

全世界に公開される。特許出願した約半数は特許にするために審査請求され、その内の半数が特許になる。つまり、特許になるのは出願総数のうちの約4分の1である。審査請求された出願のうち半数は過去の特許公報や先行文献で拒絶され特許にならない。

このことは、いかに重複研究開発が多く、先行技術調査が不足しているかを物語っている。

経済のグローバル化に対応するために外国出願が重要になる。調査によれば、IPDLへのアクセスの大半は中国や韓国からであるといわれている。特許制度は国ごとの制度であるため、日本で特許を取得しても中国や米国で特許を取得していなければ中国や米国で特許を取得していなければ中国で同じ商品を中国で製造販売しようが、それを米国に輸出しようが文句はいえない。しかし、海外特許になるのは出願件数の約7％で、出願件数の93％は海外においては誰でも無料で使用できる状態にある。つまり、貴重な発明情報が海外に垂れ流しになっているのである。

どの発明を特許出願するのか、どの国に出願するのか、出願せずに秘密情報として守秘

死蔵され活かされない知財、旧態依然とした知財村

するのかという出願戦略が必要であるが、機能していないようである。休眠特許の数から推定すると、発明を創る開発部門では、知財部門の活動パフォーマンスとしての出願件数（ノルマ主義）の追求のために発明の質が悪く、儲かる（利益に貢献する）発明は生まれていないようである。

「保護」での現状

出願した発明などを審査して法的な権利にするまでの権利化（知財化）期間は、特許庁の努力によって大幅なスピードアップが図られている。たとえば、出願と同時に早期審査を申請することにより、6ヶ月で特許付与された例もある。また、特許裁判についても地裁判決が1年程度で出されるようになり、世界でも最速の処理スピードになってきた。

しかし、問題の本質は期間の短縮ではなく、国家が特許認可したものの多くが裁判などで簡単に無効（最初から特許はなかったもの）になり、権利行使不能の紙くず同然になることである。これに関しては、発明の権利化品質問題として後章で取り上げる。

さらに重大な問題は、IPDLを通じての情報流出よりも、人を通しての知財流失にあると考える。知財保護のために世界中に特許出願したり、世界中で侵害調査や裁判をするのは費用上無理がある。IPDLで開示された特許明細書で試作品程度は再現できても、これを商品にまで仕上げるには多くのノウハウや関連情報が必要になる。この、商品化の

ための必須情報を、文書化し、守秘情報（Black Box化）として保護する方法を取らないから、人の流動に伴って情報が流失するのである。技術者には、技術情報や発明は企業資産であることを明確に認識させ、これらの情報は不正競争防止法などの法律により秘密情報として保護（知財化）されており、会社の許可なく外部で開示しないことを取り決めることである。こうすれば、ヘッドハントされて他社に移ったとしても貴重な情報は守られることになる。労働の自由という問題もあるかもしれないが、守秘知財をいかに守るかの視点や取り組みを強化しなければならない。

「活用」での現状

知財の活用に関しては、結論からいうとこの最も重要なところが機能していない。現在日本には約100万件の特許がある。しかし、せっかく高額な出願、登録費用や維持年金を払っている特許もその50％以上が活用されず休眠・死蔵状態になって独占的利益やライセンス収益等のキャッシュを生んでいないといわれている。目に見える商品の設計製造上の不良は、顧客や流通業者からのフィードバックで状況を容易に把握できるが、特許のように形をもたない無形物はその品質や在庫状況（商品のように埃をかぶって倉庫に眠っていることを視覚的に見分ける）管理が困難であるからであろうか？

知財の活用には、①知財による独占的利益を得ること、②ライセンス収入を得ること、

死蔵され活かされない知財、旧態依然とした知財村

③競合企業間で双方が必要とする特許を相互にライセンスすること（クロスライセンスという）によって設計や事業の自由度を確保すること、④知財の売却益を得ること、⑤知財を担保にして資金調達すること、⑥知財を企業の技術力のイメージアップや企業価値（株価）アップのために使用することなどが考えられている。

しかし、現状はこの活用ができていない。この原因をたどれば、そもそも発明が市場（顧客）のニーズを満たしていないか、回避手段が他にあるか、権利化の時にキズをもった不良特許（権利行使できないか、権利範囲が狭い特許）であったことが考えられる。さらに、製造業において活用が機能していないのは、知財活動の評価指標が利益への貢献ではなく出願件数で評価していること、知財投資効率（ROI）が問われないこと、訴訟費用を担保していないこと、活用側から創造や保護ステージへのフィードバックがなく学習進化できない蛸壺的な仕組みなどにあると考えられる。なお、活用について別側面である特許流通政策やそのビジネスの状況については後節で解説する。

「知財＝商品」という考え方

知的創造サイクルが廻らない原因は、工業商品と同じように依然として大量生産、プロダクトアウト発想が残っていて、技術者は特許出願がノルマ化しているため出願件数第一主義で書きっぱなし出しっぱなし、権利化部門の弁理士や知財部員は、権利の強さ広さよ

りも登録件数第一主義でモヤシのように細く弱い特許の量産、活用部門は、基本的に専守防衛で催告を受ければ応じるやり方が踏襲されていることにあるのではなかろうか。突き詰めていえば、知財も商品である（知財＝商品）という考えが希薄なのである。米国では、知財部門は、弁護士や弁理士を含めて知財は利益を生む商品であると捉えており、売れる商品つくりや売込みに対するインセンティブは明確である。そのため知財投資に対する回収はおのずから回る仕組みになっている。将来の市場ニーズをにらみ、その市場で必ず必要とされる技術にフォーカスして知財を創るという、活用を視点においた知財創造が重要である。知財は、商品に使用して知財を創るという、活用を視点においた知財創造が重要もそれが商品に使用されなければ価値は0ということである。

ここで、知財立国に対する政府予算を近年の平均的な知的財産関連政策概算要求予算でみてみよう。年度総額は、約8300億円程度で知財の創造活動費が総額比85％となっている。これは、知財の保護強化（出願審査のスピードアップのための先行技術調査外注費用等）や知財活用促進（大学特許の流通支援費用や知財流通アドバイザー費用等）の各300億円を大きく上回る。

特許庁の知的財産関連予算を調べてみると、たとえば平成22年度の概算要求は、1131億円で、そのうち特許審査の高度化として651億円（内、先行技術調査費として214億円、1件当たり約8万円強）を要求しているが、活用促進支援予算は30億円と

死蔵され活かされない知財、旧態依然とした知財村

桁違いに低い。さらに、調査会社のデータから推定すると、現在の国内の知財業務市場は約1兆円、出願業務にかかわるものがその内の85％、紛争処理業務5％、管理業務4％で、知財流通などの知財活用市場は依然として形成されていない状況にある。

日本の大学知財

多額の研究費を投入している大学の特許ライセンス収入をみると、直近の全国大学の総ライセンス収入は約10億円である。これは、米国大学の特許収入と比較すると2桁以上少なく、知財の投資回収率（ROI）はきわめて低いと言わざるを得ない。

知財立国構想では、第一に大学知財の活用を明記し、そのために大学内に知財本部の設置やTLO制度などの制度改革を進めてきた。さらに、大学の場合は、事業をしていないから知財で攻められるリスクは0で、一般企業と比べて格段にライセンス交渉はやり易いはずである。何かが欠落している。米国大学のスキームをもっと学習してはどうであろうか？　それとも、大学が金儲けをするのは学術研究の精神にそぐわないというのであれば、特許出願をやめて先端の基礎研究成果を論文で公開し、公益を阻害する基本特許の出現を阻止するのも高い志であり、学術の役割として筋の通った考え方であると思う。または、新しいスキームとして、日本の国立大学の特許は、日本国企業には無償の通常実施ライセンスを与えるようにすれば、納税者としての企業や国民も納得がいくかも知れない。現状

の中途半端な政策からは、無駄や弊害が生じるのみである。知財立国の推進関係者は、大学特許の活用ついて当初の目論見が外れてきているため、これを再検討する時期に来ている。

ニセモノ被害の実態

被害は60兆円規模、知財経営の真価が試される

ニセモノとは、本物を真似した模造品、海賊品（ソフトウェアなどのコンテンツのコピー品）、産地などを偽装した品物などの総称である。この手口は、音楽映像コンテンツのデッドコピーからロゴやデザインを真似た本物そっくりの模造品や偽装品などさまざまである。

ニセモノ被害の実態

中国を中心とした東南アジアでニセモノが出回り、その損害額は甚大なものになっており、世界の被害額は、麻薬市場より大きく年間60兆円ともいわれている。衣料、家電品、雑貨品から始まり食品、医薬品、医療機器、半導体、航空機部品など人命にかかわるようなものまでもニセモノがつくられている。

ニセモノ天国といわれる中国の場合、日本で新商品が出ると一ヶ月以内にそのコピー品が出現するといわれている。ニセモノを摘発した当事者の話によると、最初のうちは十数人でやっていたものが、三ヶ月すれば数百人、一年もすれば数千人規模に成長し地域産業に増殖するという。こうなるとそれで暮らす人々の生活が絡み難しい事情が出てくる。

昔は、欧米の著名ブランド商品のニセモノが主流であったが、近年は日本の有名総合電機メーカーの商標やまぎらわしいロゴマークを貼り付けただけのニセモノが堂々と中国から輸出される始末である。中国では、最新の携帯電話を分解し、今後の市場になるアフリカなどの新興市場向けに3000円以下の超低価格で大量に製造し輸出している事例もある。購入者である現地人は、本物が来る前に現地向けに使いやすく変更されたニセモノを市場で見かけるので、ニセモノが本物の座を占める珍現象も起きている。

知財で保護されているにもかかわらずニセモノがまかり通るのは、ニセモノと本物の識別が困難な場合が多いこと、ニセモノと知っていても買う人がいること、知財権利者が対策を打つにも費用対効果を考えると断念してしまうことなどが指摘されている。

第2章　知財立国構想とその現状

しかし製造業者にとっては、ニセモノは死活問題につながる。なぜならニセモノは、研究開発費が不要で製造コストだけで良いため安い価格で販売されて儲からなくなることや、ニセモノを正規品と間違えて買った顧客からのクレームによって正規品のブランドイメージを汚すことなどの不利益をこうむり、知財の存在意味がなくなるからである。

この状況を企業経営者はどう捉えているのであろうか。「コピー品問題は対岸の火事」という認識は論外の第0段階、「わが社の商品も真似されるほどになったと自慢する」のは第1段階、「コピー品対策に力を入れる」のは第2段階といわれている。この第3段階は、特許等によって自社の商品をコピーから保護するという受身的な態度（専守防衛）ではなく、特許権等を行使して相手のコピー商品を差し止め市場から排除するという断固たる打撃力（攻撃力）を行使する段階である。この段階こそが後述する知財ブランドができてきていることをいう。しかし、残念ながら日本企業の大半は、第1段階以下のレベルにあるのが現状である。

中国のニセモノ対策にかかる費用について、JETRO（独立行政法人日本貿易振興機構）などの関係者の話によれば、まず現地でのニセモノ調査にかかる調査費用が50万円から100万円、相手への警告書などの作成および警告が50万円程度、裁判になる場合は、さらに裁判費用として日本および中国の弁護士費用などを含め数百万円から1000万円程度かかり、たとえ勝訴しても損害賠償額は多くないとのことである。このため、中小企

ニセモノ被害の実態

業の場合は、中国で特許や商標を取得しても、ニセモノ対策となると費用対効果を考え放置してしまうようである。ニセモノ被害にあった企業担当者は、中国に限らず権利をとったから一安心という考えは素人の考えであったと述べている。したがって、中国に限らず権利を取得する場合は、その国で権利行使をどのようにするのかまでを考え、そのための資金の備えを担保しないと意味がないのである。中小企業といえども権利取得費用に加えて権利行使費用の備えをどうするかが問われている。

欧州では、人命にかかわるニセモノに対応するためEU偽造薬対策指令を２０１１年に発令し、医薬品・医療機器に対する表示・登録・追跡規制を義務づけようとしている。たとえば、トルコでは、図11のように医薬品箱一品ごとに14桁の異なるシリアル番号を付与し、それを２次元コード化して店頭のバーコードスキャナで読み取り、商品証明の検証ができる仕組みを構築している。この動きに、米国、中国、ブラジルなどが参画し世界的な取り組みになってきたが日本は出遅れているのが現状である。

ニセモノ対策をどうするかは知財経営にとって重要な課題である。基本的には、ニセモノを容易に識別できる技術やシステムが必要になる。識別する技術としては、特定のDNA情報を識別手段として商品に埋め込む方法や通常では何も見えないが専用の光学フィルタを通してみると埋め込まれた情報が浮かび上がって読めるものなどさまざまなものが考案されている。また、法律的な方法として、ニセモノを作っている業者を罰するやり方だ

第2章　知財立国構想とその現状

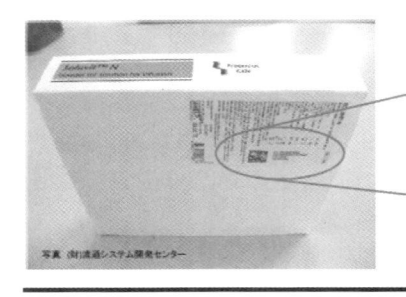

Soluvlt™ N
Powder for solution for iInfusion

GTIN　　　(01):08699630797002
　　　　　　※869=トルコの国番号
シリアル番号(21):00000000000000008447
有効期限　　(17):2013年4月30日
ロット番号　(10):10EC3487

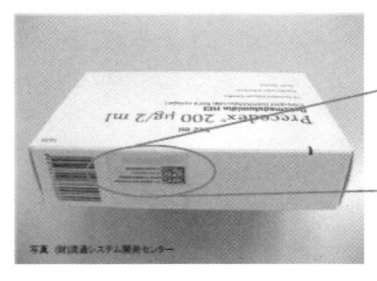

Precedex® 200 μg /2ml (5×2ml)

GTIN　　　(01):08697843760080
　　　　　　※869=トルコの国番号
シリアル番号(21):110034260
有効期限　　(17):2013年3月31日
ロット番号　(10):88334DK02

図11　ニセモノ防止のために医薬品にシリアル番号をつけた例
(トルコの薬品包装の事例)

けではもぐらたたきになる可能性があるので、それを売る流通業者やニセモノと知りつつ購入する顧客を罰するというシンガポールのような厳しい政策や具体策も有効であると考えられる。いずれにしても基本は、知財を尊重するという国民の知財意識の向上が要請される。このための具体策としては、第6章で提唱する新しい知財経営モデルに述べられている本物とニセモノを識別する技術（知財使用商品か否かの識別技術）を用いて、誰でもいつでも知財チェックができる仕組みを構築すること、少なくとも流通業者はこの知財

64

チェックを課すことを義務付けることなどが考えられる

特許流通ビジネスの現状

特許流通の限界、産学連携との関係

休眠特許の活用促進

知財の中でも代表格とされる特許を商品と同じように売買したり、ライセンスすることによって収益を稼ぐ特許流通ビジネスは従来から国内外で存在していた。

特許庁およびその関連機関（発明協会等）は、国内50万件以上の休眠特許の活用促進のために特許ライセンス支援制度を設け、多額の補助金とともに特許流通アドバイザー制度を全国で展開してきた。すなわち、企業・大学・研究機関などの特許権者にライセンス可

能な開放特許を募り、これを中小企業に橋渡しして特許活用を支援する仕組みである。開放特許の登録は5万件、この活動を支援する民間の知財取引業者は60社、これらを特許庁のIPDLに登録して促進を図った。しかし、㈶知的財産研究所の平成22年3月の報告によれば、13年間にわたる特許ライセンス累計成約件数は4000件余で、ライセンス収入は平成19年度で6億6千万円とのことである。この数字は、米国の大学技術移転ライセンス収入と比べて200分の1と桁違いに少ない。そして、この特許流通アドバイザー制度は平成22年度をもって打ち切りになった。

この制度は、何故うまくいかなかったのであろうか？　原因の第一は、休眠特許そのものにある。そもそも自社で使用するような商品の差別化に役立つ特許を売りに出すことはない。休眠特許とは、自社事業に使用しない、もしくは遠い将来活用するかもしれないがその確率は低い、いわゆる市場価値のきわめて低い特許なのである。このような特許（＝商品）を売るといっても売れないのは当たり前である。IBMは、自社のビジネスモデルをサービス事業のデファクト化（事実上の世界標準化）においているので、自社で使用している重要特許も含めて無料もしくは安いライセンス料で開放する。このような特許であれば買い手もつくであろうが、休眠特許に買い手がつかないのは十分に予測されたことであろう。スキームそのものに無理があったと言わざるをえない。

大学の研究と特許出願

知財立国の目玉である大学特許を活用するために、TLO法が平成10年に制定された。

TLOは、産学連携の枠組みの中で大学と企業との間に立ち、大学の研究成果の中から有望なものをTLOの費用で特許出願してそれを企業にライセンスして収益を上げる機関で、これらの技術を自前で開発できない中小企業などに売り込むことを狙いとしていた。現在全国に約40余のTLO法人が存在し、政府はこのTLOや大学知財本部に対して人件費を含めて多額の公的支援を行ってきた。

しかし、TLO事業は、公的支援の打ち切りとともに滅亡の危機に瀕している。大学発明を特許出願してそれを企業にライセンスし、ライセンス料を稼ぎ、次の研究投資に廻すという知的創造サイクルの破綻である。結論から先にいえば、知的創造サイクル全体を経営視点から統括コントロールする部署や人材がいないと仕組みが回らないこと、未来価値である特許のみをライセンスするのは無理があるということである。この理由を考察してみよう。

まず、研究開発（R&D）と一言でいわれるが、研究（Research）と開発（Development）はその方向や役割が異なるということである。研究者は科学者と呼ばれ、開発者は技術者とも呼ばれる。大学における研究（Research）は、図12に示すように事象の解析、解明、実証、新事実の発見にその本務がある。科学者である大学教員は、真理の探求とその成果

第 2 章　知財立国構想とその現状

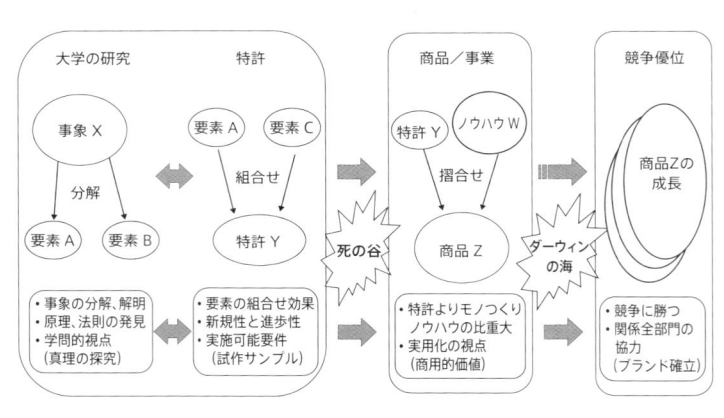

図 12　大学の研究と商品化

を学術論文にして世界に先駆けて発表することに第一義のインセンティブをもち、商品化は民間企業のすることという意識をもつ。大学の研究が物事を分解してその仕組みや法則性を解明するのに対し、商業化（商品化）はこの逆の動きである。すなわち、開発者である技術者は、解明された個々の要素技術をもとにして性能、コスト、品質などの顧客ニーズに適合するように開発やインテグレーションをする働きである。商品化には、それにかかわる数多くの信頼性データ、量産化データ、ノウハウ等が必要とされ、単に大学の実験室で理論が検証された程度のシーズ（ビジネスの種）やその特許だけではとても商品にはならない。

さらに、商品化の過程においては、思わぬ技術障壁、コスト課題、品質課題、流通課題、他社との競争、世界情勢など多くの投資リスクがある。種から早苗になったもの（試作品）を商品にまで

68

仕上げるには、種から早苗までの投資リスクに比して桁違いのリスクがあるといわれるゆえんである。したがって、商品になったものが収益を生み成長するためには競争に勝ち抜かなければならない。

そして、競争に勝ち抜くには、市場淘汰というダーウィンの海を渡らねばならない。企業が、大学発明や特許を将来の要素技術として有望であると評価しても、その商用化リスクを考えるとむしろこれを競合相手に対する将来技術確保の保険と捉え、特許対価としてはせいぜい数十万円程度の出願費用相当という保険料しか支払わないのが実情である。これらのことをよく理解したうえで大学特許の流通や活用を考える必要がある。

大学特許の出願に関し、大学発明が基礎的であればあるほど専門性と先進性が高いためこれを品質の良い特許に仕上げるには生半可な技術の理解では難しい。つまり、大学教員が提出した発明提案書にもとづき弁理士事務所が明細書を書き上げるのは難しく、発明者である大学教員自らが特許明細書を書き上げないと漏れや間違いを起こし権利行使不能になる可能性が高い。図13は、ある国立大学の特許と大手電器メーカーの特許を各60選び、その特許品質を4つの項目で評価した事例である。この事例から大学特許は、企業の特許に比べて特許明細書の開示に問題があり、実施可能要件を満たしていない恐れがあることが分かる。

第 2 章　知財立国構想とその現状

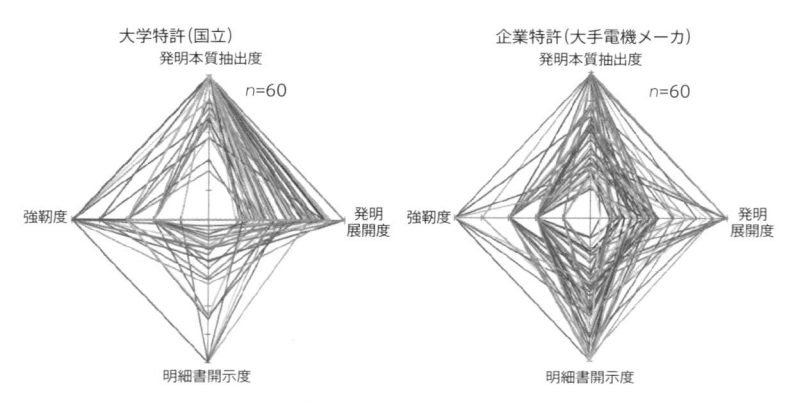

（㈲アイ・アール・デイの Patent value Analyst を利用）

図 13　大学特許の評価例

発明の本質抽出度は高いが、発明展開度、明細書開示度は低いものが多い。特に明細書開示度は全体的に低く、実施可能な記載がされていない可能性がある。

なお、TLOは、大学特許を主に中小企業にライセンスする方針を持つが、中小企業の販売量は少なく、ライセンス収入はあまり期待できない。大学特許のほかの課題として、企業との共同開発から生まれた共有特許について、大学が実施しない不実施補償を求める問題や、大学研究室の情報管理の問題（大学と雇用関係のない学生や外国人研究者は秘密保持契約の対象外）や、技術サポート体制の問題（学生は卒業し、教官の任務は研究論文と教育で商品化サポートではないため誰が商品化をサポートするかの問題）なども残っている。

特許ライセンスで稼ぐために必要なものは、特許ライセンス活動には、裁判に訴えて鞭で打つよう攻撃的な方法（Stick Licensing）

と話し合いによる友好的な方法（Friendly licensing, Carrot licensing）とがある。そして攻撃的なライセンスができるのは潤沢な裁判費用を持つ機関である。日本のTLOや大学知財本部のライセンススキームは、友好的方法である。しかし、特許に対して一円たりとも払いたくないのが企業の本音である。単なる売込みだけでは、企業にその知財の価値に対価を支払わない。つまり、払ってもすでに述べたようにせいぜい出願費用程度であり、将来の技術自由度を確保するための保険料相当である。これは、裁判費用を担保していないことに原因がある。米国で特許裁判をすれば、1年で1～3億円かかり国内でも数百万以上かかる。裁判資金をもたない日本のTLOや大学は交渉相手に与える心理的圧力が格段に異なる。極端にいえば、権利行使できない（つまり裁判に打って出られない）機関からのライセンスの申し出は、不発弾や不発地雷を武器に交渉しているようなもので、交渉相手にとっては痛くもかゆくもなく、無視しても仕方ないのである。そのため特許ライセンスで稼ぐためには、少なくとも相手に打撃を与える攻撃的資金つまり裁判資金をもたなくてはならない。今後のライセンス先は国内ではなく海外特に米国や中国、インド等、成長の著しい国になる。これらの諸国に外国出願ができても現地で権利行使できる資金を担保しないようでは意味を成さない。TLOはこのことを認識しているのであろうか？ 自らの本業を忘れて、安易にパテントトロールに特許を売るような行為があるとすればその存在意義が疑われるであろう。

海外の特許ライセンスビジネスについて、結論からいえば Friendly licensing はうまくいっていない。特許の未来価値を評価することが困難なことや、特許だけでは商品ができないからである。特許とその周辺ノウハウ、製造、販売情報も含めた事業のライセンススキームをもたないと成功しないようである。特許オークションで一時名声をはせた Ocean Tomo, LLC もその事業を閉じた。特許単体でのライセンスで成功するのは、相手の侵害証拠を探し出して裁判に打って出る Stick Licensing ビジネスくらいであろう。

大学の特許出願（外国出願を含めて）に多額の補助金を出している文部科学省や経済産業省の関係機関の支援目的は、TLOのように企業からライセンス料を獲得することではなく、企業と大学の共同研究推進手段と捉えているようである。特許出願補助金の成果指標は、ライセンス料ではなく共同研究契約数になっている。

しかしこの考え方は、特許本来の出願目的から逸脱しており、知的創造サイクルは回らない。このような機関の実施する知財支援政策については、本来の目的に戻してもらう必要がある考える。

ドイツでの産学連携の仕組みは、日本より役割が明確である。基礎研究から商品化までを横軸にとると、基礎研究に最も近いところの役割を担うのがマックスプランク研究所、それに引き続いて大学があり、続いて実用化研究を専門に担うフラウンホーファー研究所、次に民間側に軸足を置く産学連携機関の仕組みを持つシュタインバイス財団、そして民間企業

である。ここで、フラウンホーファー研究所では、研究員は論文ではなく実用化への貢献成果によってのみ評価されるとのことである。また、シュタインバイス財団は、問題解決のために世界中の数千人の専門家と契約しており調査から受託研究までをこなしている。

これに対し日本の大学や公的研究機関は、ドイツのような役割分担が明確になっておらず重複や無駄が多いように思える。フラウンホーファー研究所のような本格的な応用（実用化）研究所がないのも問題である。公的研究機関の役割や運営方法について、研究員の兼業のあり方や投資評価を含めて徹底的に見直し、より透明で効果の上がる仕組みにすべきと考える。また、日本版シュタインバイス財団のような機関の創設も検討すべきである。

特許裁判の現状

低い日本での原告勝訴率、特許無効の責任

現状の分析

日本の特許裁判は、米国に比べて発明を特許にするのが難しいといわれる中で、原告つまり特許権者が勝訴する確率は低い。攻めるより守るほうが容易である。近時の特許侵害裁判を調査したところ、平成13年から17年まで5年間の地裁判決470件の内、原告勝訴は28％、特許無効による敗訴は50％以上、判決以外では和解が360件、取り下げ176件、その他63件となっている。特許侵害訴訟に対する被告側の抗弁は特許無効と非侵害主張であるが、上記5年間を平均すると被告側抗弁の実に70％が無効による抗弁である。その無効抗弁理由には、特許法第二十九条違反（新規性、進歩性違反）、第三十六条違反（当業者が実施できるほどに明確に発明を開示していない実施可能要件違反）、第四十四条分割補正違反が大方を占める。裁判所が無効と判事したものは、第二十九条違反の抗弁のう

特許裁判の現状

ち95％、第三十六条違反の22％、第四十四条分割補正違反の58％にものぼる。

原告が特許侵害で訴える場合には、事前に侵害事実や対象特許の有効性を十分に調査したうえで、催告状を送り交渉を重ね、らちがあかなくなったから提訴するようなものではない。侵害か非侵害かはクレーム文言などの解釈判断になるが、それにしても、特許庁が特許法に基づいて認可した特許が、裁判所で同じ特許法に基づいてこのように簡単に無効になってしまう現状を、どのように認識すべきであろうか？ 発明を特許発明にする専管官庁としての特許庁、発明を特許にする専門業（代理人）としての弁理士、特許権者の立場をどのように捉え、業務改善や責任を考えているのであろうか？ 現状では、特許庁と裁判所では視点が異なることも原因かもしれない。特許庁では特許法にもとづき、これに違反しないものはすべて特許する。権利範囲（技術の外縁）が言葉のせいもあって曖昧で拡大解釈されることも多い。しかし、裁判所の立場では特許に記述されていることのみが主張でき、記述外は対象外である。しかも証拠主義の立場を取るので、侵害や損害などの主張の根拠として明確な証拠やデータを示せないと採用されない。疑わしきは罰せずの原則もある。是非とも裁判所の観点からの出願を心がけるべきである。

原告不利について、提訴について原告側が先ず考えるべきことは、裁判の勝ち負けよりもむしろその裁判か

ら得られる収益のことである。裁判には勝ったが弁護士さんが儲かっただけということのないように、あらかじめそれから得られる収益、それにかける費用、裁判リスク（侵害性、無効性）を見積もらなければならない。日本の特許裁判における損害賠償額は、米国に比べて桁違いに少ない。米国では、故意侵害に対する懲罰的な3倍賠償請求、相手側弁護士費用の負担やEMVルール（Entire Market Value Rule とは、特許技術が商品を構成する部品に使われている場合でも、その特許が侵害され、かつその特許が商品の主要な価値を形成する場合には、侵害部品の単価ではなく商品全体の単価に基づいて損害額を計算するルール）がある。そのような米国でも、裁判費用が高額なため侵害商品の売上額が100億円以上ないと裁判しても収益面のメリットはないとされる。

特許裁判の手順と費用

特許裁判では、順序として侵害論、つまり特許侵害の有無や特許権の無効について裁定され、次に損害論、つまり損害賠償額が裁定される。原告として裁判戦略を立てる場合の順序は、まず損害論から入り、勝訴すれば相手からいくら取れるのかを算定するために侵害品の売り上げ把握や特許の寄与度の計算を裁判に耐えられる証拠に基づいて行わなければならない。なお、請求する損害額によって訴状に貼る収入印紙代が変わる。最初から大きな金額を請求するとその印紙代もバカにならない。たとえば、1000万では約5万円、

特許裁判の現状

1億円では約32万円になる。そのため、訴状の中で請求額について、一部X円を支払えというような方法が取られる。弁護士の標準報酬費用も損害請求額に応じてその着手金と報酬金は異なる。たとえば、1000万円の場合は、各々5％と10％、1億の場合は、3％と6％である。これらの収支バランスを調査検討してから提訴を判断すべきである。現状は、残念ながら、この逆の手順を踏むことが多く、裁判のための裁判になっているようである。裁判は必ずしも損得だけではない面もあるが、最初にこのような費用対効果の計算をしておくことである。

特許が裁判で無効になった場合の責任問題について言及しておきたい。発明を特許にする専権官庁は特許庁である。しかし、特許庁が特許法に基づいて特許許可したものが同じ特許法に基づいて裁判所で無効になった場合の責任が問われていないと考える。無効になるのはなんといっても特許庁の審査に重大な問題や欠陥があるからで、この責任は特許庁が取らねばならない。詳しくは、後述の「特許法の問題点」を参照してほしい。さらに、権利化を業としている特許弁護士や弁理士の責任も問われるべきである。以前、薬害エイズ訴訟で、薬を認可した厚生省の責任が問われ、被害者に国家賠償となった事例がある。無効になった特許は、その出願費用、権利維持費用、侵害にかかわる遺失利益など権利者側にとっては甚大な損害がある。また、そもそも特許にすべきでないものが特許になっていることによる同業他社への迷惑や損害も大きい。今後の審査の適正化のために特許庁や

特許法の問題点

解釈問題と審査の限界

自然法則と特許

自然科学は、自然法則という完全な教師が真偽を判断してくれる。そこには解釈や判断というような恣意的なものは存在しない。厳密で絶対の世界である。一方、特許法などの人間が創作した法律は、言葉で表現されているために解釈が生じる。特に曖昧な言葉や概

知財専門業者の責任を問い、これらを訴えるという革命的行為があってもよいのではないだろうか。その行為は、発明の権利化を業とする者の業務品質および特許品質の向上に貢献すると考えたい。特許庁は、審査内容や基準をより明確にすることを望む。

特許法の問題点

念というものはさまざまな解釈が生じてこれを確定することが困難になり紛争が起こる。羅針盤となるべき特許法の中にも曖昧な表現が見かけられ、またそれにもとづく特許許可判断も疑問なところが出てくる。

特許法では、発明を「自然法則を利用した技術的思想の創作のうち高度のもの」と定義している。定義では自然法則を利用することが必須条件になっている。しかし、プログラム特許やビジネスモデル特許はどう考えるべきであろうか？プログラムやビジネスモデルは、人の思考上の産物である。このプログラムやビジネスモデルを実行するには電子の動きが必要になり、これは自然法則を利用しているから自然法則を利用した技術的であるというのはいささか拡大解釈過ぎるように思う。ゴルフのパッティングの仕方も、ボールの転がりが自然法則によっているから特許化されても良いことになる。昔は、ソフトウエアそのものは特許にならないが、それを格納するメモリー機器は自然法則を利用して製作したものであるから、ソフトウエアを格納した記憶媒体であれば特許になるとこじつけて拡大解釈していた。自然法則といってもどの程度高度のものかの定義がないのでこれも曖昧である。また、高度なものと言われてもどの程度高度なものかの定義がないのでこれも曖昧である。このような傍線を引いた余計な形容詞は削除したほうが実体に即したものになると考えられる。

特許審査の疑問

　特許庁は、出願された発明について新規性の判断をしているとのことであるが本当にできるのであろうか？　新規性の判断とは、出願された発明が世界で初めてか否かの判断で、その発明以前の全世界の公開情報をすべてくまなく調べることを意味する。ロシア語、中国語、ドイツ語、ポルトガル語…およびネット上で公開されている情報をどうやって調べるのか。不可能と考える。実態は、特許庁のデータベースにある日本語特許文献を調べているだけと推察する。裁判になれば、被告は必死になって世界中の公開文献を調べ、同じものが見つかり新規性の喪失につながる。このため新規性の判断とは、すでに述べたように現実に即して国内特許情報などを調べられる範囲で調べた限り新規という条件をつけるべきではなかろうか。

　進歩性の判断についても、当業者が公知のものを組み合わせることが容易か容易でないかの判断になるが、容易であると反論された場合に容易でないとする明確な証拠や論理を見出すことは容易ではない。公知のものを組み合わせるのに阻害要因があるとか、思いもよらない、つまり1＋1＝2以上の特段の効果がある場合に限られると考えられるが、このような審査基準ではないため、裁判になると進歩性違反で無効になることが多い。

　次に、発明を当業者が実施できるほどに具体的かつ明確に開示する実施可能要件について、その開示内容で実施できるか否かの判断ができるほど、その技術に精通した審査官が

特許法の問題点

審査しているのであろうか？　第4章で示すLPGガスの例のように明細書に一言の数値記述のないものが堂々と特許許可されている場合も見受けられる。このような開示では実施することは不可能であるのになぜこれを特許許可したのであろうか。審査の質そのものが疑がわれても仕方ないであろう。

このように、曖昧な審査によって特許になったものが多くあることは事実である。その証拠は、前述のような無効判決の多さが証明している。筆者は、この根本原因を曖昧な特許法や審査のあり方にあると考えている。羅針盤とすべき特許法をより明快なものに改編して実態に合わせるべきではないだろうか。その折に特に注文したいのは、特許の実施を促進するために、たとえば実施状況を公開した者には、特許維持年金を割り引くようなインセンティブを与えるようにしてはどうであろうか。理由は、6章の知財モデルにも関係するが、商品と関連づけた特許開示は無駄な2重開発や特許侵害訴訟を防止できると考えるからである。

81

コラム2　知識経済社会とは何か（知識が価値をもつ社会）

知識経済社会とは、知識の生産、流通、利用がすべての産業の成長、富の形成、雇用の主要な推進力になる社会である。それは、工業社会における土地、労働力、資本といった主要な生産要素に加えて、特に知識を経済競争における最重要な要素として認めるものである。

知識経済という言葉は、P.F.ドラッカーに定義された、20世紀末の米国において、インターネットに代表されるIT革命（第三次産業革命）に連動する形でデビューした。「知識こそが価値を生み出す最も重要な資源である」との認識は、いまや広く世界に共有されている。その理由は、知識が国家、企業、個人を問わずあらゆる地域やレベルの経済活動に普遍的かつ構造的な変化を引き起こしているからである。このため先進諸国は知識への投資を強め、近年のOECD推計によれば先進国のGDPの50％以上が知識産業で生み出されている。

知識とは、正当化された真なる信念であるというプラトンの定義にしたがい、個人の思いや考えのうち、他者によって価値があると認められた意味・内容をもつものを知識として認めるとされる。知識は、文書化されずに人の頭の中にあるものや体得された技能・ノウハウといわれる個人に固有のもの（これらを暗黙知と称す）と文書化され他の人への移転ができるもの（形式知と称す）とに分類される。前者は、経験に裏づけられた個々固有の知識という意味で経験知（知恵）であり、後者は言語で表現され普遍性のある知識とい

特許法の問題点

う意味で言語知（文明的な知識）と呼ばれている。

さて、近年の情報技術の進展により、文書化（形式知化）された知識はデジタル化が可能で、時間・空間を越えて世界中で伝達、共有、活用が可能になる。このことは、文書化された知識は簡単にコピー複製できると共に同時多発的無尽蔵に使用可能になることを意味する。特許などの知財はこれを防御するためにあるのだが、その権利を行使することや一度世界に拡散した情報をコントロールすることは困難を伴う。

これに対し、暗黙知は個人に属するため拡散することのない唯一のもので、個人と企業に持続的な競争優位をもたらすとされる。この意味から知識経済社会における主役は、「**暗黙知の所有者たる個人**」にあると言えよう。

知識経済社会の本質は、知識のデジタル化に伴い資本や市場の原理がより徹底されることである。すなわち、グローバル化が進む現代においては、地球レベルであらゆる効率化が進むことを意味する。モノつくりであれば、製造コストの安い地域へのシフトや地域の地球規模への拡散である。一方、新たな知識の獲得や融合のためには特定地域への知識集中が起こりその集中加速により効率の良い知識創造プロセスが形成される。このことは、特定地域に繁栄をもたらす一方で、他の地域の衰退を伴い地域間格差を拡大させる結果を生む。資本や市場に基づく行動は、公平でも最善でもなく経済格差の拡大に至る。冷徹な資本の理論や顧客の心の移り変わり（ファッション）により、自然界における自然淘汰と同じ市場淘汰がおこるのである。残念ながら現在この問題を解決する経済学における最適なモデルはないと言われている。

第 3 章

特許の本質を理解する

特許権は排他権であり実施権ではない

特許の主従関係、調査の重要性

特許を取得すれば独占できるか

特許を取得すれば、それを独占的に自由に実施することができると思っている人が多いがそれは間違いである。特許は、特許請求の範囲（クレーム）で示した技術範囲のものを他者が権利者の許可なく実施することを排除するための権利（排他権）であって実施権ではない。この意味は、特許の上にいくらでも取ることができるが、上にある（下位概念の）特許は下にある（上位概念の）特許から制約を受けることを意味する。つまり、下位概念の特許は、上位概念である他人の土地に家を建てているようなもので、その土地の所有者の許可があって始めてその家に住めるが、土地所有者から出て行けといわれれば（排他権）、その家に住む（実施権）ことはできない。

たとえば、図14に示すように、特許1は従来の針が動く時計の代わりに液晶などの表示

特許権は排他権であり実施権ではない

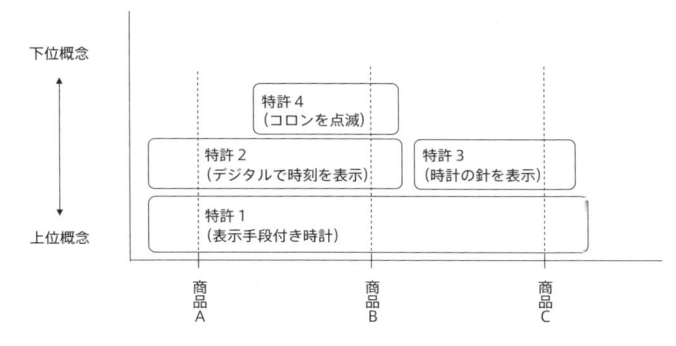

図14　特許は排他権であって実施権ではない

特許の主従関係（上位概念と下位概念）を理解する（技術体系と相関あり）。
特許1の上に特許2を取れるが、特許2は特許1を踏む（侵害している）。

手段を有する時計の特許、特許2はデジタルで時刻を表示する特許、特許3は従来の時計のように針の動きを表示する特許、特許4はデジタル表示の一部コロンの部分を1秒ごとに点滅させる特許であるとする。特許のうえ位概念と下位概念の関係は図に示すようになる。すなわち、特許1が最上位概念の特許で、特許2と特許3は特許1のうえに取られた下位概念の特許、特許4は特許2のうえに取られたさらに下位概念の特許になる。この場合、特許2、3は特許1の土地のうえに立つ家であり、いずれも特許1を侵害し（踏み）、特許4は特許1、2を侵害していることになる。特許の主従関係とは、侵害されたほうの特許が主、侵害しているほうの特許が従の関係で、従の特許を実施する場合は主の特許権者の許諾が要ることをいう。このように特許には、主従関係があることを理解すべきである。

第3章 特許の本質を理解する

A社：側面への切り込みで特許取得

B社：側面と上下面に切り込みを入れて販売

図15　発明の主従関係（切り餅事件）

そして、この主従関係は、技術体系と相関をもっている。技術の進歩とは、どのような技術でも従来技術の改良や改善のうえに進歩するものであるから、技術にも基本技術、改良技術、応用技術というように主従関係ができるのである。無論、図14の特許1のように他の特許を踏んでいない特許は独占的に実施できる。このような特許を基本特許といい、その特許権者は最も強い権利（排他権）をもつことになる。

発明の創造やそれを特許出願するときに最も重要なことは、まずは他人の特許を踏んでいないかを十分に調査し対策を打ってから行うことである。この調査対策を知財の安全性の確保という。現状では、出願のみに目が行き、ここがおろそかになり後で困ったこと（特許を取りそれを商品化したが他人の特許を踏んでおり損害賠償や差し止めを受けること）になる場合がある。図15は、切り餅に関する最近の特許判決例である。A社が餅の焼き上がりを良くするために図のように餅の側面に切り込みをつける特許を取得した後、B社が側面に加えて上下面にも切り込みをつけた餅を売り出しA社がB社を訴えた事件である。

88

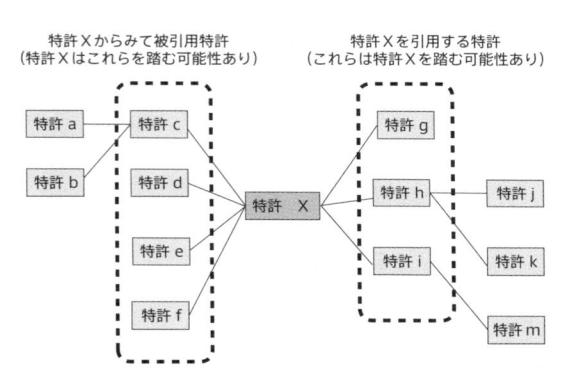

特許権は排他権であり実施権ではない

特許Xからみて被引用特許
（特許Xはこれらを踏む可能性あり）

特許a
特許b
特許c
特許d
特許e
特許f

特許Xを引用する特許
（これらは特許Xを踏む可能性あり）

特許X

特許g
特許h
特許i
特許j
特許k
特許m

図16　特許の引用（サイテーション）マップ

読者はすでにお分かりのように、特許の主従関係からいえばA社特許の改良をしたのがB社の餅であるからこれはA社特許を踏んでおり判決も侵害と判事された。たとえB社の方法が特許になっていたとしてもA社の許諾なくしては実施できないのである。

特許の主従関係を調べる方法として、引用（サイテーション）ツールが複数の業者から提供されている。たとえば、図16はその一例である。

特許Xに注目すると、特許Xは特許c〜特許fを先行技術として引用している一方で特許g〜特許iに引用されている（被引用）ことが分かる。特許Xは、引用した特許cなどを踏んでいるかもしれないのである。このようにして特許Xを中心にした特許の主従関係を調査し、特許のライセンス交渉先や特許安全対策などに活用することができる。これはひとつの技術が生まれ、その技術が改良に改良を積み重ねられ進化する技術体系図に似ている。

基本特許と改良特許

商品化に必須の改良特許は基本特許と同じ価値を持つ

それでは、基本特許を取られたらそれでおしまいかといえば、必ずしもそうではない。結論からいえば、商品化のために必須（他の手段がない）の改良特許は、基本特許と同等の価値がある。基本特許をとって安穏としていれば、商品化に必須の改良特許を取られて対等なクロスライセンスに持ち込まれることがある。

たとえば、A社が図14の基本特許1および改良特許2を取得して商品Aを開発したとする。その後B社は、時計のデジタル表示が1分ごとにしか変わらず正常に動作しているのか、故障しているのかすぐに判断できず使用者に不便であるとして、時間と分を分けるコロンを1秒ごとに点滅させる発明で改良特許4を取得して商品Bを開発したとする。この

押さえるべき特許はどこなのか

図14に戻って説明すると、特許1が基本特許、特許2〜4は特許1の改良特許である。

基本特許と改良特許

改良特許4は基本特許1および改良特許2を踏んでいるが、この時計を顧客が満足する商品Bにするには改良特許4は必須であり、両社がお互いの特許のみを主張していては商機を失うのでクロスライセンスに応じざるを得なくなる。このように、基本特許を取られても優れた改良特許を取れば対等に戦えるのである。基本特許を取っても、また取られても、商品化に必須の改良特許や周辺特許を複数取得して特許網を磐石化することを特許ポートフォリオを強化するという。

特許戦争は、陣取り合戦にたとえられる。未開の新技術領域に対して早く陣取りをすることが原則重要である。しかし一度陣取りしたら一安心ではない。その陣のうえに商品化に必須の改良特許を取られないように先にこれを取得しなければならない。特許の勝ち組企業とは、基本特許を持つか、商品化に必須の改良特許を持つか、広く周知された技術に関する特許を持つかのいずれかである。これら以外の特許を多くもっている企業にとっても、これらの特許を踏んでいるので負け組みとなる。特許はこのように使用（実施）されていくらであり、商品に多く使われる特許こそ価値がある。学術的な価値をいうものではない。基本特許とは基本であるがゆえに使用量の最も多い特許のことである。

特許侵害となる条件とは

オールエレメントルール、文言侵害と均等侵害

他人の特許を侵害していないか判断する

他人の特許を侵害しているか否かの判定は、特許請求範囲（クレーム）のすべての請求項について、オールエレメントルールの原則に基づいて行う。特許のクレームは、一文で構成される。たとえば、…(A)において、…(B)と、…(C)と…(D)とから構成した…(E)というように、文節をつなぎ合わせて一文にする。この(A)から(E)までをエレメント（構成要件）という。これにより、(A)、(B)、(C)、(D)とから構成した(E)ということで、(A)から(E)のエレメントのひとつでも欠けた構成をもつ場合は、権利外つまり非抵触となり権利を侵害していないことになる。これをオールエレメントルールといい、重要なルールであるので再度説明しておく。

別の表現でいえば、先の特許の構成が「X＋Y」として、「X＋Y＋Z」というように

特許侵害となる条件とは

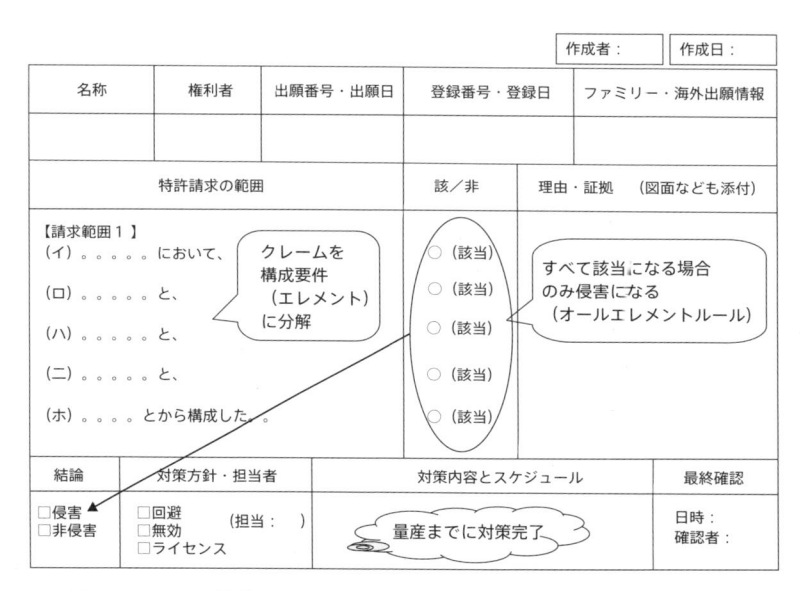

名称	権利者	出願番号・出願日	登録番号・登録日	ファミリー・海外出願情報

作成者：　　　作成日：

特許請求の範囲	該／非	理由・証拠　（図面なども添付）
【請求範囲1】 （イ）．．．．．において、 （ロ）．．．．．と、 （ハ）．．．．．と、 （ニ）．．．．．と、 （ホ）．．．．．とから構成した。	○（該当） ○（該当） ○（該当） ○（該当） ○（該当）	

クレームを構成要件（エレメント）に分解

すべて該当になる場合のみ侵害になる（オールエレメントルール）

結論	対策方針・担当者	対策内容とスケジュール	最終確認
□侵害 □非侵害	□回避　　（担当：　） □無効 □ライセンス	量産までに対策完了	日時： 確認者：

図 17　特許のクレームチャート（侵害／非侵害判定表）

先の特許の構成に「Z」という改良を加えたものであれば先の特許を侵害し、実施するには許諾が必要である。しかし、「X＋W」という改良であれば先の特許の構成「Y」を含まないので、オールエレメントルールを満たさず非抵触になる。

具体的に他社の特許調査をする場合は、図17に示す侵害／非侵害判定表（これをクレームチャートと言う）を用いオールエレメントルールに基づいてチェックする。そして、侵害の場合は必ず対策をする。この行為を特許の安全性対策と呼ぶ。この対策結果を一覧表にして管理する。筆者らが主導し

た半導体知財タスクフォース活動においては、技術者に日米の半導体特許100万件の安全性調査対策を課した。この実施には相当の時間を要するため進捗状況を調査カバー率（全調査対象件数を分母にして調査完了済みを分子として算出）という指標で可視化し進捗状況を共有した。この結果により得られた成果は180頁を参照してほしい。

クレームには、独立クレームと従属クレーム（独立クレームに従属するクレーム）がある。まず独立クレームについて抵触か非抵触かを判定する。独立クレームが非抵触の場合は、その従属クレームも非抵触になるので無視してよい。抵触の場合は、そのクレームを回避する手段を講ずるか、無効資料を調査で見つけ出すか、ライセンスしてもらうかのいずれかの対策を打つことになる。

侵害には文言侵害と均等侵害がある。特許裁判において、侵害／非侵害を裁判官がどのように判断するかの判断材料や優先順位を知っておくことは重要である。文言侵害とは、文言通りの侵害をいい、裁判官の判断材料の第一位になる。そして、この文言侵害の中での優先度は、クレームの文言を基準にすることが原則で、クレーム通りに解釈する。しかし、クレームで使用している用語の定義などが不明な場合は、明細書を参照（参酌）して解釈する。それでも不明なときは包袋（出願してから特許になるまでに特許庁とやり取りした記録）を参照し、最後に公知技術（辞書や専門家の意見など）を参照するという優先順位になる。したがって、クレームや明細書の中の言葉こそが最も重要で強い意味を持つ

94

特許侵害となる条件とは

のである。

均等侵害とは、クレーム文言と侵害対象物（通常これをイ号という）との間に異なる部分（オールエレメントルールに照らして非該当のエレメントの存在）があったとしても、その異なる部分が特許発明の本質部分ではなく、その異なる部分を置き換えても特許発明の目的効果が得られ、かつ当業者がその置き換えを容易に考えることができる場合は、対象物はクレームの技術範囲に属し侵害と解釈することをいう。このように、均等侵害には解釈という不確実性がある。明確な侵害とは、あくまで文言侵害のことをいうのである。

なお、特許審査官とのやり取りにおいて、一度言ってしまったことは取り消せないことを包袋禁反言（ファイルヒストリー・エストッペル）という。クレーム範囲や明細書の内容を明確にするために、特許裁判や安全性調査でよく使用されるので記憶しておきたい。

特許無効となる条件とは

いかにして特許は無効になるか

強い特許のために自ら明細書を書く

特許は、裁判で無効になると一切の権利行使ができなくなる。無効になるのは、特許法に違反しているからであるが、特許庁で特許になったものが裁判所で同じ特許法に照らして無効になるというのも理不尽な話しである。無効にならないようにするには、最初の取り組みが肝要である。無効にならない強い特許をつくる原則は、無効事由（無効理由）の主なものである特許法第二十九条第1項の新規性違反、同第2項の進歩性違反、同第三十六条第4項の記述不備違反（実施可能要件違反）、同第四十四条の分割要件違反を回避することである。そのためには、外部の弁護士や弁理士あるいは特許庁の審査官をあてにせず、本書などから得た知財知識をもとにして、発明者自らが従来技術をきちんと調査し、発明者自らが明細書を書くことである。つまり自分の財産権は自ら守る

特許無効となる条件とは

ことに尽きるのである。

特許裁判になると、被告抗弁の常套手段は、特許非侵害と特許無効の申し立てである。

被告は、その発明が世界で初めての発明であるか否かについて調査会社などを使って世界中から徹底的に調査する。その結果、出願日前に公知となった同一もしくは同じような技術情報や特許情報が見つかると、それをたてに新規性の喪失を申し立てる。

また、特許のクレームをエレメントに分解し、エレメントごとに同じ技術分野の出願前の公知情報を世界中から集めこれらの公知情報を当業者が組み合わせることは容易であると申し立て、進歩性の喪失を図る。あるいは、明細書に開示している情報は当業者が実施できるほどに明確かつ具体的に記述する必要があるが、これに反してプロセスの一部を隠したり曖昧にすると発明を実施することができないので実施可能要件違反により無効であると主張される。

特許法では、ひとつの特許を複数に分割して権利化することが認められている。元の特許（親特許）が複数の発明内容を含み、そのある部分だけを早く権利化したい場合などに利用される制度である。分割特許の内容は「親特許の明細書に記述された事項の範囲内に限る」という規定がある。この規程にもかかわらず特許になったものは分割要件違反を主張され無効になる可能性がある。分割出願の明細書または図面は、親出願に記述されていない事項（新規事項）を含まないことが条件であるにもかかわらず、親出願よりも広い概

第3章　特許の本質を理解する

念をもつものや、追加事項を含むものは無効事由があることに注意しなければならない。分割する場合は、技術内容や用語の意味をよく理解している発明者自身が内容を書くか、十分にチェックしないと無効リスクが発生することになる。

IDS違反に注意する

次に、日本企業が原告になる米国裁判において、特許無効事由の第一に挙げられるのは、情報開示陳述書（IDS：Information Disclosure Statement）違反である。IDS違反とは、米国の情報開示義務（Duty to Disclose）にもとづき、特許出願しようとしている発明の特許審査判断に影響を与える重要かつ知っている情報をすべて米国特許庁に提出しなければならないという義務に違反することである。この義務は、すべての米国特許出願人および米国特許出願に関連する者に課せられる。提出は、少なくとも特許許可が下り発行料金を支払うまでに行う必要がある。この義務は、単なる法の適用を超えた倫理的な背景に由来する。

つまり、特許にすることに不利になる情報、たとえば、出願する前にその発明を論文などで開示していたことや米国外での審査で見つかった先行技術情報を米国特許庁に報告せず隠して特許にしたものは、衡平（Equity）上の観点からその特許を無効とする米国流のフェアーな仕組みである。特に、継続出願（先の出願が最終拒絶された場合に先の出願

特許無効となる条件とは

日を引き継いで再度審査官に出願内容の審査をさせるための出願)や分割出願にも関係する。IDSとして提出する資料は、たとえば、特許公報、文献、出願などの情報を特定した文献リストとこれらのコピー、リストされた情報が英語でない場合は、クレームとの関連についての簡潔な説明と、すでに文献全体または部分についての英語の翻訳がある場合は、その翻訳のコピーを提出すればよいとされる。しかし、この場合も自らに有利な部分のみを英訳して審査官をミスリードするリスクがあるので、疑わしい場合は全文を英訳したほうが安全であるとされる。費用のかかる仕組みであるが、きちんと対応することが求められる。

言葉の戦争

事実を正しく伝える文章で書く

文明の日本語と文化の日本語

「初めに言葉があった」とは聖書の有名な言葉である。言葉こそが人類に文明と文化をもたらした原動力である。小説、詩歌、論文、技術報告書、契約書、特許明細書などはすべて言葉によって表現される。ところで、日本語には、図18に示すように日本人の心や情緒などを表す「文化としての日本語」と、学術論文などのように事実を正確に伝える「文明の日本語」があることを理解すべきである。文化としての日本語は、小説などに代表されるように日本人にしか分からないような微妙なニュアンスや情緒を伝えるものであるが、主語の欠落など構文の崩れや不完全さなどにより読み手に多様な解釈を生むものである。

一方、文明の日本語は、理工系の学術論文にみられるように人類に共通して理解できる論理性をもち、事実を正しく伝える論理明快な文体をもつものである。特許に使われる日

| 言葉の戦争

```
┌─────────────────────────────┐  ┌──────────────────────────┐
│  日本語には2種類ある            │  │  知財化するための文書        │
│  ┌───────────────────────┐  │  │ ┌──────────────────────┐ │
│  │  文明としての日本語       │──┼─→│ │ 文明としての日本語で    │ │
│  │  普遍事項を表現するための言語│  │  │ │ 論理的に、明確に        │ │
│  │  ビジネス、契約、論文、技術文書│ │  │ │ 記述された文章         │ │
│  │  などに用いる            │  │  │ └──────────────────────┘ │
│  └───────────────────────┘  │  │   ┌────────────────────┐  │
│                             │  │   │ 機械翻訳にかかる日本語 │  │
│  ┌───────────────────────┐  │  │   └────────────────────┘  │
│  │  文化としての日本語       │  │  └──────────────────────────┘
│  │  情緒的で叙情に適する      │  │
│  │  多様な解釈を生む         │  │
│  │  小説、詩などに用いる      │  │
│  └───────────────────────┘  │
└─────────────────────────────┘
```

図18　知財化するための文書とは
世界に通用する明快な文書に仕上げるためには日本語を日本語に翻訳する必要性がある。

本語は、もちろん文明の日本語である必要がある。特許とは、権利書もしくは契約書的な側面をもつものであり、明確な言語表現で記述しないと権利行使できない。日本語を外国語に翻訳して外国特許を取得する場合、元の日本語が文明の日本語になっていないと意味不明な翻訳となり、とても権利行使できるものにはならない。日本人同士のアウンの呼吸などは通用しないのである。

特許明細書は、誰が読むのか？　それは、競合する企業の技術者が読むものであり、裁判になれば、相手側弁護士・弁理士そして裁判官が一字一句を精読するものである。つまり最終的には裁判官へ渡る手紙のようなものである。

文明の日本語とは、端的にいえば機械翻訳にかけられる日本語のことである。主語、述語、目的語などの構文がしっかりしており、分かりやすい平易な言葉で（さらにいえば味

第3章　特許の本質を理解する

　も素っ気もない簡明な言葉で）、短い文章で書かれたものである。これに対して文化の日本語は、機械翻訳がいかに精緻になったとしても正確に翻訳することは困難であろう。
　特許明細書は、世界に通用するものに仕上げなければならない。そのためには、少しでも文化の日本語が使用されたものは、この文化の日本語に翻訳しなおす必要がある。日本語を日本語に翻訳するのである。最初をきちんとしたものにするのである。
　クレームに使用した不用意な一言の形容詞や、特許庁とのやり取りにおける言葉が包袋禁反言の法理（特許にするために特許庁とのやり取りの過程で一度述べた言葉は取り消しできないこと）によって特許の価値を台無しにする事例は枚挙に暇がない。裁判になると相手側は、一言一句の意味や解釈についてさまざまな抗弁をしてくる。これを裁く裁判官は、その技術に精通した人ではなく、ほとんどが文科系の人である。この人たちをいかに納得させるか、さらにいえば、いかに明確な文言によって相手側につけいる隙を与えないで文書で書かれているかが要求されるのである。まさに特許戦争は言葉の戦争といわれるゆえんである。たとえばシャープペンであっても、言葉だけで相手がそれを再現できるほどに正確に表現することはなかなか難しい。図面で表せば世界中のどこの技術者でも正確に理解し、再現することができる。ここに言葉の限界がある。この不足を補完するために、図面や写真やデータなどを用いて自らの発明やそのクレームを明確にすることが重要である。

102

| 言葉の戦争

```
特許仕様書（Patent Specifications）
（自分の発明を理解してもらうために）

背景
本発明の技術分野における
これまでの先人の成果とその問題点

発明のサマリー
その問題点を私の発明でこのように
解決した

実施例
その問題点を私の発明でこのように
解決した

  （実施可能要件）
```

→ ご理解いただいたところで発明としてI Claim

Claims
（特許請求の範囲）

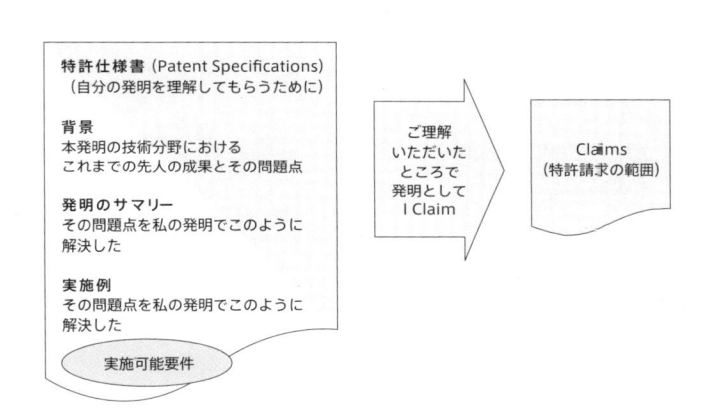

図19　米国の特許明細書（特許仕様書）とクレーム（Claim）の関係

特許仕様書は Claims をサポートするものとして発明に関する背景、実施例などを明確に記載し発明の外縁を絞り込む（柵を立てる）役割をする。

日米の特許明細書とクレームの違い

ギブ・アンド・テイクという言葉があるが、特許の世界もまさにこの言葉とおりである。ギブとは、発明の内容を開示することをいう。テイクとは、その開示したものに対する対価として20年間の独占的排他権を得ることをいう。つまり、開示したものが保護される原則であり、開示もしていないものを保護してくれという虫のいい話はないのである。

図19は、米国の特許の論理構成を説明したものである。図20は、日米の特許明細書とクレームの違いを示したものである。米国の明細書は、自分の発明を理解してもらうための特許仕様書（Patent Specification）と呼ばれる。図19のように、まず発明の背景として、この発明の技術分野におけるこれまでの先人の成果とその問題点を述べ、その問題点を私

第3章 特許の本質を理解する

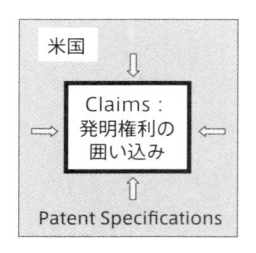

米国のクレームシステムは、境界を主張する（柵で囲む）システムと言える。

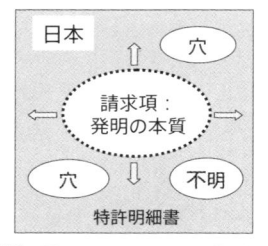

米国以外の国々のクレームシステムは、クレームが発明の核心、中核、又は中心テーマを定義づけるようなコンセプトに基づくように見える。

図20　日米の特許明細書／クレームの取り方

米国の特許明細書（Patent Specifications）と日本の特許明細書の違い
（出典：J. E. Armstrong, Essentials of Drafting U. S. Patent Specifications and Claims）

の発明でこのように解決したというサマリーを述べ、次に解決のための具体的な実施例を述べ、そして自分の発明を理解してもらったうえで、最後に自分の発明の権利範囲はここだといってクレーム（Claim）の柵を立ててこれを囲う。この米国の記述方法は、外側から囲い込んでいくやり方なので権利の外縁が明確である。これに対し日本の場合は、特許書の構成でみても明らかなように最初にクレームが来る。

ここで発明の本質である権利範囲を限りなく拡大しようとする。このやり方は、権利範囲の外縁が不明でいたるところに抜けが生じる問題がある。曖昧な開示で権利範囲だけはがっちり頂くというようなわけにはいかない。クレームの一言の文言によって技術内容がカバーされているなどと考えてはいけないし、一言で分かるほど技術は浅薄ではないことを心すべきである。読者には、米国流の考え方を念頭にした書き方や権利化をお勧めする。

104

特許の価値

使用量と権利行使力の積で決まる価値。評価の方法

経営にとって、特許は儲けるための手段である。儲ける手段としての特許の価値すなわち価値ある特許は何によって決められるのであろうか？ それは、図21に示すように、市場性と権利行使力の積として決まると考えられる。この市場性と権利行使力は、必要条件と十分条件の関係にあり、どちらが欠けても価値は0になる。

市場性とは、その特許が商品にどのくらい使用されているかの使用量をいい、その特許の基本性や必須性、つまり商品化のために使わざるをえない回避不能な（代替手段のない）特許であることや顧客価値が高い特許つまり効果やコストパーフォーマンスが格段に高い特許のことをいうのである。したがって、ノーベル賞級の発明や特許といっても、それが市場に出回らず世界でわずかしか使われないのであれば、その市場性はほとんどない。

強い特許の側面とは

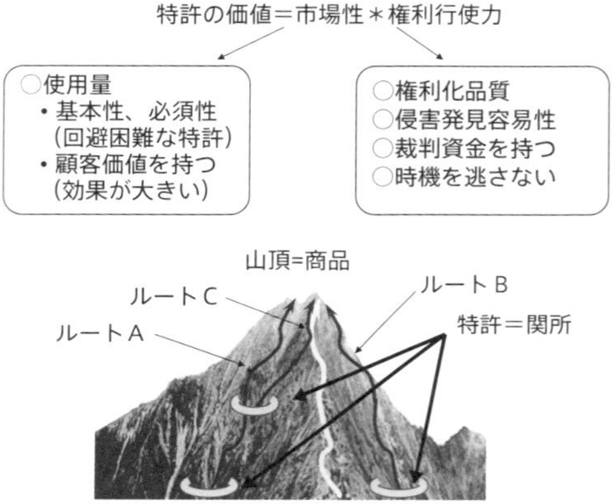

第3章　特許の本質を理解する

特許の価値＝市場性＊権利行使力

- ○使用量
  - ・基本性、必須性
    （回避困難な特許）
  - ・顧客価値を持つ
    （効果が大きい）

- ○権利化品質
- ○侵害発見容易性
- ○裁判資金を持つ
- ○時機を逃さない

山頂＝商品
ルートC
ルートA
ルートB
特許＝関所

図21　特許の価値は、市場性（使用量）と
権利行使力で決まる

商品の価値を登頂にたとえれば、登山ルートが発明や特許に相当する。自社が1つのルートを見つけたとしても他社にそのルートと枝分かれしていない独立した別ルートを見つけられれば、自社のルートが格段に登りやすいものでない限り優位性を保つことはできない。発明や特許もこの理屈と同じである。商品をつくるために回避できない必須の特許こそが価値ある特許の要件である。特許とは、登山ルートの登山口に設けられた関所にたとえることもできる。この図の場合、登頂ルートは、ルートA、B、Cの3つあり、各々代替ルートが存在するのでその使用量は減り価値は低くなる。また、ルートCはルートAの関所の許可が要る（従属）になるのでさらに価値は低くなる。

権利行使力のある特許とは、強い特許のことである。すなわち、権利行使する際のさまざまな課題を克服できる特許、さらにいえば相手側がその会社や特許を聞いただけで白旗を揚げるような知財ブランドをもった特許のことである。権利行使力にかかわる側面とし

特許の価値

て4つを取り上げ説明する。

第1の側面は、権利化の品質に関して特許無効に対する抗力を持つこと。すでに前節で述べたように特許法第二十九条第1項、同第2項、特許法第三十六条第4項、特許法第四十四条、米国のIDSなどに対してきちんと対応していることをいう。さらに、侵害/非侵害について解釈の余地がなく、明確に文言侵害しているか否かである。特許裁判になると、特許請求の範囲（クレーム）の文言を含め明細書の一字一句にいたるまで裁判官や相手側弁護士等の厳しい精読と解釈にさらされる。明細書および包袋（審査官とのやり取り記録）における不用意な形容詞、曖昧な言葉は権利範囲を大きく減縮したり別の意味に解釈されたりするリスクを負う。均等論侵害ではなくあくまで文言侵害であることが強い特許の要件である。

第2の側面は、侵害発見が容易なこと。つまり侵害商品の解析や仕様書、取扱説明書などで侵害証拠を容易に把握できるかどうかである。この場合、物の特許は比較的侵害証拠を把握しやすいが、プロセス特許は困難である。なぜならば、物をつくる過程で温度を1000℃5分間上げて加工するという特許や、製造途中で特別な検査工程を入れるという特許を取得しても、出来上がった商品にその確たる痕跡が残ることはないからである。それ故に、製造現場に立ち入りができず、不正手段での証拠入手が禁じられている状況では、出来上がった商品からそれをつくるプロセスを特定することは困難で、も

第3章 特許の本質を理解する

このような曖昧な状況で相手側を訴えた場合、逆に営業妨害で打ち返されるリスクを伴うことを覚悟しなければならない。したがって、強い特許の要件は、顧客が他の商品と明確に区別できるようにその仕様書やチラシなどに特許技術そのものを書ける特許である。たとえば、映像の手振れ防止の基本特許であれば、手振れ防止機能付きカメラのように宣伝資料に書き、顧客がその特許技術を使用していない商品と明確に区別できて商品の差別化やブランド形成に活用することができる特許である。

第3の側面は、権利行使するための資金の有無である。特許を取って一安心ではなく侵害があれば裁判などに打って出て指し止めも辞さないとする裁判費用をもっているかどうかである。日本の大学や中小企業はこの裁判費用をほとんど確保していない。権利書としての特許は強くてもあくまで書面上であって、権利行使できる資金をもつことを相手に認知させることにより権利行使圧力をかけられることも重要である。

第4の側面は、時機を逸しないことである。被告が権利行使されて最も恐れるのは差し止めである。その侵害商品が市場に出回っているタイミングで権利行使しないと相手に与える心理的ダメージがまったく異なる。交渉や提訴のタイミングは、早すぎても（多く市場に出回っていない）いけない。損害賠償するにしても販売や取引の法定保存期間を過ぎてしまえば証拠を見つけ出すこと（立証）が困難になり、実質的に損害賠償ができなくなる。

108

知財の価値算出法

ここで参考までに、知財の価値評価について言及しておきたい。無形資産や知財の価値を評価することをバリュエーション（Valuation）といい、M&A、知財売買、知財ライセンス、知財を担保とする資金調達、企業の投資家向け知財情報開示報告（IR）などのために必要とされる。知財の価値評価の方法としては、金額に換算する絶対評価法（定量評価）とスコアー評価法（相対評価）とがある。絶対評価法には、コストアプローチ、インカムアプローチ、マーケットアプローチ法がある。

コストアプローチ法は、知財の開発もしくは購入に要した費用とその維持年金の合計を価値と考える方法で、資本財と同様に客観的な評価ができ、また毎年の減価償却も可能で税務会計とのマッチングもよい。しかし、知財の将来価値をその原価でのみ評価するのは合理性がないと考えられている。

インカムアプローチ法は、知財が生み出す将来のキャッシュフローを現在価値に割り引いて価値を評価する手法で実務上最も多く採用されている。割り引く方法には、ディスカウントキャッシュフロー（DCF）法やリアルオプション法などがあり、ベンチャー起業が知財を担保にした資金融資を受ける場合や知財そのものの売買にも適用される。しかし、この方法は、将来の売り上げや割引率の設定に人為的要素が入りやすく、特許の場合は後述のように不確実性が高いので客観性に欠ける短所をもっている。

マーケットアプローチ法は、過去の類似取引や売買あるいは類推する方法であり客観的評価が高いと考えられるが、取引事例が少ないことや取引価格が秘密にされていることなどから実運用はきわめて困難とされる。

スコアアプローチ法は、特許出願における特許の重要度評価、特許の棚卸などに用いられる手法で技術の独創性、市場性、権利の強さなどの評価項目を設け評価者の主観にもとづき点数化する定性的な評価法である。このため評価は容易ではあるが、評価項目やそのウエイト付けの客観性に課題がある。

ブランドや著作権との価値の違い

特許は、未来の事業優位力ともいわれ、ブランドや著作権のように過去から現在までの信用、資産、商品にかかわる実績的なものとは異なる。すなわち、特許は、それが商品に使用されて初めて価値が発現するもので、それまではコストである。また、たとえ商品に特許を使用していても、その特許が言葉の解釈などにより裁判で無効化されたり、非侵害裁定されたり、あるいは競争相手の設計努力により別の方法で回避されたりすると独占的排他権としての利益創造価値はなくなるという高い不確実性（リスク）を有する。この観点からすれば、特許の価値は現在価値しか計測できず将来価値は不定ということになる。

これに対し、著作権は解釈が入り込む余地が少なく、またブランドは過去からの信用の

110

特許の価値

蓄積であることから、特許のように突然裁判で無効になることはなく、安定した性質を有するため両方とも比較的長期の予測評価が可能になる。これらの理由から、実務上良く使われるディスカウントキャッシュフロー（DCF）法は、著作権やブランドの価値評価には有効であっても特許の価値評価に適応するのにいささか問題があると筆者は考える。

また現行の実務では、特許の価値評価を利益3分法（営業利益は資本力、技術力、営業力により生み出されるとして、特許の寄与度を技術に当てはめ均分する考え）で利益の33％にみなし、25％ルール法（資本力、特許に関係する開発技術力、生産技術力、営業力の4つで均分する考え）では25％にみなしているが、筆者はこのいずれの方法にも同意しがたい。

図22は、複数の特許が商品に使用されている場合に個々の特許の価値を決める考え方を示したものである。たとえば、図の商品には、基本特許1と改良特許2～4が使用されていたとする。ひとつの考え方は、商品価値からみる考え方で、商品としてはこれら4つの特許技術が使用されておりどれが欠けても成り立たないから、この4つの特許は均等の価値があるとして使用特許数で均分するものである。この場合、基本特許ほどより多くの商品に使用されるので使用量が増えトータルとして金銭価値が上がることになる。もうひとつの考えは、競合他社に対する独占的利益を得る視点である。つまり、特許には主従関係があり基本特許（主人特許）や商品化に必須の特許（基本特許とクロスライセンスできる

111

第3章 特許の本質を理解する

商品価値から見る視点

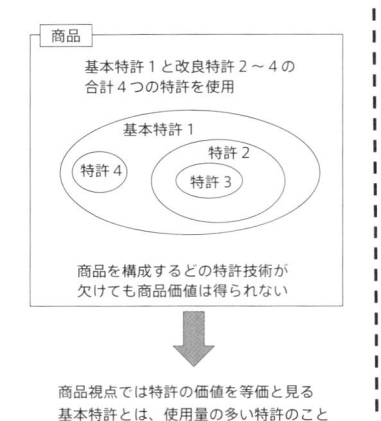

商品
基本特許1と改良特許2～4の
合計4つの特許を使用
- 基本特許1
  - 特許4
  - 特許2
  - 特許3

商品を構成するどの特許技術が
欠けても商品価値は得られない

↓

商品視点では特許の価値を等価と見る
基本特許とは、使用量の多い特許のこと

独占的利益から見る視点

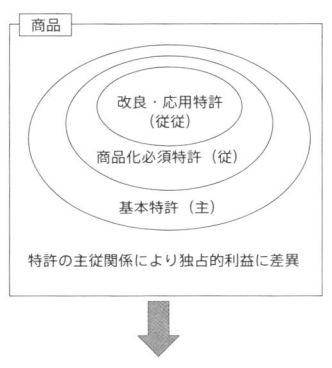

商品
- 改良・応用特許（従従）
- 商品化必須特許（従）
- 基本特許（主）

特許の主従関係により独占的利益に差異

↓

基本特許又は商品化必須特許以外は
回避（代替）可能なため価値はない

図22　特許の価値評価

特許、基本特許の従人であるが主人に等しい従人特許）と、これらのうえに成り立つ（これらを踏んでいる）改良特許や応用特許（従のまた従）の価値を区別し、回避可能な特許は独占的利益に貢献できないからその価値を認めないとする考え方である。いずれの考えを採用して、個々の特許価値を評価するかは今後の検証にゆだねたい。

| 特許の価値

コラム3 世界観をもつ（航海のための地図と羅針盤、自然科学と社会科学の違い）

航海に地図と羅針盤が必要であるように、社会や戸場で生き抜くには確固たるものの見方や考え方（羅針盤＝哲学）をもつことが第一義に大切である。

羅針盤は、別の表現をすると世界観（あるいは人生観）と言っても良いし、人間としての信用、一貫性、価値、自信、誇り、見識にかかわる重要なものである。世界観の「観」とは、ものごとの本質を見通す透徹した見方のことをいう。「観」を身につけた人は、目先の対処療法ではなく将来のあるべき姿を思念して、ビジョン＆ミッションに基づく本質的な実践行動を起こすことができる。また、人生やビジネスにおける地図とは、世界の政治・経済・軍事面から当該事業分野に至るまでの全体像、動向及び彼我の立ち位置のことである。それは、時々刻々と変わるものであり、常に最新のものにしておく必要がある。

たとえば、政治家は「常在戦場」という言葉をよく使うが、政治は戦いの連続であって常に戦場にいるときの気持ちで変化に備え事に当たろうという意味である。禅寺で見かける「無常迅速」もまたすべてのものは変化しその速度は速いことを言っている。そして、未来の予兆は必ず現在に顕現していることを見逃してはならない。この兆候や機会を見抜き、未来に向けて仕掛ける Proactive な「先見の明」を養わねばならない。

ところで、羅針盤は地球の磁気を利用して方向を正しく指し示すが、思考や哲学としての羅針盤が正しく機能するためには大いなる教師を必要とする。たとえば、自然科学やそ

113

の思想においては、自然法則が完全な教師として導いてくれる。自然科学は、厳密な普遍性と再現性を有しており、いつでもどこでも再現できるもの（再現性）がその範疇に入る。そしてデジタル的に記録し積み上げ未来を予測することが可能であるため文明を飛躍的に発展させることができる。

一方、経済学を含む社会科学は、人の心理、風土文化、政治経済環境などが複雑に絡み合いそれらが時間の流れとともに非可逆的に変化する事象を対象にするため、自然科学のように再現性を検証することはできない。社会科学の教師とは何であろうか？　それは、国民や市場といわれるものであり、これを突き詰めれば人の心ということになろう。心は、情緒的で移ろいやすくしばしば間違いをおこす。また、コントロールが難しく、さらに言葉の解釈が入り込むとなお一層複雑化する。一方で、この心から情緒豊かで薫り高い文化が生まれることも否定できない。社会科学の大いなる教師としての心や市場というものは、不完全であるため科学の要件（再現性）を満たさないと考えられる。

知財は、社会科学の範疇に属するものであるため、不確実な羅針盤が多々存在する。それ故に、少なくとも自らの羅針盤を確かなものに近づけるには、経験によるフィードバック学習という手法が有効である。知識のみ豊富な経営学者が実経営に失敗するのは、経営や市場での実地経験やフィードバック学習をしていないからである。同様に優秀といわれる官僚等の描いた施策が成果を挙げられないのは、そもそも経営という視点や覚悟がない上に社会科学の本質を理解できていないためであろう。

第4章

強い知財をつくる技術

知財化プロセス

📡 先行技術調査から知財化まで

最初にすべきことはなにか

ここでは、一般の技術者等が自らの技術成果を財産権にする考え方や技術を説明する。繰り返しているが、強い特許とは無効にならない、権利範囲が広い、侵害発見が容易、文言侵害（均等論侵害のような解釈によらず、ずばり言葉どおり侵害している）、他の特許を踏んでいないものをいう。

重要なことは、権利行使できる強い知財（特許や守秘情報）をいかにつくるかである。

ところが、現在までの技術者、知財担当者、出願を業とする者は、このような強い特許をつくる意識や執念が希薄であるように感じられる。技術者は書きっぱなし出しっぱなし、知財担当者や出願を業とする者はとにかく特許にしていくらという意識があり、そのため実施例をそのままクレームにしたようなモヤシのように権利範囲の狭い特許や、先の特許

知財化プロセス

を踏んだ特許など裁判になればすぐに腰砕けになり無効にされる特許がなんと多いことか！ このような出願は、出願費用の無駄で、経営に貢献できないカラ鉄砲や業界用語でいう不発地雷のようなものである。

一流の科学者や技術者、さらにいえば一流の人物やリーダーの物事に対する基本的アプローチには共通のものがある。それは、歴史（過去）に学ぶということである。先人の業績や先行技術・発明をきちんと調べ、その成果や課題などを整理し理解してからことにあたることをいう。知財についても同様で、先行技術や知財に関する調査がきわめて重要である。これをせずにいきなり研究開発に取りかかっても、せいぜい先行された重複研究や過去の知財を踏むのがせいのやまである。技術の進歩・発展は、木の成長にたとえられる。最初に発見という種があり、根ができ、双葉ができ、幹ができ、枝ができ、葉ができ、花が咲き、実がなるというように、改善改良の積み重ねの結果が現在の姿で突然現在のものができたのではない。

たとえば、携帯電話の歴史をみると、当時の電池は性能が悪かったため大きい電池が必要とされ数キログラムもある弁当箱くらいの電話から始まったが、その後の絶え間ない技術革新によって現在のスマートフォンになった。つまり、現在のスマートフォンは、過去のさまざまな技術資産をもとにして成り立っており、その間の技術や知財の連鎖（主従関係）の結果であることをしっかりと認識しなければならない。研究者や技術者が最初にす

第4章　強い知財をつくる技術

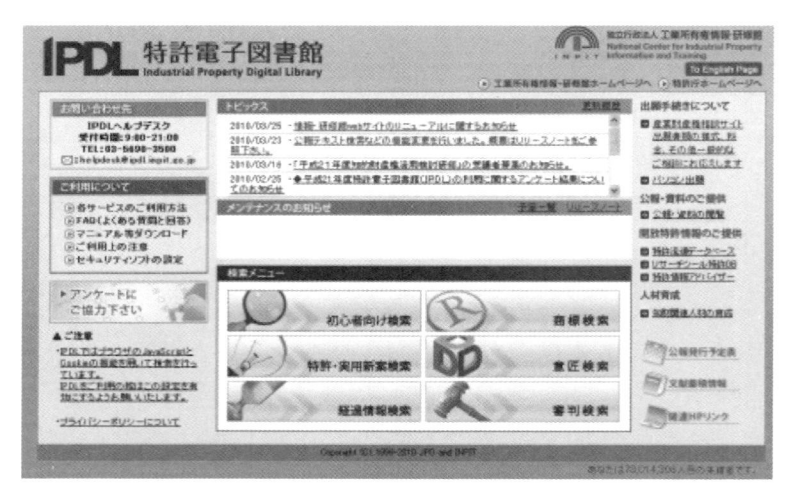

図23　特許庁の特許電子図書館（IPDL）
http://www.inpit.go.jp/ipdl/service/
http://www.inpit.go.jp/ipdl/service/ichiran.html

べきはこの先行技術調査なのである。研究開発のことをR&D（Research & Development）というが、この言葉の順序のように過去の再調査（Research）から始めなければならない。

具体的な知財調査は、特許庁の知財データベース（IPDL：特許電子図書館）や民間業者の知財データベースを利用して行う。図23は、特許庁の知財データベースのホームページ画面である。表題が特許電子図書館となっているが、実用新案、意匠、商標もみることができ、必要に応じて全文をダウンロードもできる。また初心者にもその使い方等が丁寧に紹介されているので是非参照してほしい。

さてこの調査は、3段階からなる。

第1段階は、自分の開発技術や発明と関係する特許群を抽出することである。漏れなく・ごみなく探し出すには専門的なテクニックが要求され、それを専門に行うサーチャーと呼ばれる人もいる。漏らさないためにキーワードを緩めに設定して絞り込んでゆくやり方がある。第2段階は、この特許群から評価基準に照らして、注目すべき特許や出願を抽出する作業である。評価基準としては、A：回避困難、B：回避可能であるがコストや性能に影響あり、C：回避できるが要注意のような基準を設ける。この作業には、3章の図17で示したオールエレメントルールを適用する。全クレームをチェックする必要があるが、基本クレームが非抵触ならその従属クレームは無視してよい。さらに必要に応じて、特許の審査過程での審査官とのやり取りを記録した包袋を取り寄せ、詳細にクレーム内容（クレームの範囲限定）などを検討する場合もある。調査結果はリストにして管理する。第3段階は、これらの調査結果から図24に示すような重要な特許（パテント）マップを作成する作業である。この特許マップは、過去の他社の持つ重要な特許に対して具体的にどう対処するのか、他社の特許に隙はないのか、今後自社はどの領域の特許を取得し強化するのかという特許戦略を立案実行するためにきわめて重要なものである。特許マップには、年代別の出願状況や、どのような特許が出願されているかを山の高さなどで示したものなど各種あるが、これらは会社幹部にプレゼンテーションするためには便利でも、実際の対策にはほとんど役立たない。特許侵害とは、請求項ひとつでも侵害していれば侵害なので

第4章　強い知財をつくる技術

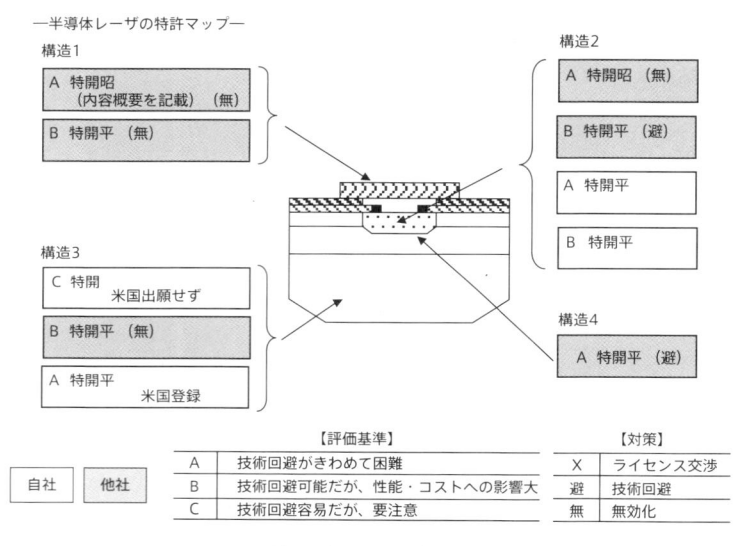

―半導体レーザの特許マップ―

構造1
| A | 特開昭（内容概要を記載）（無） |
| B | 特開平（無） |

構造2
A	特開昭（無）
B	特開平（避）
A	特開平
B	特開平

構造3
C	特開 米国出願せず
B	特開平（無）
A	特開平　米国登録

構造4
| A | 特開平（避） |

自社　他社

【評価基準】
A	技術回避がきわめて困難
B	技術回避可能だが、性能・コストへの影響大
C	技術回避容易だが、要注意

【対策】
X	ライセンス交渉
避	技術回避
無	無効化

図24　特許（パテント）マップの例

自他の重要特許マップの作成により、攻守戦略の策定を行う。
特許の主従関係を記載できれば更に良い。

あり、これらはアナログ的で漠然としたマップとなり、具体的な対策が打てないからである。

筆者は、実務上役に立つ特許マップとして図24に示すような構成図を中心にしたマップを薦める。この図は、半導体レーザの例を示している。中心にレーザの構成図を書き各構成要素について他社や自社がどのような特許を出願し登録しているかを明確にする。

ここでは、評価基準AとBに対しては、その対策として、X：ライセンス交渉、避：設計により回避、無：無効化する、を明確にする。

さらに、これらの特許の主従関係を明確にすればベストなものにな

知財化プロセス

る。この特許マップは、自社の特許群の個々の価値を明らかにしてそれを資産化するいわゆる特許ポートフォリオを組むことにも活用できる。この特許マップでは、開示知財として特許や特許公開公報のみを特許マップにしているが、これに加え意匠、商標や自社のノウハウなどの守秘知財もこのマップに統合した知財マップにしておくとより完成された知財ポートフォリオになる。

今後の技術者および経営者は、自らの事業領域にかかわるこのような特許マップや知財マップをもたなければならない。これをもたない開発は、地図やコンパスを持たずに登頂を目ざすものと同じで危険この上ない。昨今の総合電気メーカーや半導体メーカーの惨憺たる敗北は、この知財マップにもとづく知財戦略経営の実践ができていなかったことにも一因があると考えられる。地図と羅針盤（経営哲学）のない経営は、春の夜の一睡の夢に終わるようである。

この先行技術調査を行ったうえで、自らの発明やノウハウを知財化することになる。知財化するための第一歩は、開発成果の文書化（ドキュメント）である。図25に示すように研究開発におけるすべての成果物を、図18で示した文明の日本語を用いて「技術報告書」に文書化することである。この最初の技術報告書の質が大切である。明確な言葉で図、表、データ、写真などとともに開発のすべてを記録するのである。

そのときに、電子認証機能を持つタイムスタンプを確定日付として文書に付与して残す

第4章 強い知財をつくる技術

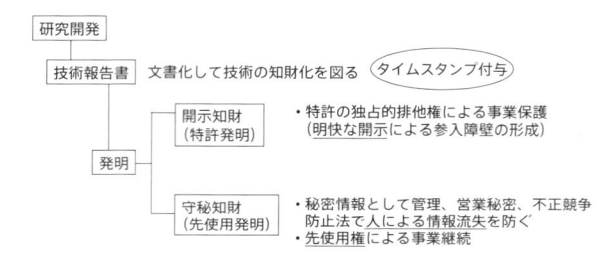

```
研究開発
  │
技術報告書  文書化して技術の知財化を図る  (タイムスタンプ付与)
  │
  │      ┌─ 開示知財    ・特許の独占的排他権による事業保護
  │      │  (特許発明)    (明快な開示による参入障壁の形成)
  └─ 発明 ┤
         │
         └─ 守秘知財    ・秘密情報として管理、営業秘密、不正競争
            (先使用発明)   防止法で人による情報流失を防ぐ
                        ・先使用権による事業継続
```

図 25　知財化の第一歩は技術成果の文書化である

タイムスタンプ（確定日付）を付与することで法的証拠を担保する。

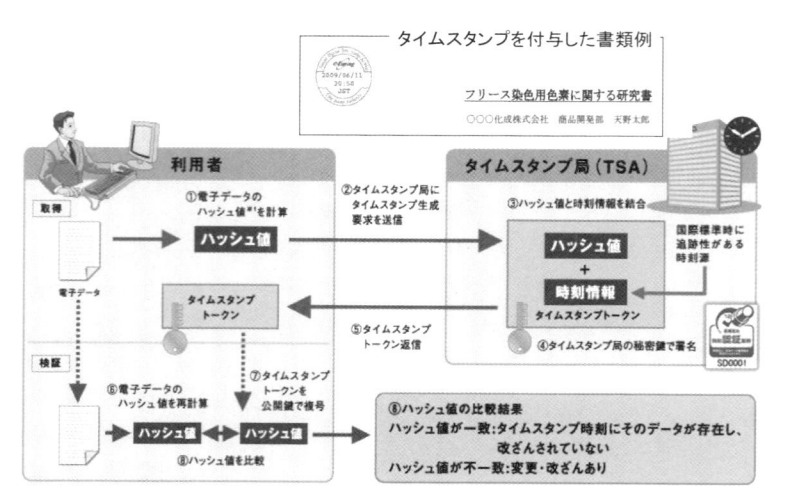

図 26　タイムスタンプ（確定日付）の仕組み

(出典：アマノビジネスソリューションズ㈱)

方法がある。図26は、A社のタイムスタンプ（確定日付）の例である。この仕組みは、図に示すように専用ソフトを自社のパソコンにインストールして、そのソフトを用いて対象文書の電子データから改ざんを検出する目的のために、ハッシュ関数を用いてハッシュ値を算出し、それをタイムスタンプ局に送り、タイムスタンプ局でハッシュ値と時刻情報を結合し秘密鍵で暗号化したものを含むデータをタイムスタンプトークンとして送り返し、PDF化した文書データにタイムスタンプを付与する（押す）。後日このタイムスタンプの押された電子データの改ざんの有無を検証する場合は、タイムスタンプトークンを公開鍵で暗号化してハッシュ値を求め、再計算した電子データのハッシュ値と比較することで改ざんの有無を判定する仕組みである。タイムスタンプは、それが押された日時にそのデータが存在したことを証明するとともに改ざんの有無も検証できるもので、従来の公証人役場での公証に代わるものと期待されており、特許庁や病院などでも証明証拠手段として採用されている。

技術報告書からの知財の抽出

そして、この技術報告書の中から発明になるものを抽出する。発明には、出願して開示する開示知財（特許発明）と、出願せずに守秘する守秘知財（先使用発明など）とがある。

開示知財は、侵害発見の容易なものや、無効にされにくいものに限定すべきである。守秘

第4章　強い知財をつくる技術

知財の氷山

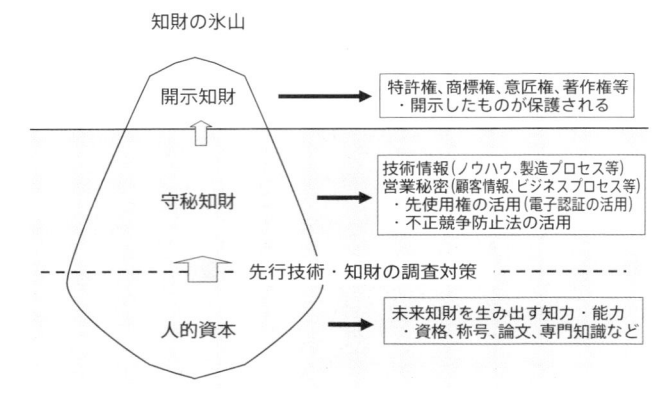

開示知財 → 特許権、商標権、意匠権、著作権等
・開示したものが保護される

守秘知財 → 技術情報（ノウハウ、製造プロセス等）
営業秘密（顧客情報、ビジネスプロセス等）
・先使用権の活用（電子認証の活用）
・不正競争防止法の活用

------ 先行技術・知財の調査対策 ------

人的資本 → 未来知財を生み出す知力・能力
・資格、称号、論文、専門知識など

図27　知財の氷山モデル（知財資本）

知財を（開示知財＋守秘知財）のトータルでマネジメント。知財経営の基本＝独占による事業優位・独占手段としての出願開示と守秘化。

知財は、コカコーラや景徳鎮の壺のつくり方のような製造プロセスやノウハウのように、商品にその証拠や痕跡が残らないものや、無期限に保護したいものや、出願費用対効果が小さいものや、出願して改良のヒントを与えたくないものなどを対象にすべきである。常識的には、開示知財のほうが差し止めなどの攻撃的な権利があるように思えるが、守秘知財でも不正競争防止法、トレードシークレット法などを活用すれば、差し止めや損害賠償を十分主張できる。元従業員などの人を通じた技術情報の流失防止や、何よりも出願費用がかからないことや、もし第三者が同じ発明を特許にしたとしても先使用権を行使して事業を継続できるメリットがある。図27は、筆者が知財の氷山と名づけた知財資本の内容を示したものである。水面上に見える、文書化

124

知財化プロセス

された形式知とも呼ばれる知財（開示知財）と、同じく形式知である水面下の見えない知財（守秘知財）と、これらの知的情報を生み出す資格、称号、技能、専門知識などの人的資本（知力）を表したものである。この図からも明らかなように守秘知財が圧倒的に多いにもかかわらず、今日に到るまで知財といえば、開示知財、つまり特許出願およびその件数のみが語られ、守秘知財の重要性が忘れ去られていた。筆者は、今後の知財資産は、開示知財と守秘知財の合計で考えてこれらを攻守のマネジメントに活用すること、さらにいえば、守秘知財およびそれを生み出す人的資本こそが競争力の源泉であり本質であると考えている。

国内出願プロセス

次に開示知財のための特許出願プロセスを説明する。図28は、特許の国内出願プロセスを表したものである。この図で背景がグレイのものは特許の出願人、透明のものは特許庁のアクションである。特許出願すると、出願書類が定められた様式に沿っているか否かをチェックする方式審査がある。不備の場合は補正命令が送付されるので補正書を提出する。出願内容は、出願から1年6ヶ月後に特許庁のサーバー（IPDL）などを通じて世界中に公開される。

出願を特許にするためには、出願から3年以内に審査請求をしなければならない。早く

125

第4章 強い知財をつくる技術

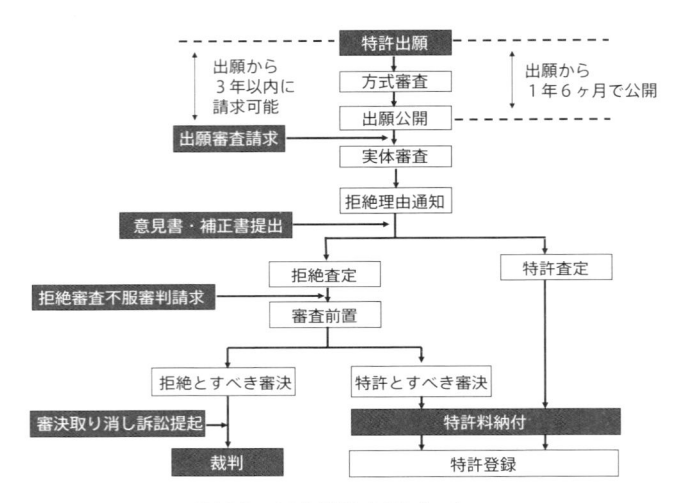

図28 国内特許出願プロセス
グレイの部分は出願人が対応する。

特許にしたい場合は、出願と同時に早期審査の理由をつけて請求を行うことができる。審査請求したものは、実体審査にかけられる。ここでは、審査官が特許法に基づいて発明の中身を審査し特許許可するか否かを審査する。よほど新規なものでない限り、特許にすることはできないとする拒絶理由の記載された拒絶通知が来る。これに対して出願人は期限内にその拒絶理由に対する意見書や補正書を提出しなければならない。

補正で重要なことは、新規事項（new matter）の追加禁止である。補正は、出願時に添付した明細書、特許請求の範囲（クレーム）、図面に記述した事項の範囲内で行うことが規定されている（特許法第十七条の二第3項）。この趣旨は、

126

出願当初から発明の開示が十分にされている出願とそうでない出願の取扱いの公平性の確保と、出願時に開示された発明の範囲を前提に行動した第三者の不利益を避けるという先願主義の原則の確保にある。そのため出願時点での**「最初の内容と質」**、つまり出願書類の記載がきわめて重要になる。

クレームの補正は、クレームの削除、クレームを限定して狭める、誤記を直す、明確でない記述を釈明することに限られる。以下に示すような補正は、新規事項の追加になるし、特許裁判では無効事由の原因にもなる。上位概念で記述されていた事項を出願当初のクレームや明細書や図面に記述されていない下位概念のものに補正すること、たとえば、「弾性体」を「ゴム」に変更もしくは「ゴム」を追加すること。また、「0.001〜2重量%」を「0.1〜1重量%」に限定する補正は、「0.1重量%」、「1重量%」という数値が当初の明細書などに記述がなく、限定することを示す記述もない場合は新規事項となる。

これらの事例は、一見すると権利を狭めているので問題ないように見えるが、最初に広く権利を取っておいて後でそれを狭めるのは公平の観点から認められないのであろう。

拒絶に対する応答の結果（通常は2回くらいのやり取り）、拒絶査定になった場合は、拒絶審査不服審判請求を起こすことができる。特許庁では、審判に先立って担当した審査官に再審査させる審査前置をとる。審判の結果、拒絶とする審決が出た場合は、審決取り消し訴訟を裁判所に起こすことができる。特許査定がおりた場合は、特許料として初年度

第4章　強い知財をつくる技術

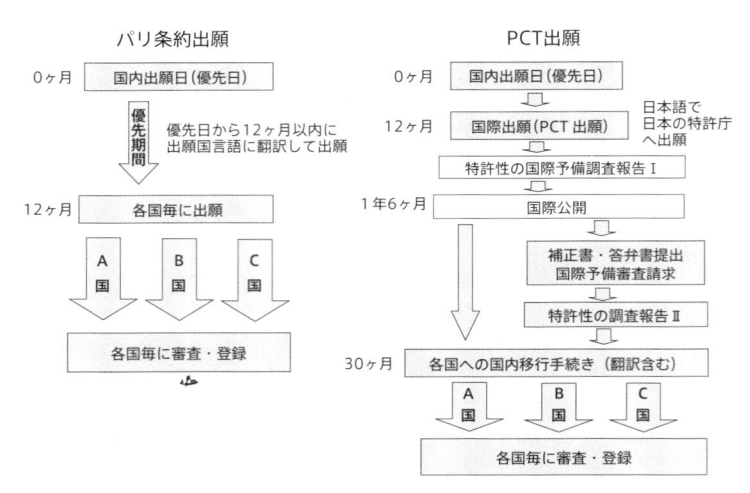

図29　外国特許出願プロセス
グレイの部分は出願人が対応する。

外国出願プロセス

図29は、代表的な外国出願の方法とそのプロセスを示したものである。まず、パリ条約による出願（パリ条約出願）とは、日本の特許庁へ出願した日から12ヶ月以内にパリ条約に加盟する国（現在170カ国以上）に、パリ条約の優先権制度を利用して出願するものである。優先権とは、第一国への出願から所定期間（優先期間12ヶ月）内に第二国に出願することにより第二国の出願を第一国出願日と同じに扱ってもらう制度で、新規性、進歩性、先願性などの特許要件の判断基準日を第一国にして、外国での権利取得

から3年度までの特許維持年金を一括して納めて特許登録となる。

知財化プロセス

先権出願は、日本出願から12ヶ月以内に出願国の言語に翻訳して出願国の特許庁に出願しなければならないため時間的余裕はない。

これを改善したのが特許協力条約（FCT：Patent Cooperation Treaty）にもとづく外国出願（PCT出願）制度である。PCT出願は、その加盟国の居住者および国民が受理官庁（たとえば、日本国特許庁）に対して特許の国際出願をすることによって、他の条約加盟国（現在140カ国以上）に対して同時に発明の保護を求めることを可能とする。

そのため日本の企業は、日本国特許庁に対する最初の特許出願の日から12ヶ月以内に、優先権を主張して、日本国特許庁に日本語で国際出願をすることによって、すべてのPCT加盟国でもこの発明の出願があったものとみなされる。PCT出願のメリットとしては、各国に出願するまでに30ヶ月の時間的余裕があることや、出願内容の特許性にかかわる国際予備調査（図29Ⅰ）を受けられ、それにもとづき補正書や答弁書を提出して国際予備審査を請求し、特許性の調査報告（図29Ⅱ）を受けることができることである。

ここで、外国出願での優先権と国内優先権とは異なるので、混同のないように説明しておく。国内優先出願とは、開発過程で生まれてくる発明の出願を開発終了まで待っていては他社に先に出願されるリスクがある。そのため、開発終了を待たずに基本部分を先に出願して、その後の改良発明を追加してこの基本部に取り込み、包括的な出願へ発展させて

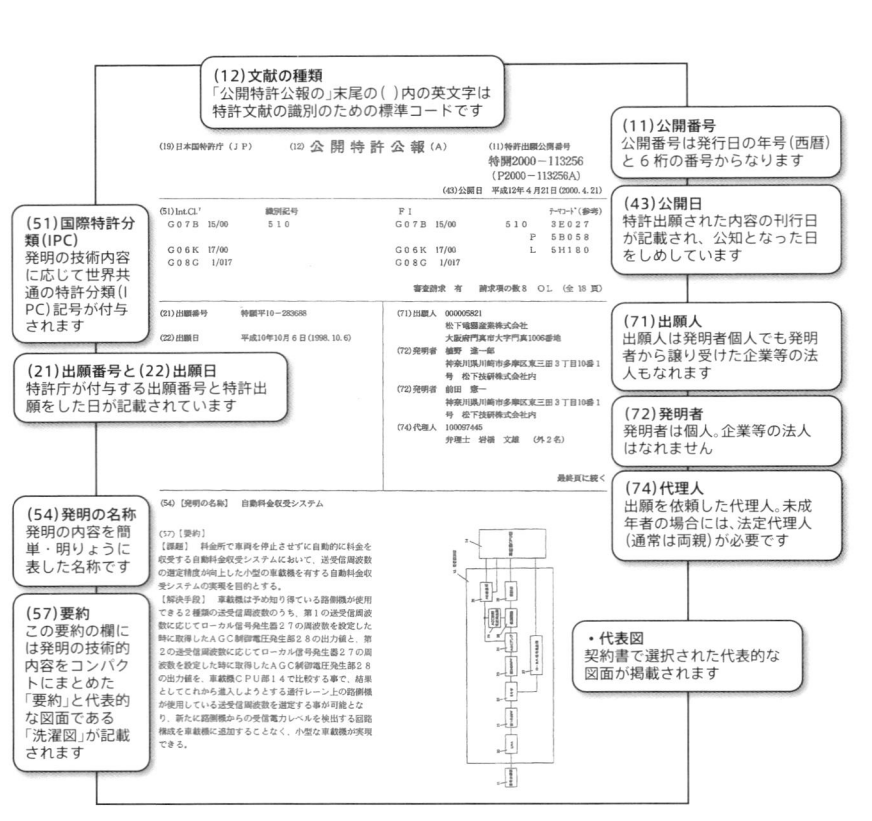

図30 特許公報の見方

(12) 文献の種類
「公開特許公報の」末尾の( )内の英文字は特許文献の識別のための標準コードです

(11) 公開番号
公開番号は発行日の年号(西暦)と6桁の番号からなります

(43) 公開日
特許出願された内容の刊行日が記載され、公知となった日をしめしています

(51) 国際特許分類(IPC)
発明の技術内容に応じて世界共通の特許分類(IPC)記号が付与されます

(21) 出願番号と(22) 出願日
特許庁が付与する出願番号と特許出願をした日が記載されています

(71) 出願人
出願人は発明者個人でも発明者から譲り受けた企業等の法人もなれます

(72) 発明者
発明者は個人。企業等の法人はなれません

(74) 代理人
出願を依頼した代理人。未成年者の場合には、法定代理人(通常は両親)が必要です

(54) 発明の名称
発明の内容を簡単・明りょうに表した名称です

(57) 要約
この要約の欄には発明の技術的内容をコンパクトにまとめた「要約」と代表的な図面である「洗濯図」が記載されます

・代表図
契約書で選択された代表的な図面が掲載されます

権利化することを可能にした制度である。先の発明(先の出願)にかかる出願日から1年以内に生まれた発明であれば、関連する発明を含めて国内優先権を主張することにより先の出願と合わせて1つの出願にまとめて出願(後の出願)できる。この場合の新規性の判断日は、先の出願日となり、特許権の存

続期間は後の出願から20年となる。

参考までに図30は、特許公報の見出しの解説である。出願日や出願人は注目すべきである。国際特許分類（ＩＰＣ：International Patent Classification）とは、国際的に統一された特許文献の技術内容分類のことである。またFターム（File Forming Term）は、日本の特許庁が独自に開発した発明の技術的特徴による分類体系で先行技術調査に利用されている。ここでは紙面の関係からこれらの詳細説明は省略するが詳しく知りたい読者は、特許庁ホームページ（http://www.inpit.go.jp/ipdl/service/ichiran.html）を参照されたい。

特許で付与される各種番号

また、特許の出願から登録までの過程で特許庁から付与される各種番号がある。これらの番号は、特許調査のときにも活用されるので、混同しないように説明しておきたい。特許出願すると出願番号（別名：願番）が付く。たとえば、特願2005－00001（別標記：JP20050001）とは、2005年の第1番目の特許願という意味で、1999年（平成11年）までの出願は、特願平11－123456（別標記：JP99123456）のように表される。公開になると、特開2006－234567（別標記：JP2006234567A）というように2006年の234567番目に公開したものとなる。平成11年までに公開されたものは、特開平11－123456（別標記：JP99123456A）のように表される。特許登録になると特許番号として、特許3456789（別標

標記：JP3456789B）のように7桁の一連の番号が付与される。JP番号の最後のAが公開、Bが登録である。米国では、USxxxxxxx-AやUSyyyyyyy-B、PCT出願は、WOzzzzzzz-Aのように表記される。特許の有効性について拒絶査定不服審判や特許登録異議申し立てがあった場合は、それぞれ不服2008－7891や異議2009－8901のような番号をつけて管理される。平成11年までの審判事件は、平成11年異議第12345のように表される。

技術者が出願明細書を書く意義

技術報告書と特許明細書、明細書の書き方

具体的に発明を開示する明細書を書く

特許出願明細書（以下、明細書）は誰が書くべきであろうか？　結論をいえば、それは

技術者が出願明細書を書く意義

発明者つまり技術者自らが同じ分野の技術者に向け明確に理解できるように書くべきである。さらに付言すれば、研究開発の成果を技術報告書にするときに、その報告書の様式を明細書の様式にしておけば、技術報告書から容易に出願明細書を作成することが可能になる。

この方法は、守秘知財にする場合にも当てはまる。筆者は、今後の技術報告書の構成は基本的に明細書の仕様にすることを提唱したい。その理由は、日本特許を調査したところ、あまりにも実施可能要件違反つまり特許法でいう第三十六条第4項の当業者が実施できるほどに具体的に発明を開示していないものが多いことに驚かされたからである。具体例は次節で説明するが、これは特許無効事由を有するものである。このような事態は何故起こるのだろうか？　それは、発明者の代わりに弁理士や弁護士などの出願を業とする代理人が発明提案書なる文書に基づいて明細書を書いて（創作して）いるからであると推察される。大阪大学の成田一教授も「特許文の現代化と機械翻訳」という論文の中で、技術者が書いた論理的で明快な内容が、弁理士などの代理人を通すことによって論理性が失われた表現や文言になり特許品質を落としていると指摘している。彼ら代理人は、必ずしもその技術に精通しているわけでもないし、自ら実験をしたわけでもないので書ける内容はどうしても具体性を欠き抽象的で曖昧なもの、つまりその発明を再現・検証できるほどの開示にならないのである。また、特許庁の審査官も必ずしもその技術に精通した専門家が審査

第4章 強い知財をつくる技術

図31 技術報告書と特別明細書の対比

項目	技術報告書	特許明細書
名　称	開発テーマ	発明の名称（簡潔の20文字以内）
技術分野	研究開発の分野	対象技術の産業分野
背景技術	開発の背景（従来技術、特許等）	従来（先行）技術や特許等
解決課題	従来技術の問題点（新しいニーズ、開発目標）	従来技術の問題点や新しいニーズ
解決手段	アイデア、工夫、仮説	特許請求の範囲に対応
効　果	解決手段の効果（結論や成果）	データ等により従来技術より優れた点を説明
実施例	実験方法、実験結果、データ、試作品、考察等	実際に行った実験や試作例を再現・実証できるように書く
図面など	装置図、フロー図などの説明	図面ごとにその細部に番号をつけて説明

に当たるわけでもないので、開示されている技術内容が実施できるほどのものか否かの判断が曖昧になり結果として第三十六条違反を含む不良特許の出現となるのであろう。

この事態を根本的に解消するには、発明者自らが文明の日本語で明快かつ具体的に発明内容を書くことがベストであると考える。出願を業とする代理人などには申し訳ないが、こうすることこそが日本の知財の質を高める最善手であり、かつ出願にかかわる費用や時間の大幅な削減に貢献できるものであると確信する。

技術報告書と特許出願書の構成を比較すると両者の類似性が明確になる。特許出願書は、権利を規定する重要な部分として特許請求の範囲（クレーム）が抜き出されている。これは、課題を解決するための手段をもとにして

技術者が出願明細書を書く意義

権利化する技術的思想を表したもので技術報告書にはない構成部である。しかし、これを除くと両書類は図31に示すように類似している。

技術報告書でも、たとえば機器の信頼性の試験計測をするだけの仕事になり特段の工夫やアイデアを要求されるものではないので発明や工夫のような知的な成果物が生まれにくい。このような技術報告書の場合は、課題を解決する手段の項目は空欄になり発明はないことになる。

効果の項目については、課題を解決する手段としてのアイデアや工夫（発明に相当）が単なる設計事項や寄せ集めではなく、思いもかけないような効果を生む（1＋1＝2ではなく2以上の効果がある）場合には特許法でいう進歩性の条件を満たすものとなる。

さて、筆者はこのような技術報告書と明細書の類似性と特許の質の問題に鑑みて、技術報告書の様式を明細書の様式に合致させることを提唱したい。技術報告書をこの様式にすることによって、技術者が発明提案書を作成しそれに基づいて社外の弁理士などが明細書を作成しその結果を発明者がチェックする仕組みは不要になり、特許文書作成の大幅な時間短縮およびコスト節約、そして何よりも技術者本人が書くことによる曖昧部分や間違いのない高品質の文書が期待できる。

特許出願書の書き方

現在の特許出願文書は、後述する願書、特許請求の範囲、明細書、図面、要約書とから構成されるが特に、特許請求の範囲や明細書に記載される。この業界の独特の言い回しや難解な表現によって技術者にとっては読みづらく分かりにくいものになっていた。そのため技術者は、特許調査をしたがらず、また特許出願文書はこのように書かないと特許にならないと錯誤していた。

特許出願文書には、法律用語も小説のような感情に訴える表現も一切不要であるのみならずこれらを一切入れてはならない。弁理士は、どちらにでも取れる表現が書けるようになって一人前と言われたそうだが、とんでもない話である。そのような文書では権利行使できない。発明者本人である技術者が、技術内容を再現できるように100％包み隠さず明確に技術の言葉で開示し、その開示したものの中から自らの権利範囲を技術思想として書くのである。

発明王エジソンの言った「発明は、1％のひらめきと99％の汗である」とは、発明を完成させるには、技術者の血のにじむような試行錯誤が必要であることを示唆している。アイデアは、願望や空想の段階であって、それを実現するための設計や試作を経ていないものは産業財産権として特許を受ける資格はない。試作や検証が確認されていない単なるアイデア特許は、実施可能要件を満たしておらず無効である。技術者の汗と知恵の裏打ちこ

そが真の知財を生むのである。世の中は、言葉ひとつで権利を主張できるほど甘くはないし、技術も生易しいものではないはずである。

したがって、今後の技術者に要求される基本能力は、文明の日本語で自らの開発成果を書けるインテリジェンスやスキルである。自らの検証した技術思想を世界中の技術者の誰にでも分かる世界に通用する表現で明快に文書化できる能力を備えないと、グローバル知識経済社会においては単なる作業員や補助員に甘んじてしまうことになる。この言葉の問題に長年警鐘を発し続けているのが、日本アイアール㈱の矢間伸次社長や㈱アゴスタの篠原泰正社長である。米国の大学では、文書（ドキュメント）の重要性の認識にもとづき、その書き方やプレゼンテーションを専門に教える課程があるという。米国の科学・技術レポートの構成と書き方については、Michael Alley,「The Craft of Scientific Writing」, Springer Science + Business Media, Inc. (1996) などが参考になるであろう。

米国は、移民の国であり多民族国家である。つまり特許においては米国が世界なのである。そこで使用される文書（ドキュメント）は、世界に通用する文書と同じである。それゆえ、その書き方を学び身につけることは世界に通用する文明の文書力を身につけることになり、それがグローバル社会での成功のカギにつながると考えられる。是非日本の教育にも取り入れるべきである。今後、技術者が米国流の文書の書き方を学び、文明の日本語で技術報告書を書き、それを特許等に展開できるようになれば、日本の特許も技術者にと

第4章　強い知財をつくる技術

って読みやすく身近なものになり技術者の知財意識ひいては国民の知財意識の向上に大いに役立つであろう。

次に特許出願文書の書き方について、技術者自らが作成して出願できるように特許庁の教本等を参考に説明する。ただし、これはあくまで様式サンプルであって内容を云々するものではないことを初めに断っておく。

特許出願における提出書類は、①願書、②特許請求の範囲、③明細書、④図面、⑤要約書の5種類である。次の事例の太字部分がテンプレートになるので参考にしてほしい。

次に、具体的な書類例（Ⓐ特許請求の範囲、Ⓑ明細書、Ⓒ図面、Ⓓ要約書）を続けて示す。

| 技術者が出願明細書を書く意義

①願書

```
┌─────────────────────────────────────────────────────────┐
│                                                         │
│   ┌───┐ ←特許印紙貼り付け欄（15,000円）                  │
│   │   │                                                 │
│   └───┘                                                 │
│                                                         │
│  【書類名】特許願                                        │
│  【整理番号】←自分用整理番号、大文字アルファベットや数字を適当に組み │
│            合せて作成（10文字以内）、特許庁で別の出願番号が割り │
│            振られこれで管理される。                      │
│  【提出日】←出願日を記述                                 │
│  【あて先】特許庁長官殿                                  │
│  【国際特許分類】←不明の場合は記述不要                   │
│  【発明者】←複数の場合はそれぞれについて、この順序で記述 │
│    【住所又は居所】                                      │
│    【氏名】                                              │
│  【特許出願人】←特許の権利者のこと（発明者より重要な位置づけ）│
│    【識別番号】←特許庁に登録している場合に記述、それ以外は不要│
│    【住所又は居所】←識別番号を記述した場合は不要         │
│    【氏名又は名称】                                      │
│    【代表者】←法人等の場合の代表者、個人の場合は不要     │
│  【代理人】←（弁理士に委任する場合、下記を記入）         │
│    【識別番号】                                          │
│    【弁理士】                                            │
│    【氏名又は名称】                                      │
│    【電話番号】                                          │
│  【提出もの件の目録】                                    │
│  【もの件名】 特許請求の範囲  1 ←複数ある場合も1と記述（以下同様）│
│  【もの件名】 明細書         1                          │
│  【もの件名】 図面           1                          │
│  【もの件名】 要約書         1                          │
│  【もの件名】 委任状         1 ←（弁理士に委任する場合） │
│                                                         │
└─────────────────────────────────────────────────────────┘
```

第4章　強い知財をつくる技術

②特許請求の範囲

【書類名】特許請求の範囲　←最も重要で注意が必要、書き方は次節で説明する。
【請求項1】
【請求項2】
　……

③明細書

【書類名】明細書
【発明の名称】　←発明の特徴を表す最適な言葉で短く記述する。
　　　　　　　←発明の種類に応じて、…（物）、…方法、…生産装置などとする。
　　　　　　　←発明の単一性を満たす出願（複数の発明であってもそれらが技術的関連性や共通性を有する場合はひとつの出願で可とする）として、たとえば、…（物）及びその（物）の製造方法及びその（物）の生産装置とする。
　　　　　　　←権利範囲を限定する言葉を避けること。
　　　　　　　　そのブレーキがバイクのみならず自動車にも適用できる場合は、バイク用ブレーキという表現をとらないこと。
【技術分野】　←発明の技術分野を2～3行程度で記述する。
【0001】　←以下、このように文章の段落ごとに連続した段落番号をつける。
【背景技術】　←発明の背景や従来技術（特許、文献を含む）を記述する。
　　　　　　←発明に直接関係する従来技術を記述する。
　　　　　　←社内で公知のものや出願したがまだ公開されていない技術を公知技術にしない。
【発明の開示】
【発明が解決しようとする課題】　←従来技術や先行特許の問題点を明確に記述する。
　　　　　　　　　　　　　　　←出願人の先行商品について、PL法（製

技術者が出願明細書を書く意義

	造物責任）問題になるような項目を記述しないこと、誹謗中傷しない。
	←課題の変更や追加はできない。
【特許文献1】	←特許文献がある場合たとえば、特開平X-ABCDEF号公報のように記述する。
【課題を解決するための手段】	←特許請求の範囲（クレーム）に対応し、発明を思想として開示する重要な項で、クレームすべてについて各々対応していなければならない。
	←単なるクレームのコピーではなく、構成や作用（構成間の働き）が分かるように丁寧に記述する。
	←発明を大きく捉えて、種々の構成を記述し、その中でこの構成が最も好ましいというように記述する。
【発明の効果】	←各クレームに対応させて効果を記述する。
	←効果は具体的な数値で記述するのが好ましい。
	←効果は、進歩性の判断材料になる。

【発明を実施するための最良の形態】
　本発明の実施の形態を実施例にもとづき図面を参照して説明する。

【実施例】	←当業者が実施できるように具体的な実験装置、実験方法、実験条件、実験データなどを図表や写真などを用いて100％包み隠さず開示する。
	←特許請求の範囲に記述されているものはすべて実施例で具体的に開示する。
	←特に単なるアイデアではないことを証するためにも、試作品や最終商品形態を示す実施の図面や、写真を必ず載せる。
	←先願特許公報を引用して発明を説明する場合は、この中で完結するように公報番号だけではなくその記述内容を引用して記述し説明する。
	←実施例（形態）における特有の作用や効果を必ず明確に記述する。 （【課題を解決するための手段】での作用、【発明の効果】での効果は技術思想としての作用・効果であり法的な区別があるため）

```
                    ←コンピュータソフト関連では、必ずフローチャートをつけ
                      る。
                    ←実施例（形態）が複数ある場合は、【実施例1】【実施例2】
                      のように記述する。
【図面の簡単な説明】
【図1】　←本発明を最も特徴的に示す代表図を図1とする。
       ←複数ある場合は、【図2】【図3】というように個別に記載する。【図
         1(A)】や【図1(B)】のような表現はできない。
       ←クレームに記載した特徴部分はすべて図示する。
【符号の説明】←すべての符号を説明する。
```

④図面

```
【書類名】図面
【図1】
【図2】
  ……
```

⑤要約書

```
【書類名】要約書　←発明の要約を400文字以内で簡潔に記述する。
【要約】
【課題】　地球環境に考慮したクリーンなエネルギーを利用した水浄化装置を
        提供する。
【解決手段】　本発明は、風による自然のエネルギーを圧縮空気として貯蔵し、
そのエネルギーを用いて各空気機器を駆動させ、水浄化装置として構成する
ものである。
【選択図】図1
```

技術者が出願明細書を書く意義

Ⓐ 特許請求の範囲の例

【書類名】　　特許請求の範囲
【請求項1】　風力により駆動される空気圧縮機と、該空気圧縮機により得られた圧縮空気を蓄えるための浮体を兼ねた空気タンクと、該空気タンク中の圧縮空気を取り出して水浄化作用を成す手段とからなる水浄化装置。
　　　　　　　　　　　　　　　　　　　　　　　　　　←独立クレーム
【請求項2】　……とからなる請求項1記述の水浄化装置。　←従属クレーム
　……

Ⓑ 明細書の例

【書類名】明細書
【発明の名称】水浄化装置
【技術分野】
【0001】
本発明は、湖、池、沼などの富栄養化や溶存酸素量の低下を改善するために用いられる水浄化装置に関する。
【背景技術】
【0002】
一般に、湖、池、沼など水の入れ換わりの少ない閉鎖性水域では、有機物質の堆積による富栄養化が進行したり、それによる赤潮やアオコなどの動植物性プランクトンの発生や、メタンガスなどの発生で、溶存酸素量が非常に少ない状態となりやすい。そして、上記赤潮やアオコが発生した場合は、自然消滅を待つか、または大型のポンプ船により水とともに汲み上げて回収し、陸上の下水道処理プラントで処理を行っている。
【0003】
また、水中の酸素量を増やしたり、水を浄化する場合には、電気エネルギーによってコンプレッサーで圧縮させた空気を水中に放出するエアばっ気方式、あるいは水中ミキシングスクリューなどにより、強制的に水を循環させ酸素を送り込むとともに、気泡により水中に残留する窒素、リン酸、カリウムなどの汚染物質を浄化する方式などがとられている。

【発明の開示】
【発明が解決しようとする課題】
【0004】
しかしながら、上記ポンプ船による赤潮やアオコの回収処理は、労力、時間、経費を多く要し、効率の悪いものであった。また、自然消滅を待てば、その分解時に水中の酸素を大量に消費して養殖魚が大量死したり、あるいは悪臭が発生するなどの問題点があった。
【0005】
また、電気エネルギーにより水浄化を行う方法では、地球環境や省エネルギーの観点から問題があった。つまり、水浄化装置を駆動するための電気エネルギーの多くは、石油による火力発電で得られ、その過程で多量のCO_2が排出されており、また、発電効率が35％とエネルギーロスが高く、エネルギーが有効に利用できていないのが現状である。
【0006】
そこで、太陽光や風力などの自然エネルギーを利用することが考えられているが、太陽電池や風力発電により電気エネルギーに変換する場合は、蓄電池の寿命後の廃棄の問題や煩雑なメンテナンスを必要とする等の問題があった。また、風車による回転力で直接水中のスクリューを回転させるようにした水浄化装置もあった（特許文献1）が、この場合は風速によってスクリューの回転数が変化し、常に安定して水浄化を行えないという問題点があった。
【特許文献1】特開平H－ABCDE号公報
【課題を解決するための手段】
【0007】
そこで、本発明は、風力により駆動される空気圧縮機と、該空気圧縮機により得られた圧縮空気を蓄えるための浮体を兼ねた空気タンクと、該空気タンク中の圧縮空気を取り出して水浄化作用を成す手段とから水浄化装置を構成したものである。即ち、本発明は、風による自然のエネルギーを圧縮空気として貯蔵し、そのエネルギーを用いて各空気機器を駆動させ、水浄化装置として構成するものである。
【0008】
また、前記水浄化作用を成す手段として、……を用いたことを特徴とする。
【発明の効果】
【0009】
本発明の水浄化装置は、無尽蔵でクリーンな風力をエネルギー源として用いることにより、地球環境破壊を引き起こす有害物質の発生源はなく、環境汚

染がない。運転維持費の削減にもつながるとともに、メンテナンスが容易である。また、風力エネルギーを圧縮空気に変えて空気タンクに蓄えた後に使用することから、定速回転で効率良く水浄化を行うことができるとともに、常に安定して利用することができる。しかも係留式であるから、汚染のひどいところに随時装置を移動でき、海、池、沼、川等における赤潮やアオコ等を容易に効率良く除去することができる。本発明による浄化コストの一例は、に比べて……のメリットがある。また電気を利用した場合に比べ二酸化炭素排出量は……

【発明を実施するための最良の形態】
【0010】
以下、本発明の実施の形態を実施例にもとづき図面を参照して説明する。
【実施例1】
【0011】
図1に水浄化装置を示すように、基体1の下部には、浮体を兼ねた空気タンク2が3個以上備えられている。この空気タンク2は、大きさが……であって、これにより基体1は安定した状態で水上に支持されるとともに、ロープによって重り8と連結されて、一定場所に係留されている。また、基体1には柱3aを介して風車3が回転自在に設置されている。この風車3の形状は……その設置高さは空気タンク2の間隔の0.5〜5倍とする。そして、風車3の下部には、該風車3の回転により駆動する空気圧縮機4（…製、品番…）を備えており、該空気圧縮機4によって得られた圧縮空気は、パイプ4aを通って逆止弁（…製、品番…）を介して空気タンク2に供給するようになっている。また、空気タンク2には、内部の圧力を表示する圧力計2a（…製、品番…）と、内部の圧力が所定値（たとえば$9.5 kg/cm^2$）を超えた場合に排気するための安全バルブ2b（…製、品番…）を備えている。……

【0012】
一方、上記空気タンク2内の圧縮空気はパイプ6aによって取り出されて、空気モータ6を回転させ、該空気モータ6に連結されたポンプ5を（…製、品番…）駆動するようになっている。また、上記パイプ6aの途中には、エアーフィルタ6b（…製、品番…）、圧力調整弁6c（…製、品番…）、圧力計6．（…製、品番…）、空気流量調整弁6e（…製、品番…）などを設けて、空気モータ6およびポンプ5を定速で駆動するようになっている。空気モータ6は……

【0013】
さらに、上記ポンプ5の吸入側は汲み上げパイプ5aによって水中に導かれ、

その先端には水中のゴミを排除するためのフィルタ5bが備えられている。また、ポンプ5の吐出側は吐出パイプ5cを介してフィルタボックス7に導かれている。このフィルタボックス7内にはさまざまな粒度のフィルタ7aが備えられており、粗から密のフィルタ7aを通過する際に、赤潮やアオコなどの動植物性プランクトンやその他の汚染物質が演過され、浄化された水は排水パイプ7bを通って水中に戻されるようになっている。フィルタ7aは、具体的には……

【0014】
このような本発明の水浄化装置は、池などの所定場所に係留され、風力によって常時風車3が回転し、空気圧縮機4によって空気タンク2中に圧縮空気が蓄えられることになる……

【実施例2】
【0027】　次に本発明のほかの実施例を説明する。
【0028】
図2に示す水浄化装置は、基体11の下部に浮体を兼ねた空気タンク12が備えられて浮上し、またロープによって連結された重り18によって所定位置に係留されている。
……

【0054】
また、本発明は以上の実施例に限定されるものではなく、風車や基体の形状など、適宜設計変更できるものである。

【図面の簡単な説明】
【0055】
【図1】　本発明の水浄化装置を示す概略図である。
【図2】　本発明の水浄化装置のほかの実施例を示す概略図である。
【符号の説明】
【0056】
1：基体　2：空気タンク　3：風車　4：空気圧縮機　5：ポンプ　7：フィルタボックス
……

| 技術者が出願明細書を書く意義

ⓒ図面の例

【書類名】図面
【図1】

【図2】……

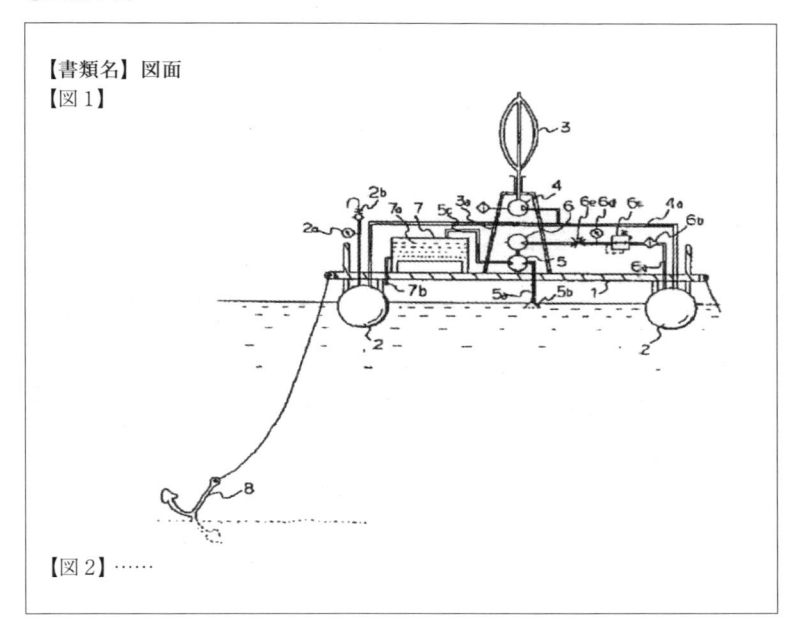

ⓓ要約書の例

【書類名】要約書
【要約】
【課題】地球環境に考慮したクリーンなエネルギーを利用した水浄化装置を提供する。
【解決手段】本発明は、風による自然のエネルギーを圧縮空気として貯蔵し、そのエネルギーを用いて各空気機器を駆動させ、水浄化装置として構成するものである。
【選択図】図1

特許請求の範囲の書き方

🛜 強いクレームとは、商標と抱き合わせて権利化

クレームにはなにを記述するのか

図19に示したような米国流の考え方にしたがって明細書を書き上げ、最後の仕上げの特許請求の範囲（クレーム）で九仞の功を一簣に虧くようなことのないように、権利書として最も重要なクレームの書き方や注意点について外国出願（特に米国出願）を念頭において説明する。

まずクレームは、「発明の技術思想」を記述するのであって実施例や発明品そのものを記述するのではない。クレームは、特許明細書の課題を解決するための手段に対応したものでなければならない。「発明の技術思想」とは、たとえば、鉛筆、万年筆、ボールペンに共通する発明があった場合に、これらを概念化・抽象化した「筆記具」や「筆記手段」

特許請求の範囲の書き方

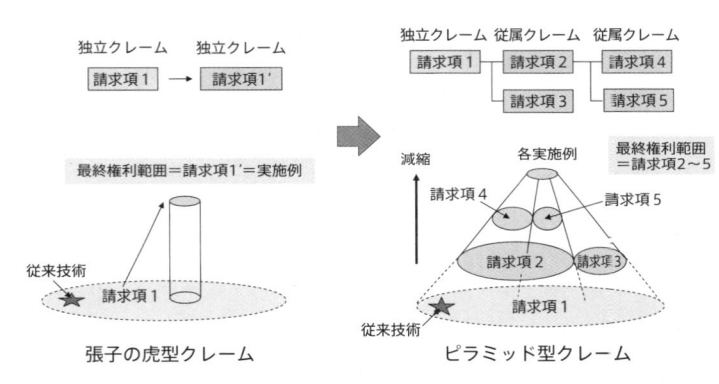

図32 クレームの構造化

という言葉で技術思想を表現することをいう。これを万年筆と表現してしまえば、その権利範囲は万年筆のみに限定されるが、筆記具とすればこの限定がなくなり筆記するための道具全部という広い権利になる。

しかし、抽象化や概念化した場合には、従来の公知例を含むリスク、つまり新規性の喪失による特許無効事由リスクを抱える場合がある。そのため、クレームを作成する場合には、（無論、これに先立って課題を解決する手段を作成する場合には）クレームマップ（クレームツリー）を作成して、自らの技術思想の範囲を構造化（体系化）しておく必要がある。図32は、これを示したものである。この図において、張子の虎型クレームとは、請求項1を広い概念でクレーム化して出願したが、審査過程（この特許庁とのやり取りのことを中間処理ともいう）の中で公知例（従来例）が見つかり、最終的なクレー

149

第4章　強い知財をつくる技術

ムは、実施例（請求項1'）に減縮されてしまうクレームをいう。たとえ、審査過程で公知例が見つからず特許になったとしても、裁判ではこの公知例による新規性喪失のため請求項1は無効になり、請求項1のみの特許であれば特許全体が無効になる。このようなことを避けるため、クレームを構造化・階層化して、たとえ公知例が見つかり請求項1が拒絶や無効になってもできるだけ広い権利を確保するために、独立クレームである請求項1の下に従属クレーム（子クレーム）を二重三重につくることをピラミッド型クレーム（親クレーム）の構造化クレーム）をつくるという。この図では、独立クレームである請求項1の従属クレームとして請求項2～5までを生き残らせることができる。

図33は、他社を拘束できない特許がなぜ生まれるのかの事例を説明したものである。発明者は当初自らの発明の技術思想を狭く捉えていたため、発明者が作成したクレームは将来他社を拘束するのに十分な範囲になっていなかった。この出願業務を特許事務所に任せたところ、その事務所担当者が技術背景をよく理解していなかったためクレームを文言状だけで拡大して出願してしまった。ところが審査過程の中で、この拡大した範囲内に拒絶すべき公知例が見つかり結局最終の権利範囲は狭いものになってしまった例である。

しかし、図の下段のように、発明者の技術背景や技術思想を十分に理解してピラミッド型クレームを作成しておれば、もし公知例が見つかった場合でも公知例を除いて将来他社を最大限拘束できる範囲の権利が獲得できる。この事例は、知財部門のある企業にみられ

特許請求の範囲の書き方

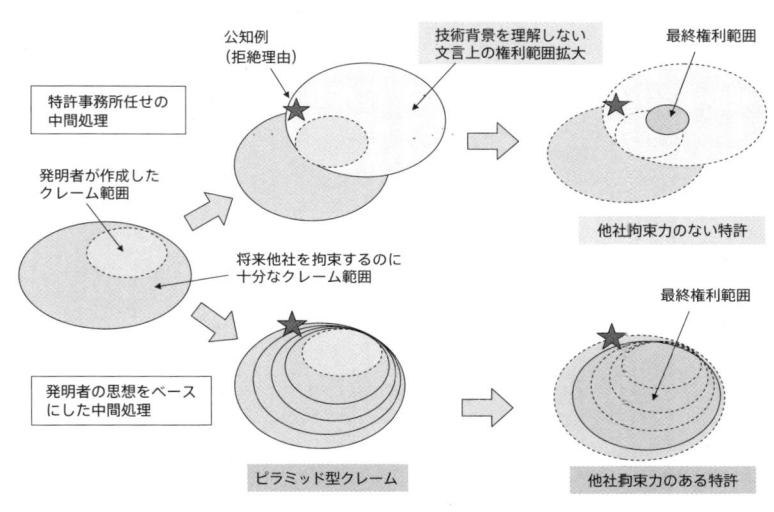

図33 他社を拘束できない特許になる理由

図中ラベル:
- 特許事務所任せの中間処理
- 発明者が作成したクレーム範囲
- 公知例（拒絶理由）
- 技術背景を理解しない文言上の権利範囲拡大
- 最終権利範囲
- 他社拘束力のない特許
- 将来他社を拘束するのに十分なクレーム範囲
- 発明者の思想をベースにした中間処理
- ピラミッド型クレーム
- 最終権利範囲
- 他社拘束力のある特許

る例であるが、筆者は、基本的に、発明者が明細書を書き、その一貫した流れの中でクレームを書くことがベストであると考えている。

クレームの表現形式

次に、米国などへの外国出願を意識した好ましいクレームの書き方およびその注意点について説明する。

クレーム表現形式（Claim format）には種々のものがある。日本、米国、欧州のクレーム表現形式について、法的に最も広く解釈される形式は、日本では「構成要素列挙形式」、米国では「comprising 形式」、欧州では「1パート構成形式」になる。これらは、すべて

151

第4章　強い知財をつくる技術

「Aと、（このAに…した）Bと、（このBに…した）Cと、（このCに…した）Dと、を備えた装置X。」

というような表現形式になっている。

この表現形式は、各構成間の有機的な結合関係を明細書の中でしっかり記述しておけば、最も表現しやすく、分かりやすく、間違いが少ないうえに、この形式で日米欧に出願できる特徴を持つ。それゆえ、読者にはこの表現形式を標準に採用することをお勧めしたい。

ちなみに、この表現形式で、方法発明を出願する場合は、「Aの工程と、Bの工程と、…」のように表現できるし、ソフトウェア関連発明の場合は、「Aの手段と、Bの手段と、…」のように表現できる。

その他の表現形式として、「ジェプソン形式」と「マーカッシュ形式」について補足しておく。ジェプソン形式とは、日本では別名「おいて形式」とも呼ばれ多用されている形式であり、構成要素列挙形式（一文記載）の先頭部に「Wにおいて、」という発明の限定が記述されるものをいう。しかし、この形式をそのまま翻訳して米国などに出願すると、W部分は従来例として解釈されることやここに不用意な限定を入れないことへの注意が必要になる。

マーカッシュ形式とは、「a、b、cの群から選ばれる1または2以上の物質」とか、「a、

152

b、cの群から選ばれる1または2以上の物品とを備えた装置」のような形式である。この形式は、複数構成の組み合わせごとにクレームを作らなくてもよいメリットがある反面、すべての構成の組み合わせを明細書中に書いておかないと、審査過程で特定の組み合わせに限定することができなくなるデメリットをもっている。

米国のクレームは、前提部分（preamble）、移行部分（transition）、本体部分（body）とから構成される。前提部分は、導入部で単に「装置X」と短く記述することも可能であるし、「Aと、このAに…したBとからなる装置X」と長く記述することも可能である。移行部分は、前提部分と本体部分を繋ぐ橋渡しをする。移行部分に用いられる用語は、下記の3種があるが、この用語によって権利範囲が異なるので注意が必要である。

(1) comprising： あるいは which comprises：
オープンエンド（open end）形式といい、クレーム以外の構成も権利範囲に含んで解釈される。たとえば、

Apparatus X, comprising：A, B, C, D.

というクレームの場合、A、B、C、D、Eからなる装置も権利範囲となる。他のオープンエンドの用語としては、includingを使用することができる。

153

第4章 強い知財をつくる技術

(2) consisting of：あるいは which consists of：

クローズドエンド（closed end）形式と呼ばれ、クレーム記述の構成は exclusive であると判断され、クレームに無い構成を除外しているものと解釈される。たとえば、

Apparatus X, consisting of : A, B, C, D.

というクレームの場合、A、B、C、D、Eからなる装置は権利範囲外となる。

(3) consisting essentially of：あるいは which consists essentially of：

セミオープンエンド形式と呼ばれ、前記(1)と(2)の中間を意味する。

この場合クレームの本体部分で特定された基本的で新規な特徴部分に影響を与えるほかの不特定構成要素は権利範囲から除外され、影響を与えない要素は除外されないと解釈される。この形式は特に化学分野に多く用いられる。たとえば、

薬X, consisting essentially of : A, B, C, D.

というクレームの場合、A、B、C、D、Eからなる薬は、Eの性質如何によって解釈が異なる。Eがたとえば水や増量剤などで、A、B、C、Dに何の影響も与えない場合は権利範囲となるが、そうでない場合は権利範囲外となる。

図34は、米国特許クレームを構造化した例である。この例でも分かるように独立クレームで記載した構成事項を受けて従属クレームでさらにその内容を詳細に説明する場合には、

154

特許請求の範囲の書き方

USP 6,773,149

Claim 1.
a *method* for **predicting temperature** comprising:
　├─ 2. further comprising:
　├─ 3. further comprising: **creating transfer function**; including;
　│　　└─ 4. - 12. wherein
　├─ 13. a *method* of **creating transfer function** comprising:
　├─ 14. *system* for **predicting temperature** comprising:
　│　　└─ 15.- 19. wherein
　└─ 20. a computer program *product* comprising:
　　　　└─ 21. wherein

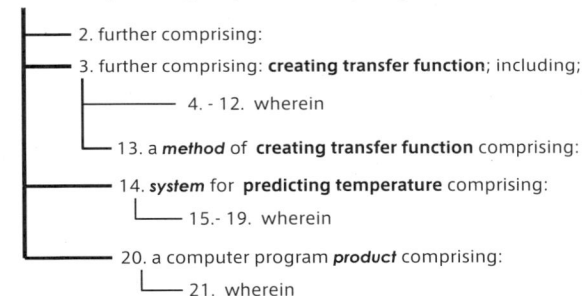

図34　構造化されたクレームの事例（米国特許）

wherein を使用する。

たとえば、(1)のオープンエンド形式、Apparatus X, comprising : A, B, C, D. というクレーム1に従属して、

Apparatus X according to claim 1, wherein A having a, b and c.

従属クレームでその独立クレームにない構成を付加する場合は further comprising を使用する。

たとえば、

(1)の Apparatus X, comprising : A, B, C, D. というクレーム1に従属して、

Apparatus X according to claim 1, further comprising E.

また、不意打ち禁止の原則として、先行詞（antecedent basis）がない表現は拒絶理由になる。

たとえば、

「A bottle comprising ; a body and a lid attached on the opening of the body.」

155

という記載をすると、openingは先行詞がないという拒絶理由をもらう。この場合は、
「A bottle comprising : a body having an opening and a lid attached on the opening of the body.」
というような補正をするか、最初から不意打ちのないように丁寧に記述しておけば拒絶理由を回避できる。

クレーム作成のための注意事項

次に、クレームを作成する場合の一般的な注意事項を示す。

① 明確な文言や表現を用いる（文言通りの侵害を狙うため）

不明確な記述があると審査面でも、権利行使面でも不利な扱いを受け特許権の価値が下がる。明確な記述にためには以下の事項に注意が必要である。

- 明細書に記述していない事項を書かない。（明細書に記述してない数値限定をする等）
- 用語を明細書のものと統一する。（明細書で使用した用語を用いる）
- 用語の定義は、明細書で明確にしておく。（一般の辞書による定義は解釈が割れる）
- 選択的表現（AまたはB）の要素A、Bは同類の性質や機能であること。以下の表現は避けること。

156

- 技術的でない表現　（例）Ａ社製の接着材
- 程度が曖昧な表現　（例）滑りにくい椅子、やや硬い筐体、低温で処理
- 付加的表現　（例）必要により…、たとえば…
- 否定的表現　（例）…でない手段、…を除く範囲
- 上限または下限のみの表現　（例）…以上、…以下
- 0を含む範囲限定　（例）添加剤Ｘを0～5％混入し…
- 図面等の記述による代用　（例）図1記述の部材Ｘを…
- …できるという表現は使用しせず、…する…されるという表現を使用する。

② 最小の構成要件で一文で書く

オールエレメントルールの原則から、構成要件が少ないほど権利範囲は広くなる。

③ 限定する言葉や形容詞に注意する

形容詞などの修飾がどの言葉を修飾しているのかを明確にする表現を用いる。

④ 狙いの設計値や形状ではなく実際に作成したときの値や形状を用いる

たとえば、狙いの設計値は矩形状だが、実際作るとＵ形状になる場合はＵ形状とする。

⑤ 発明の単一性を損なわない場合はひとつにまとめて出願する

物、その方法およびその製造装置のように一つにまとめで出願する。

⑥ 部品の特許であってもそれを利用した最終商品を含む請求項を入れる

第4章　強い知財をつくる技術

⑦侵害発見が容易なような文言構成にする

米国のEMVルール（Entire Market Value Rule）への対応。

システムよりそれを構成している要素ごとの請求範囲にする。

特許の本質からみて強いクレーム構成とはいかなるものであろうか。それは、他の特許を踏んでおらず、商品化に是非とも必要な必須の構成要素（要件：エレメント）のみから構成したクレームであって、かつそのエレメントが新規であれば鬼に金棒である。つまり、オールエレメントルールに照らして、エレメントが最小数で、かつ新規なエレメントを有するクレームこそが最強である。その理由は、進歩性違反で無効になることはなく、しかも最小構成エレメントということは、あたかも素材や部品のように商品化展開に際して、機能性能面、小型軽量化面、コスト改善面、システム展面などあらゆる応用展開でこのクレームを踏むことになるからである。

事例研究

裁判事例からみた教訓と対策

特許の有効性を検討する

従来の特許明細書がいかに曖昧で発明の内容を実施できるほどに開示していないか（特許法第三十六条実施可能要件違反）の事例を引いて検討したい。図35に示すLPGガス充填に関する特許は、権利者が独立行政法人ということもあり、この業界で多くのライセンス収入を稼いでいる事例として特許庁関連団体の主催する講習会で引き合いに出されたものである。しかし、何故これが特許許可されたのか筆者には理解に苦しむ。この特許は、都市ガスのない地域のLPGガスの充填に関して、LPGガスのタンクローリー車からガスボンベにガスを注入する際に注入時間を短縮するために注入経路にヒータ（23）を設けた特許である。ところが、この明細書を読んでみると肝心のヒータについての記載、つまりどのようなヒータをどの位置に設けどのような条件でヒータを働かした場合に何分改善

第4章 強い知財をつくる技術

発明の概要：タンクローリ車からLPGガスを補充する際に注入時間の
短縮を図るために補充経路の途中にヒータ（23）を設ける

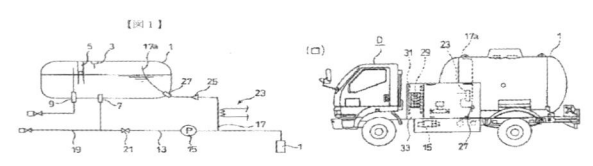

【図1】

問題点：明細書に実施できるほどに開示されていないので当業者が実施できない
（具体的な加熱条件やその結果などについての数値がまったくない）
→36条（実施可能要件）違反ではないのか？
出願人の代理人、特許庁審査官、ライセンシーはなぜ気付かないのか!!

日本特許には、この種のものが多いと推察される

図35 ライセンス実績が高いといわれる特許だが

業界から多くの実施料を得たとされる特許で、特許庁関連団体主催の講習会で特許活用の代表例として取り上げられた。

されたかの記載がまったくなく、この明細書には数値がまったくなく、良くなった、改善があったという開示しかない。これは、単なる頭にあるアイデアや願望を記述しただけであって、実験も検証もしていないか、していても故意にそれを隠しているかのいずれかであって、この明細書から当業者が実施することは不可能で、明らかに第三十六条違反である。このような開示や明細書で特許が許可されるのであれば法の精神に反するものである。繰り返していうが、開示したものが保護されるのであって、開示もしていないものは保護対象外であることを肝に銘ずべきである。

日本の公開公報や特許を検討すると、このような事例を数多く見つけることができる。技術者が特許の有効性を検討する順序として、まずは第三十六条違反がないかどうかをチェックすることを勧める。具体的には、次の①②のとおりである。

160

事例研究

① 明細書の内容が数値をもって記載されているか否かをチェックする。数値がないものは実施(再現)できない。実施するための、装置、条件、結果が実施例の中で明確に具体的に数値をもって書かれていなければならない。明細書は、感情に訴える小説のごときものではなく、技術者の書く技術レポートや科学者の書く科学論文のごとく、その証拠を具体的に明示していなければならない。つまり、この証拠による再現性や検証性は必須条件になっているのであって、これのないものは空想である。した技術書(仕様書)であり、技術者の書く技術レポートや科学者の書く科学論文を条件に商品化(工業化や産業化)することを条件にしなければならない。

② 当業者である技術者が、明細書に記載されている通りに実施して、実施できるかやその効果があるかどうかをチェックする。実施できないなら、それは単なるアイデアか、実施するための必要事項が開示されていないか、隠しているかのいずれかであって、これも第三十六条違反である。このような特許は無効事由を有するので無視すればよい。

権利行使できない特許明細書

その昔ミノルタは、オートフォーカス機能を持つ一眼レフカメラ(日本名:α7000)で国内市場を席巻し米国に進出した(米国名:MAXXUM 7000)が、自動焦点特許(USP 3,875,401 これを401特許という)を持つハネウエルに提訴された。そして、ミノルタが敗

第4章　強い知財をつくる技術

訴し、米国での商品の差し止めと166億円の損害賠償を支払いドイツのライツ特許が役立たなかった事例を示したい。

401特許は、一眼レフカメラのオートフォーカスにかかわる特許で、一眼レフの撮影レンズを2つの領域に分けて（瞳分割）、それぞれを通過した光をフィルム面位置で別々に検知するものである。日本では進歩性違反から特許にならなかった。401特許のクレーム1は、「被写体から光を単一の行路を経て受光するよう配置されており、前記光を2つの部分に分離して第1および第2の像を形成する受光手段と、前記第1と第2の像の強度分布を調整するための調整手段と、前記第1と第2の像の合焦状態に応じて変化する前記第1と第2の像それぞれの強度分布を検出し、前記第1と第2の像の強度分布の差を表す差分信号を生成するそれぞれが複数の検出素子からなる第1と第2の検出手段と、前記第1と第2の検出手段に接続された手段とを備えた被写体の焦点を合わせるための焦点検出装置」となっており、この「強度分布の差を表す差分信号」は、明細書によれば「それぞれの素子の段階で差を取って作り出す」と記述してある。

一方、ミノルタの一眼レフカメラは、ピント合わせの原理としてレンズを2つの領域に分けるのは同じだが、個々の素子の信号の差をいきなり取ることはせず、領域の間で明る

162

さの分布の位置を比較する。合焦位置ではこれが一致するが、前ピントと後ピントとでは反対方向にずれる。このずれに応じてピント合わせ動作を効率よく行う点で401特許と異なるので非抵触の主張をした。しかし401特許クレームは、それぞれの素子の段階で差を取ることを規定しておらず、「強度分布」などの文言ならミノルタ方式もこれに該当すると解釈された。米国流では、クレーム文言が決定的であり、ずれの方向と大きさが分かるミノルタ方式は、401特許の改良発明ということになる。さらに、ミノルタは、ライツ特許（USP 3,529,528）を根拠に401特許の無効を主張したがこれも退けられた。

ライツ特許は、オートフォーカスに関するもので、基本内容としてはレンジファインダーの二重像合致を自動判定する仕組みが開示されている。特に、自動判定では対象物に周期的なところがあると間違って合焦と判断してしまうことがあるので、それを防ぐために距離計を目視して粗いピント合わせをして、その後に自動検出を使うという二段式の仕組みが開示されている。その別の実施形態として、一眼レフに対してその撮影レンズを使う仕組みも開示され、撮影レンズを通過した光に対しその領域を分けて同様の二重像合致を検出する旨が説明図解されている。しかしこの一眼レフでの瞳分割は、詳細な説明が無くどうやるのかの開示もない。しかも、この瞳分割の図面にはレンズないし凹面鏡が不足しており撮影レンズの像を結べないので瞳分割にならず機能しないものであった。つまりこのライツ特許の引用部分は開示不十分なアイデア特許であった。ハネウエルは

第4章 強い知財をつくる技術

法廷で自社特許とライツ特許の模型を作りライツ特許が動作しないことを陪審員の前で実証して見せてライツ特許と異なることを証明した。

ミノルタは、米国流のクレーム文言侵害から逃れられないこと、さらにいえば特許の主従関係に早く気づき、その裁判戦略を無効化のための先行例調査に集中すべきであった。この裁判事例から、このような実施可能要件違反の単なるアイデア特許は裁判になれば権利行使できないことを強く認識することである。技術者は、自らの財産権を守るためには、それを他人任せにせず自ら明細書を発明が再現できる程に明確かつ詳細に書かなければならない。

コラム 4

華厳哲学の示唆（世界は相関している、個と全体の調和）

華厳経は、仏陀が悟りを開いたときの心境を有りのままに開陳している経典とされる。

そこには後の経典に見られるような慈悲の感情は見られず、あくまで真理のままに白は白、黒は黒とデジタル（0、1）で物事の本質が述べられている。

事例研究

華厳経をもとにする華厳哲学の中心テーマは、すべての物事・現象の統一性、相互関連性と自己の主体性の追求にある。たとえば、華厳経に、「一即一切」という言葉がある。これは、一は全体と等価である（One is all : 一のなかに全体が畳み込まれている）という意味である。葉は樹木に相似しているという相似性（フラクタル理論）や一個の受精卵や幹細胞が複雑な組織を有する大人になる源を含んでいることを言う。このことは、一に精通すればそれ以外にも精通したのと等価であるとも解釈できる。

また「相即相入（事事無碍）」という言葉がある。これは、どのような事物や現象も時間的、空間的に個々のものが孤立して存在するのではなく、あらゆる存在が他のすべてとかかわり合い通じ合い、含み合っているという意味である。一世を風靡したカオス理論にも通じる。森にある木の一枚一枚の葉が、自分こそほんとうの緑だと言って他を排せずに自己の緑を保ちながら他の緑と調和して森全体を豊かに充実させてい

コラム図2　華厳経
（心が世界をつくると述べている）

第4章　強い知財をつくる技術

　る姿をいう。人で言えば、その個性や主体性を保持しながら組織や全体の目的のために自己の役割を果たしている姿である。

　今日のギリシャに代表される欧米の経済危機やタイの洪水などは、決して他人ごとではなく自らの生活にかかわって来るのである。自動車部品の一つが欠けても自動車は作れないという事実は、コアになる要素知財を獲得し権利行使すればその全体を制することも可能であることを意味している。このように華厳哲学は、個の独自性や多様性と全体との相関性を明示しつつ、その根底にある透徹した思想は世界の方向性について示唆を与えているように思える。

第 5 章

知財経営の要諦と実践

管理知財から経営知財への革新

ノルマ知財からの脱却

日本の知財環境の体質

近時の報道によれば、総合電機メーカーといわれるパナソニック、ソニー、シャープの3社の赤字総額が1兆2900億円に達するという。また、日本のメモリー半導体でただ一社残っていたエルピーダメモリが会社更生法を申請し倒産した。これに対して、韓国の三星（SAMSUNG）や米国のアップルなどの同業者は利益を上げている。1980年代日本の半導体は世界市場の50％のシェアをもっていたが、今はその半分にも満たない。ソニーが長年開発費を投じて先行開発したリチウムイオン電池は、量産化になるとあっという間に韓国勢にシェアを奪われた。シャープの得意とする太陽電池や液晶事業は、中国や韓国勢に押され困難に直面している。このように日本が先行投資（俗に言うイノベーション投資）をしてきた先端技術成果は、すぐに海外メーカーにキャッチアップされ投資回収

管理知財から経営知財への革新

が進んでいない。投資したものは投資効率1以上で回収しなければならないのが経営の原則である。近年の日本の総合電機メーカーの本業の儲けを示す営業利益率はせいぜい1桁の中の小さい数字であり、韓国や欧米の同業者の2桁と比べると格段に低いのはなぜか。企業は、この儲けから次の研究開発投資（イノベーション投資）を捻出するのであるが、儲けが少ないためだろうか。この投資規模においても海外メーカーの後塵をはいし負の循環に陥っている。儲ける（利益を稼ぐ）とは、社会へのお役立ち料であるという経営理念も戦略も執念も希薄になっている。それどころか社会の公器として雇用を守ることもままならない、まさに「経営」と言う根幹部分が国家の運営を含めておろそかになっている。

この真因はどこにあるのであろうか。

知財立国構想の推進を御旗に立てて、特許庁を先頭に盛んに特許出願を奨励して出願大国になったのだが、何のための特許出願であったのか？　特許を持つ会社ももたない会社も同じ価格競争をしている現実をみると特許の役割や活用がまったく機能していないように思える。総合電機メーカーは、従来から国内外への特許出願も盛んで豊富な特許資産を持つ会社であると言われてきた。しかし、薄型テレビの価格競争に巻き込まれここで大赤字を出し、テレビ部門や関連する半導体部門で大量のリストラを行わざるを得なくなった。世界有数の知財部員数を誇り潤沢な特許出願費用を使い特許資産を蓄積しているはずなのになぜ価格競争に巻き込まれたのであろうか？

第5章　知財経営の要諦と実践

結論からいえば、知財経営ができていないからである。知財活動のための知財になり、出願件数や登録件数の多寡を競う管理知財（別名、ノルマ知財）の結果がこの事態を引き起こしたのである。日本の知財環境は、戦後の成長期を支えたもたれあいや談合体質を依然として残しており、経済がグローバル化しているのに海外で稼ぐとか積極的に権利行使をするという姿勢がみられない。常に受身で言われれば反応するという姿勢であるため海外の知財訴訟で勝ったと言う報道は稀有である。まさに旧態依然とした原子力村と同じ「知財村」なのである。さらに、知財といえば特許出願のような開示知財のみを考え、固有技術をブラックボックス化して守秘知財として管理するとともに人を通じての情報拡散を防ぐという意識が薄かったことも致命的であろう。権利行使できない粗悪特許の乱造や人を通じてのノウハウ情報の流出は、このノルマ知財がもたらしたものでありその損失は計り知れない。

この管理知財に対して、経営に貢献する知財活動を経営知財と呼ぶ。管理知財の成果指標が出願件数や登録件数であるのに対して、経営知財の成果指標はズバリ利益への貢献である。無論、知財投資を含む研究開発投資効率（ROI）を上げることや、他社を縛る有力特許のクロスライセンスによる設計自由度の確保も成果である。また、ノウハウなどの守秘知財の蓄積と管理を徹底し技術資産を厚くするとともに人による情報拡散を防ぐことも経営知財活動の重要な側面である。さらに、その強力な知財経営活動によって知財侵害

170

知財マネジメントに関する先行研究の概要

知財マネジメントに関する先行研究の概要

📶 特許の価値階層ピラミッド

無形資産に関する先行研究

知財に関する体系的な教養の獲得のために、無形資産に関する先行研究や知財（特許）マネジメントに関する研究の概要を解説しておきたい。

無形資産に関する研究は比較的歴史が浅く、意外にもこの重要性を初めて指摘したのは、

に対して恐れられるような知財のブランドを形成することも目指す目標である。経営知財においては、発明者が主体的に自らの知財をコントロールし、それをサポートするのが知財部や外部弁理士、弁護士である。現状は、これが本末転倒しているのである。

第5章　知財経営の要諦と実践

日本人学者（一橋大の伊丹教授が1980年に「Mobilizing Invisible Assets」という論文で発表した「見えざる資産とその企業における重要性に対する洞察」）であったといわれる。この時期は、「ヤングレポート」に代表される米国の知財による競争力強化戦略が打ち出され、マルコムボルドリッジ賞（Malcolm Baldrige National Quality Award）という経営品質を高めるフレームワークが制定された時期であった。

無形資産マネジメントに関する研究は、P. Sullivanによれば、大きく分けて価値創造と価値抽出（商業化）に分類できるという。価値創造とは、人的資本（暗黙知）から価値を創造するまでのプロセスやマネジメントに関するものである。価値抽出（商業化）とは、ノウハウなどの暗黙知をコントロール可能な形式知（必要であれば知財）にして商業的収益を得るプロセスやマネジメントに関するものである。さらに、無形資産マネジメントに関する研究の流れとして、以下の3つの流れが存在したと指摘している。

① 伊丹が提唱した見えざる資産の研究とそれに続く野中＆竹内の暗黙知・形式知の形成プロセスに関する研究
② カリフォルニア大学のD. Teeceに始まる技術の商業化に関する研究
③ スウェーデンのK. Sveibyに始まる知的資本を従業員能力や知識に置く企業の潜在能力の研究

知財マネジメントに関する先行研究の概要

日本では、伊丹の研究や野中＆竹内の研究以降やや沈滞期間があったが、2002年に早稲田大学の広瀬教授を中心にしたブランド価値測定レポートが公表され、2004年には経済産業省の「知的財産情報開示指針」、「通商白書2004」などが発表され今日にいたっている。

米国における研究は、D. Teece の論文「Profiting from Technological Innovation」(1986) に始まる。この論文により、イノベーションから価値を得るマネジメント能力に関して、技術革新に含まれる価値の源泉、それを利益に転換する方法、イノベーションを商業化するための必要なステップが明らかにされた。

米国での研究の流れは、1985年の「ヤングレポート」に代表されるプロパテント政策に関連した動きと関連する。その特徴は、1990年代に金融市場において世界の主導的地位を確立し、株主重視の観点から会計学的研究が盛んに行われたことである。米国財務会計基準審議会（FASB）が、旺盛なM&A需要に対応するため無形資産の開示やそのオンバランス化の研究に取り組み、金融工学手法（ブラックショールズモデル等）を用いて特許価値評価を試みる企業も現れた。また、株価操作など不正な企業価値操作を防ぐリスク管理のための会計情報開示に関する指令（COSO）等の実ビジネスに直結した研究もなされてきた。

このような背景の中で P. Sullivan は、無形資産から価値を抽出する研究に焦点を置き

第5章　知財経営の要諦と実践

「Profiting from Intellectual Capital」(1998)、「Value-Driven Intellectual Capital」(2001) を著し、知的資本経営会議（Intellectual Capital Management Gathering；ICMG）の創始者の一人として、モデルになった知識活用企業との親交を通じて実用的な成果を得るための意思決定プロセスやシステムを提案した。

ニューヨーク州立大学のB. Levは、D. Teeceの同僚として無形資産価値の定量化研究を始め無形資産の格付けと資本市場で測定可能な金融指標との関係付けの研究を行い「Intangibles」(2001) などを著した。

T. Stewartは、無形資産について1991年にフォーチューン誌の特集記事を書きその後論文「Brainpower」などを著し、無形資産経営のスポークスマン的存在になった。

H. Ongeは、「顧客資本」という概念の創始者で、学習と知識マネジメント分野における最も創造的な人物と考えられている。彼は、「Intellectual Capital」(1993) を著し長期的にみてビジネスが成功を収めるためには顧客に関連した利益（顧客便益）に焦点を合わせることであるとした。こうすることで企業は顧客を中心にした資本を創造することができると考え、彼はこれを「顧客資本」と名づけた。

この時期に、Kaplan & Nortonによる「バランスド・スコア・カード（BSC）」(1992)、D. Aakerの「ブランド・エクイティ戦略」(1991) などの著名な知識経営研究が行われ、無形資産経営への注目が高まった。

知財マネジメントに関する先行研究の概要

欧州では、1986年にK. Sveibyが「The Know-How Company」を発表し知識資本経営の必要性を論じた。彼は、従来方式の生産をせず従業員の知識と創造性だけに頼る知識活用型企業の研究をして、人的資本測定の必要性を最初に認めた先駆者で、知的資本を測定するために知的資本を顧客資本、個人資本、構造資本に分けることを提唱した。彼の概念は、スウェーデンの金融・保険会社のSkandia社のLedvinssonにより1990年代初頭に無形資産マネジメント指標（Skandia Navigator）として実使用された。

また、2000年に欧州委員会において、無形資産に関する有識者検討プロジェクト（PRISMプロジェクト）が開始され、今後の企業価値に占める無形資産の重要性とこれを生み出すための人材育成、知識生産、無形資産の形成にかかわるイノベーション活動が将来の富を生み出す投資活動であるとの政策提言がなされ、無形資産レポートのための基準・指標を定めたMERITUM Guidelinesが公表された。

しかし、以上のような研究活動にもかかわらず無形資産に関する研究は、総じて抽象的主観的な論議が中心であるとされる。特に価値評価に関しては、ビジネスを目的とした定量性的なベンチマークモデルは存在するものの、会計上のオンバランス化を目的とした定的で説得力のあるスタンダードモデルは未だに存在していないとの見方が一般的である。

特許に関する先行研究

続いて、知財（主に特許）マネジメントに関する先行研究の概要を述べる。この分野の研究は、米国が先行しており建国以来アイデアや特許を尊重することはすでに述べたように米国憲法第一条にも記述されている。米国は、パイオニア発明を尊重し自然法則にかかわらず種々のアイデアを権利化できる道を開き、それをビジネスに組み込む仕組みを戦略的に構築するとともに法整備や特許弁護士の拡充などを行った結果、特許活用に関しては最もインフラ整備が進んでいる。

このため、知財特に特許の活用マネジメントに関しては先行し、参考にすべき点が多い。ここでは、1994年以来特許マネジメントに関して主導的役割を果たしてきたICMG (Intellectual Capital Management Gathering) の実証研究の成果を紹介する。ICMGは、その中心人物であるP. Sullivanらが中心になり、無形資産マネジメントに関心の高い企業やコンサルティング会社（アンダーセン）、ニューヨークのブルッキングス研究所、ニューヨーク州立大学のB. Lev教授などと協力して知財マネジメントに関する実証研究を行なった。そして、その中から共通の行動パターンを見出しこれを「知財（特許）に関する実証研究を行なった。そして、その中から共通の行動パターンを見出しこれを「知財（特許）の価値階層ピラミッド」として体系化し広く知られるようになった。

図36は、「知財（特許）の価値階層ピラミッド」である。このモデルは、知財単体による収益化（ライセンス収入や売却益など）を目指したモデルである。このピラミッドに照

知財マネジメントに関する先行研究の概要

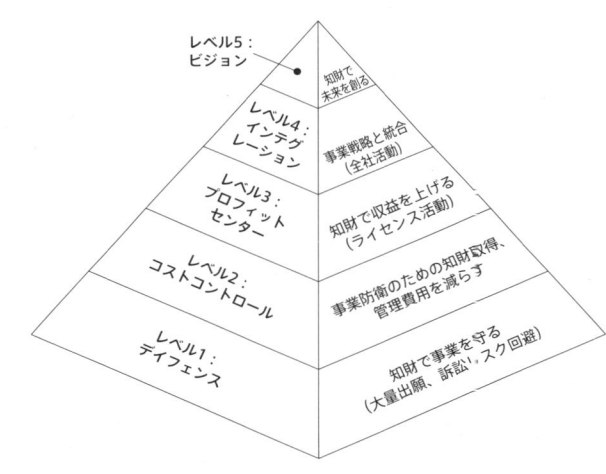

図36 知財（特許）の価値階層ピラミッド
（出典：J. Davis 他 Edison in the boardroom（2001）を参照して作成）

ピラミッド図の内容：
- レベル5：ビジョン — 知財で未来を創る
- レベル4：インテグレーション — 事業戦略と統合（全社活動）
- レベル3：プロフィットセンター — 知財で収益を上げる（ライセンス活動）
- レベル2：コストコントロール — 事業防衛のための知財取得、管理費用を減らす
- レベル1：ディフェンス — 知財で事業を守る（大量出願、訴訟リスク回避）

らして自社の知財マネジメントレベルを知り、各レベルでのベストプラクテイスを実行しランクを上げてゆくもので、これはマルコムボルドリッジ経営品質賞（Malcolm Baldrige National Quality Award）の考え方に似ている。

レベル1：ディフェンス＝知財で事業を守るレベル。

ほとんどの会社はこのレベルにある。訴訟から会社を保護するため、特許を数多く保有することにより攻撃に対しクロスライセンス交渉で応じる戦略をとる。知財を法的資産として、自社のアイデアを防衛することおよび競合企業の商品を市場から排除する目的に用いる。（ベストプラクテイス）自社および競合企業の保有する特許を調査把握し評価する。特許を積極的に取得して権利行使する。特許はそれを行使したときに価値が現れ、競

第5章　知財経営の要諦と実践

合相手を排除できない特許は取得意味がない。

レベル2：コストコントロール＝ディフェンス主体だが、知財はコストのかかる防衛手段であるとの認識から費用対効果を上げられる管理手法を模索するレベル。

知財は未来への投資（出願・維持・管理費用）であり特にコスト管理が重要。特許ポートフォリオに組み入れるべき知財の厳選と維持管理コストの削減。
（ベストプラクティス）特許活用目的によるポートフォリオの分類体系の作成。特許出願、維持の判定ガイドラインの仕組みの構築。

レベル3：プロフィットセンター＝知財で収益を上げる戦術的な取り組みレベル。

ライセンスによる収益の増加を狙う。実施方法には、Stick Licensing（特許侵害を主張して契約を迫る威圧的方法）と Friendly Licensing/Carrot Licensing（技術移転契約を意味する友好的方法）がある。コアにならない特許をライセンスする方法とIBMのように自社が使用するコア特許のみをライセンスする方法がある。
（ベストプラクティス）経営層の積極的な参画。

レベル4：インテグレーション＝知財で企業を変えるレベル。

レベル3の収益を上げる戦術的取り組みから、知財を戦略的資産とみなし、知財から戦略価値を抽出し全社を通して知財業務を統合し、知財マネジメントの精緻化を図る。
さらに暗黙知の形式知への移行、自社のみの知財ではなく外部のイノベーションも活

178

知財マネジメントに関する先行研究の概要

用に取り入れる。このレベルに達した企業としてはIBM、ダウケミカル社等がある。（ベストプラクティス）知財戦略と企業戦略／事業戦略の整合。部門間横断の知財資産マネジメント。

レベル5：ビジョン＝知財で未来を創るレベル。

外部や将来に目を向け将来の市場を創造するために知財を活用する。知財活動のパフォーマンスの測定評価と公表により株主価値の向上を図る。知財の価値評価の試み、会計への組み込み（知財会計）。戦略的な特許取得、TRIZなどの科学的手法の適用。（ベストプラクティス）自社の関係する産業の未来を調査し戦略的に手を打つ。知財活動のパフォーマンス測定と開示システム構築。

第5章　知財経営の要諦と実践

知財経営とは何か

🛜 知財経営とは知財安全と事業優位の確保

まずは知財安全の確保

知財戦略の「戦略」とは、目的（目標）を達成するための大局的な行動計画で、その要点は限りある資源の重点集中である。知財経営の「経営」とは、PDCAによる事業活動を意味する。「戦略」は行動計画であるが、戦略の実行になるとこれは「経営」になるので実質的には同義語のように使用される。

知財経営とは何かを問うと、百人百様の答えが返ってくる。筆者が考える知財経営とは、第1番目に事業の知財安全の確保、第2番目に知財による事業の競争優位の確保である。

知財安全の確保とは、開発商品が他社の特許を踏んでいないかを、開発プロセスのステージごとに関門を設けてチェックしその対策を打つことをいう。筆者の関係した半導体部門では、日米で百万件の特許調査対策を行った。これは、技術者に相当な負担をかけること

180

知財経営	知財活用	保持 (keep) ・独占的利益 ・担保融資等	売る (sell) ・ライセンサー ・売却
	知財創造	・出願開示 or 守秘化(BB) つくる (make)	・購入 ・ライセンシー 買う (buy)
	知財安全	回避：Invent Around 無効化：Counter Attack	非抵触鑑定：Exposure Cut 売買契約の知財条項

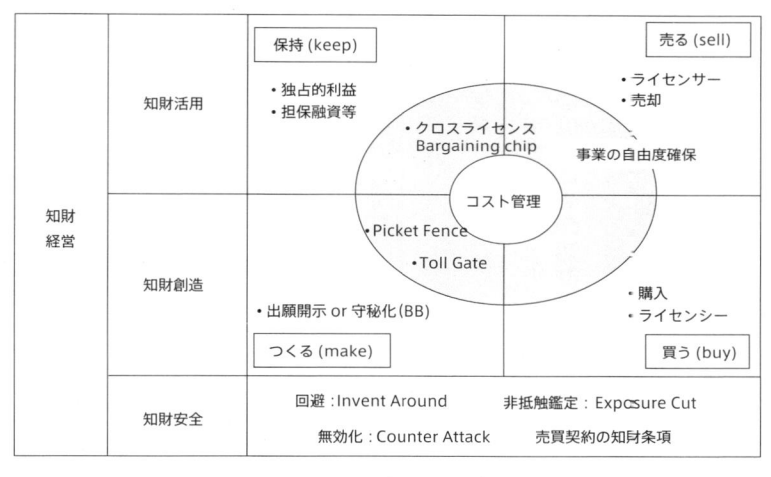

中央の楕円内：クロスライセンス Bargaining chip／事業の自由度確保／コスト管理／Picket Fence／Toll Gate

図 37　知財経営（知財戦略）の中身

になったが、是非とも実施しなければならなかった。商品を市場に出して催告されてからでは手遅れになるからである。この活動は、技術者には厳しかったが、技術者自らが開発領域の特許の主従関係、商品化動向、彼我の特許マップを把握出来たので大いに役に立った。重ねて言及するが、知財経営とは、特許出願件数や登録件数の多寡ではなく、知財安全の確保が第一優先であり基本である。調査の結果、問題が判明したものは無効化、回避、非抵触鑑定、クロスライセンスのための対抗出願などの対策を打たなければならない。そして、この調査活動を行わない出願は、たとえそれが特許になったとしても他社の特許を踏むリスクがあるため実施することは問題になる。

図37は、従来の知財経営の中身を示した

第5章　知財経営の要諦と実践

ものである。知財安全や事業の自由度を確保する方策として、たとえば、問題特許を訴訟に持ち込み無効を申し立てる Counter Attack、問題特許を回避し新規な技術で参入する Invent Around、弁護士から抵触しない旨の鑑定書を取り将来の係争時の損害を最小限にする Exposure Cut、日本企業がよく用いる問題特許の周辺を多数の応用特許で固めて効力を弱める Picket Fence、問題特許の先を行く技術を見極めその技術に絡む特許を取得してその技術の時代が来たときに刈り取る Toll Gate、競合他社が抵触している自社特許をあらかじめ調査して攻撃された場合にそれを交渉材料としてクロスライセンスに持ち込む Bargaining chip 等がある。

部品を他社から購入している場合は、売買取引契約書の中に知財条項を設けて、購入部品が知財問題を起こした場合の責任は納入業者側がすべて負うことを明記し知財安全を担保する必要がある。これは重要なことであるが曖昧にされていることが多い。

事業優位のための知財創造と活用

次に、知財による事業の競争優位の確保には知財創造や活用戦略が必要になる。知財創造には、知財の創造・調達という意味で、知財をつくる (make) と知財を買う (buy) があり、活用には、知財を競争優位のために保持する (keep) とライセンスを含めて収益化という意味で知財を売る (sell) のセグメントがある。そして、つくる (make) には、

182

知財経営とは何か

出願して開示知財にするのか守秘知財（BlackBox）にするのかの選択、買う（buy）には、重点事業の特許ポートフォリオを強化するために知財を購入することやライセンシー（ライセンス受諾者）になること、保持（keep）には、独占的利益の確保や参入障壁の構築や担保融資などのために知財を維持すること、売る（sell）には、知財の売却やライセンス供与による収益確保がある。中心部にあるコスト管理と事業自由度の確保は、これら4つのセグメントに共通して関係することを示している

付言すれば、知財の売却やライセンサー（ライセンス供与者）による収益確保は、少なくともメーカーの場合は、自社がその事業から撤退した場合かクロスライセンスに限るべきで、自社の虎の子の特許をライセンス収入が欲しくて競合他社にライセンスするのは避けたい。なぜなら数％程度のライセンス料による価格差は中国等での生産により吸収され、値段のたたきあいになるからである。しかし、業種業態が違えばこれと異なる戦略もある。

IBM のデファクト（事実上の世界標準）戦略である。IBM は、自社のビジネスのドメイン（主領域）をメーカーではなくサービスと定義しており、サービスのデファクト化やブランド化を達成するために、あえて虎の子の特許群を無償もしくはきわめて安いライセンス料で供与してその技術の普及を図り世界標準で主導権を握ろうとする戦略である。

知財コスト管理については、知財評価を厳正化して出願費用や維持費用を抑えることが求められる。筆者の経験によれば、国内出願と外国出願の費用比率は、およそ20対80にな

る。外国出願は、その出願費用に見合うリターンで判断しなければならないであろう。

知財経営の進化

📶 米国特許経営モデルの修正

知財経営マネジメントレベルの明確化

経営学を含む社会科学は、自然科学のように再現性を担保した普遍的で絶対的な法則に照らさせて検証されているわけではない。その時代背景や人の心の性向などを踏まえた仮説を条件に成立しているのである。したがって、この領域に属する経営モデルは、常にこれをより現状の事実に適合したものに修正し進化させる必要が生じる。

この観点から、図36で示した知財経営モデル「特許の価値階層ピラミッド」は修正が必

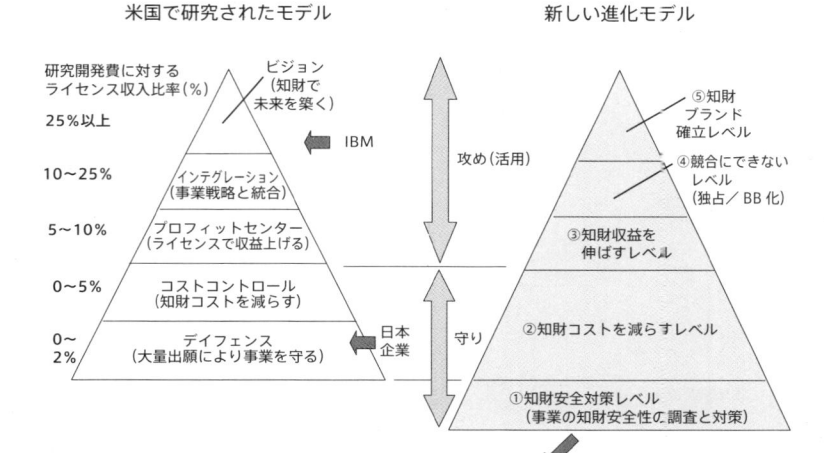

| 知財経営の進化

米国で研究されたモデル / 新しい進化モデル

図38　知財の価値階層ピラミッドの進化

要になる。これを示したのが図38である。すなわち、米国のモデルは、知財の収益をライセンス収入に限定して、研究開発投資（費用）に対するライセンス収入比率として投資収益率（ROI）の目安を出し、そのレベルによって図38の左図に示すようにデイフェンスレベルからビジョンレベルまでを階層分けしている。大多数の日本企業は、デイフェンスレベルにあるとされる。

しかし、このモデルには、知財経営の基本になる知財の安全性の概念が入っていない。また、知財で未来を築くビジョンレベルは、きわめて曖昧な概念で捉えどころがない。そこで、これを進化させたモデルを図38の右図のように提案したい。すなわち、デイフェ

第5章　知財経営の要諦と実践

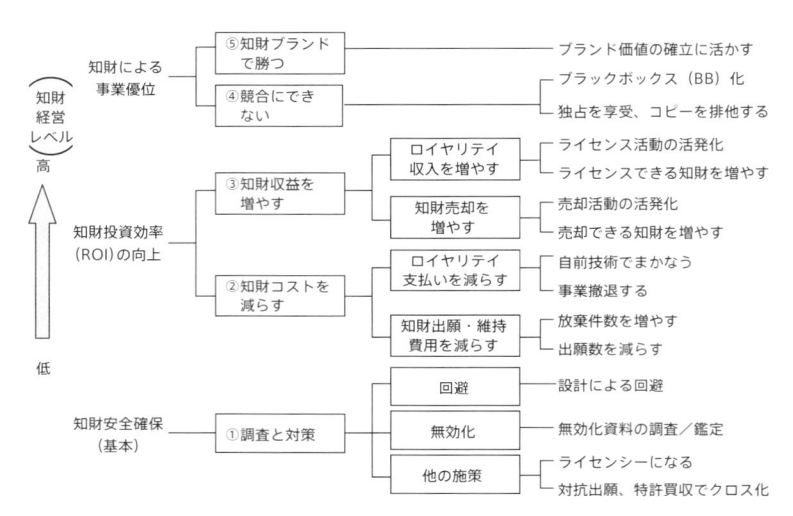

```
                    ┌─⑤知財ブランド────── ブランド価値の確立に活かす
          知財による │  で勝つ
          事業優位  │                      ┌ ブラックボックス（BB）化
知財       ─────────┤─④競合にできない ────┤
経営                │                      └ 独占を享受、コピーを排他する
レベル              │                                    ┌ ライセンス活動の活発化
高                  │           ┌─ロイヤリテイ収入を増やす┤
↑                  │           │                        └ ライセンスできる知財を増やす
│         ┌③知財収益を増やす─┤                        ┌ 売却活動の活発化
│         │                   └─知財売却を増やす ──────┤
│  知財投資効率    │                                    └ 売却できる知財を増やす
│  （ROI）の向上 ─┤                                    ┌ 自前技術でまかなう
│         │                   ┌─ロイヤリテイ支払いを減らす┤
↓         └②知財コストを減らす┤                        └ 事業撤退する
低                              │                        ┌ 放棄件数を増やす
                                └─知財出願・維持費用を減らす┤
                                                          └ 出願数を減らす
          ┌                    ┌─ 回避 ──── 設計による回避
知財安全確保│①調査と対策 ──────┤─ 無効化 ── 無効化資料の調査／鑑定
（基本）   │                   │              ┌ ライセンシーになる
          └                    └─ 他の施策 ──┤
                                              └ 対抗出願、特許買収でクロス化
```

図 39　知財経営におけるマネジメントレベル

ンスレベルの下に①知財安全対策レベルを置き、ディフェンスレベルとコストコントロールレベルを知財コストを減らすレベルに統合し、ライセンスで収益を上げるレベルは同じく知財収益を伸ばすレベルとし、インテグレーションレベルは、独占利益の確保のために非ライセンスもしくは知財の守秘化により競合相手にはできないレベル、ビジョンレベルは、知財ブランドを確立したレベルとして定義する。

ここで、最下層の調査と対策と②知財コストを減らすレベルまでを守りの戦略、③知財収益を伸ばすレベル以上を攻めのレベルとしている。図39は、この進化モデルに対応する具体的な施策をまとめたものである。知財経営というからには、

知財経営の進化

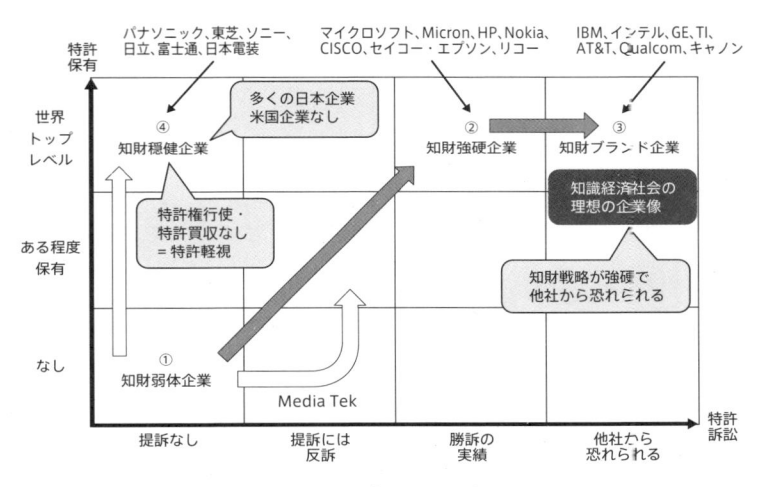

図40 知財ブランド企業とは
必須特許の保有レベルと特許訴訟に対する企業の姿勢によりレベルを設定。
(出典:西嶋(2011))

自らコントロール可能な具体施策がなければならない。この図の右端のボックスにある内容はその施策の例であり、その最高峰は戦わずして勝つ知財ブランドを確立したレベルである。

図40は、半導体特許を中心にしてその必須特許の保有レベルと特許訴訟に対する姿勢によって、知財で恐れられるような知財ブランドが形成されているか否かを検討した研究結果である。

これによれば、日本の総合電機メーカーは有力特許を多数保有するものの権利行使の姿勢が弱く経営に生かしていないが、IBMやTIなどの欧米企業は知財ブランドが形成されている企業に該当するとしている。

187

第5章　知財経営の要諦と実践

知的創造サイクルを回すための提案

次に、知財経営の進化に関連して、知的創造サイクルが回らない問題を解決するための提案を示したい。

第1の提案は、このサイクルが回っているか否かを知財経営の視点からチェックする知財経営の司令塔的な人材をサイクルの中心に置く。この司令塔は、知財部の社員ではなく、事業部長、開発センター所長、技術部長などの開発や事業部に所属する組織責任者を当てるのが好ましい。この司令塔人材が、特許レビューの責任者にもなる。筆者の主導した半導体戦略知財活動において、この司令塔を配置した結果創造サイクルの好循環化が図れた。

第2の提案は、少なくとも活用サイドからフィードバックの仕組みをつくる。つまり、活用側の事業サイドから発明を創造する技術部門に、この発明商品が差別化・ブランド化に貢献した価値ある発明（儲かる発明）であったかどうか、また活用側の特許交渉サイドから権利行使が裁判に勝てる権利化品質であったかどうかを権利化（保護）サイドの知財部員や弁護士・弁理士にフィードバックがかかる仕組みに変える。

第3の提案は、新しい知財活用スキームの導入である。従来のライセンスや売却ではなく、知財をブランド価値形成手段として活用するために市場からフィードバックを受ける仕組みに変える。この詳細は、第6章の知財ブランドモデルで述べる。

知財経営計画の策定

📶 知財活動計画

計画策定の指針と具体例

事業経営をする場合、通常戦略立案フローにしたがって全社および部門の具体戦略を立案する。そのフローは、企業の羅針盤である経営理念にもとづき将来のなりたい姿やビジョンを決め、この目標に対して自社と他社の環境分析を行い戦略を策定する。この環境分析のためのツールとしてよく用いられるのがSWOT分析である。SWOT分析は、自社の強み（Strenght）と弱み（Weakness）、外部環境の機会（Opportunity）と他社の脅威（Threat）の4つの視点から環境分析して戦略策定に役立てるものである。

知財経営の中期計画を策定するには、3～5年間の事業戦略に基づいて知財の目指す方針、目標といったものを明確にする。たとえば、知財収支の黒字化年度とか、ライセンス交渉の目標である。そして、重点商品開発計画とリンクさせた知財計画として、日本、米

第5章　知財経営の要諦と実践

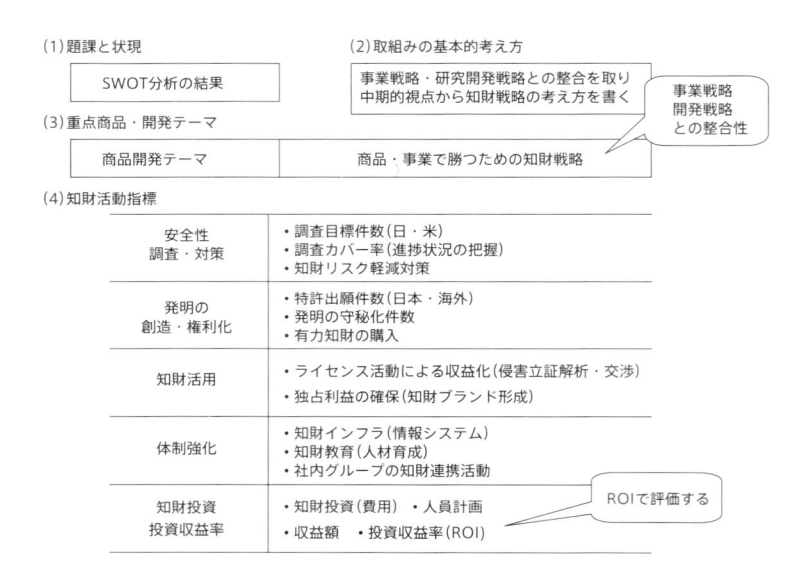

(1) 課題と状況　　　　　(2) 取組みの基本的考え方

| SWOT分析の結果 | 事業戦略・研究開発戦略との整合を取り中期的視点から知財戦略の考え方を書く | 事業戦略
開発戦略
との整合性 |

(3) 重点商品・開発テーマ

| 商品開発テーマ | 商品・事業で勝つための知財戦略 |

(4) 知財活動指標

安全性 調査・対策	・調査目標件数（日・米） ・調査カバー率（進捗状況の把握） ・知財リスク軽減対策
発明の 創造・権利化	・特許出願件数（日本・海外） ・発明の守秘化件数 ・有力知財の購入
知財活用	・ライセンス活動による収益化（侵害立証解析・交渉） ・独占利益の確保（知財ブランド形成）
体制強化	・知財インフラ（情報システム） ・知財教育（人材育成） ・社内グループの知財連携活動
知財投資 投資収益率	・知財投資（費用）・人員計画 ・収益額　・投資収益率（ROI）　〔ROIで評価する〕

図41　年度別知財活動計画書

国、中国などの事業対象市場になる国について、調査・対策、創造（出願・守秘）、活用に関する年度ごとの重点計画を明確にする。投資計画は、調査費用、知財創造費用、権利維持費用、交渉訴訟のための侵害状況調査、侵害品解析および弁護士費用、知財部員の人数と人件費などの費用を投資額とする。収益としては、これらの知財活動の結果得られる独占的利益やライセンス収入、売却収入の目標を立て、投資収益率（ROI）を明確にする。従来の帳票は、投資収益率（ROI）の項目が欠落していたため単なる予算消化計画になっていたが、この項目を入れることで経営の視点を明確にできる。

開示知財経営の実践

図41は、年度別の知財活動計画の例である。内容は、知財の現状と課題をSWOT分析により明確にして、事業戦略や研究開発戦略と整合を取り中期的な観点から当該年度の取り組みを策定する。特に重点商品や事業で勝つための知財の役割を明確にする。知財活動については、知財情報インフラの整備や知財教育、人材育成などの体制強化についても明確にする。

📶 調査、創造、活用の実務

ここでは、知財経営の進め方の実務について、まず開示知財を例にして説明する。

知財レビュー（知財を経営プロセスに組み込む）

実務の第一は、知財を経営プロセスに組み込むための知財（特許）レビューである。開発の生産性向上や品質確保のために、開発フェーズの区切りごとに次のフェーズに移っても良いか否かをチェックする関門（ステージゲート）を設ける手法がある。この手法を技術開発や商品化開発に適応した代表例がIBMによって開発されたIPD（Integrated Product Development）と呼ばれる商品開発プロセスマネジメント手法である。この手法の特徴は、事業戦略、開発戦略を統合し、マーケットイン、短納期、高品質、生産性向上、技術部門の利益責任意識の向上にあるとされる。そして、知財に関しても、このプロセスマネジメントと連携した運用が求められ、各フェーズ（構想、計画、開発、生産準備、発売、サービスライフサイクル）毎に知財チェックが組み込まれる。すなわち、構想段階では知財の先行性の調査、計画段階では自他の知財調査、開発段階では知財安全のための知財調査・対策、自社の知財出願・権利化活動の実行、販売後のライフサイクル段階では権利行使やライセンス活動の実施というように、フェーズのチェックポイントごとに経営者の判断を組み込むことを制度化して知財を経営活動に組み込むものである。

図42は、商品開発プロセスとリンクした知財マネジメントの例を示したものである。すなわち、商品開発プロセスにおけるDR（デザインレビュー）の中に知財レビューを組み込み、経営的視点から知財チェックを行うようにしたものである。

開示知財経営の実践

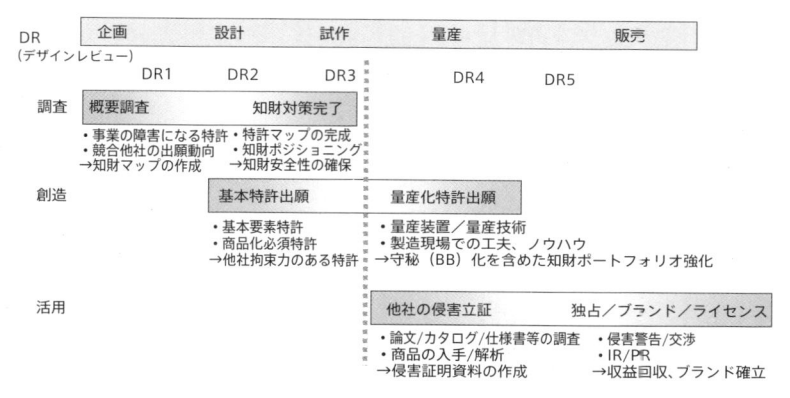

DR (デザインレビュー)	企画	設計	試作	量産	販売
	DR1	DR2	DR3	DR4	DR5

調査　　概要調査　　　　知財対策完了
・事業の障害になる特許　・特許マップの完成
・競合他社の出願動向　　・知財ポジショニング
→知財マップの作成　　　→知財安全性の確保

創造　　基本特許出願　　　量産化特許出願
・基本要素特許　　　　　・量産装置／量産技術
・商品化必須特許　　　　・製造現場での工夫、ノウハウ
→他社拘束力のある特許　→守秘（BB）化を含めた知財ポートフォリオ強化

活用　　　　　　　　　　他社の侵害立証　　　独占／ブランド／ライセンス
・論文/カタログ/仕様書等の調査　・侵害警告/交渉
・商品の入手/解析　　　　　　　・IR/PR
・侵害証明資料の作成　　　　　　→収益回収、ブランド確立

図42　知財を開発プロセスに組み込む（知財レビュー）
商品開発プロセスにリンクした知財マネジメントの例

DR1は、企画レビューで、知財面からみた参入の可能性調査として、今後の事業の障害になりそうな特許の有無やその出願状況、つまり競合企業のこの事業に対する対応状況を大まかに調査し重要特許を抽出して特許マップを作成し知財面からみたプロジェクト開始の可否判断を行う。

DR2は、設計レビューで、設計が完了した時点で行う。この時期までに競合企業の特許調査を完了するとともに、その対策（回避、無効化、ライセンス可否）と設計中に生まれた発明を出願もしくは守秘化する。ただし、アイデア発明は、実施可能要件を満たさないので出願は取りやめにする。

DR3は、試作レビューで、試作が完了する時点までに特許調査・対策を完了するとともに、基本特許や商品化に必須の特許など相手の参入

193

第5章　知財経営の要諦と実践

を阻止する他社拘束力のある出願を行い事業の知財安全と優位を明確にする。

DR4は、量産化レビューで、主に量産化ノウハウなどの技術をBlackBox技術として守秘知財にする。また、商品化に関する周辺および応用発明を網羅的に出願もしくは守秘知財化することにより知財ポートフォリオを充実させる。

DR5は、商品出荷レビューで、最終的な量産品の出荷可否判断と特許活用の視点から競合企業の商品解析、論文、カタログ、ホームページ（HP）などを利用した侵害立証調査を行い将来の権利行使による収益化、ブランド確立およびライセンス活動に備える。

知財マップの作成（特許マップ）

企画段階における知財レビューでは、図24で示したような知財マップ（特許マップ）を作成する。この知財マップは、ビジネスにおける地図であり日々変化するので、更新を怠らず情勢変化に対して適切な変更などの対応が取れるようにする。

知財安全対策（クレームチャートの作成）

図17で示したクレームチャート表を用いて他社重要特許に対する対策と自社の特許のポジショニングの強化を行い特許マップを完成させる。なお、このクレームチャート表、対策リスト、知財マップなど他社知財の調査対策情報は、米国における故意侵害リスクを避

194

知財創造の考え方（守秘知財の重要性）

知財創造とは、商品に差別的な価値を与える発明やノウハウを知財化することをいう。

知財化には、図25で示したように開示知財と守秘知財がある。従来から発明は早く開示知財として特許出願することが薦められてきた。しかし、まずすべきことは発明やノウハウを守秘知財にすることである。この時点で、営業秘密や先使用権を担保するのである。その後で、この中から開示知財として出願する価値や効用の著しいものを出願する。守秘知財は、公用公知ではないのでたとえこの守秘知財が組み込まれた商品が市場に出回っていても、守秘知財そのものの新規性が喪失することはない。したがって、守秘知財の権利者は、いつでもこれを特許出願など開示知財に転換できる。重要なのは守秘知財のほうであって、開示知財ではない。従来からここが本末転倒している。

また、特許出願をする場合は、特許単独ではなく関連する意匠や商標も同時に出願して、抱き合わせて知財力を強化する戦略をとりたい。

さらに、半導体のようなデバイス（部品）の場合は、デバイスだけに限定した知財創造を考えるのではなく、それを用いる最終商品（セット）の市場や技術動向を視野に入れた知財創造を行うことが重要である。繰り返すが、知財は商品に使われていくらである。

知財訴訟の準備（知財アセスメント総括表の作成）

知財の活用、特にライセンス交渉や特許訴訟で継続して成果を収めるためにはなんといってもシナリオをもって臨むことが大切である。守る場合は、攻める場合は、準備を十分にしておいてから相手に時間を与えず速攻すること。裁判の場合は、経験豊かな弁護士との共同作業になるが、シナリオをもって臨み決して任せきりにしないことである。このようなシナリオをもった交渉は、その過程や結果を後で学習できるのできわめて有用である。

その行動に先立って、図43に示すような権利行使のための知財アセスメント総括表を作成して経営層や社内関係事業部門の合意を取るのが通例である。具体的には、次の事項を明確にする。

- 権利行使の目的‥事業防衛（差し止め）かライセンス収入の獲得か。
- 相手会社情報‥商品、売り上げ、自社関係会社との取引関係、特に過去の知財訴訟履歴と対応状況。
- 権利行使の形態‥提訴か友好的話し合いか放置かの選択とその理由。
- 権利行使時期‥即時か期間をあけるかを自社と相手側の対象商品の事業規模から判断。
- 最終の落としどころ‥差し止めか、クロスライセンスか、ライセンス収入確保か。

(1)権利行使の目的

□ 現在の事業防衛 □ 知財収入確保 □ その他	[具体的内容]

(2)相手会社情報（製品、売り上げ、自社との関係、訴訟対応など）

知財訴訟に対する対応状況

(3)権利行使の形態（攻撃／友好的交渉／放置等との比較）

(4)行動時期

□ 即時 □ (　)ヶ月 / (　) 年後 □ 相手事業規模(　　)億円 □ 自社事業規模(　　)億円	[理由]

(5)行動の最終目標(落し所)

□ 事業参入阻止(差止め)
□ 相手特許とのクロスライセンス
□ ライセンス収入(　　　)億円（有償クロス）
□ その他(　　　　　　　　　　　　　　　)

(6)収支予測

支出	訴訟費用	万円	収入	ライセンス収入	億円
	訴訟弁護士費用	万円		事業収益増加	0 円
	鑑定 / 解析費用	万円			
	社内人件費	万円			
	合 計	万円		合 計	億円

(7)攻撃シナリオ

活用権利	特許第ｘｘｘｘｘ号			
相手会社		対象製品		
攻撃手段	交渉主体 / 裁判主体		訴訟国	
日程計画	年	年	年	年
	提訴 ────	────	判決 ▶☆ ────	判決 ▶☆

(8)組織体制

この人選が重要、代理人(弁護士)との連携

代理人	

(9)予想される相手の反撃

対自事業場	
対他事業場	

図 43　権利行使計画書の例（知財アセスメント総括表）

・収支予測：支出として訴訟費用や自社人件費、収入として差し止めによる事業収益増加、損害賠償金収入、ライセンス収入など。
・攻撃シナリオ：特許名など、相手会社および対象商品、目標計画。
・組織やチーム：知財部員のみに任せないことと代理人（弁護士）の選定と連携は重要。
・予想される相手の反撃リスク：自事業場および自社内他事業場へのリスク分析。

守秘知財経営の実践

不正競争防止法と先使用権の活用

開示知財と守秘知財の使い分け（両者の特徴）

開示知財の長所は、侵害者に対して差し止めや損害賠償などの強い権利行使ができることであると言われている。短所は、権利化や権利維持に相当の費用がかかること、出願公開情報が全世界に公開されてしまうため改良開発のヒントを与えたり無断で盗用されたりすること、権利侵害者に対する対策費用（侵害発見調査や交渉、裁判費用）が相当にかかること、特許になった場合でも出願から20年間しか権利期間がないことなどである。

一方、守秘知財の長所は、守秘情報が積極的に漏れないことや上記開示知財の短所がないことである。短所は、基本的に事業の専守防衛権であること、守秘知財にするための適正なプロセスを踏まないと保護されないこと、第三者が同じ技術を特許化して提訴してくることに対する裁判費用リスクがあることである。

守秘知財経営の実践

しかし、管理されている守秘知財情報を不法に盗用した場合は、たとえば守秘情報義務を負っている元従業員から守秘情報を入手してそれを商品化したような場合は、その商品の差し止め、損害賠償、刑事罰を請求できるなど開示知財と同等の強い権利がある。

筆者は、中小企業の知財戦略としてこの守秘知財を大いに活用すべきであると考える。その理由は、出願費用やその後の対策費用、秘密性やその保護期間および権利化品質を含め現状の開示知財の種々の問題を回避できるからである。また、この守秘知財を守るための法整備として、不正競争防止法や先使用権制度も整備されてきており、日本を始め欧米や中国などでもこのスキームは有効であるとされる。なお、米国では2011年9月の特許法改正時に、先使用権についてそれまではビジネスモデル特許にしか認められていなかったが、この制限が解かれすべての特許に認められるようになったことも特筆すべきである。

ところで、中小企業における職人の技といわれるものは芸術家と同様にその職人固有の技能であり、まさに職人その人が無形財産なのである。これを知財化して保護するには、その技を文書化しなければならないが、それができない場合の保護は難しい。この職人の技を暗黙知と文書化不能の暗黙知こそが究極の個の固有財産で、知識経済社会におけ最強の無形財産でありソロブランドそのものなのであろう。

守秘知財化の実務（不正競争防止法と先使用権制度の活用）

守秘知財を守る法律は、不正競争防止法（営業秘密、秘密保持契約などを含む）と特許法第七十九条の先使用権である。これらの適用を受けるためには次の要件を遵守する必要がある。

不正競争防止法は、第二条において営業秘密を不正な方法で取得したり、第三者に開示したり、利用したりする行為を禁止している。営業秘密とは、顧客名簿、販売マニュアル、仕入先リスト、財務データなどの営業上の情報のほかに、製造技術、設計書、実験データ、研究レポート、図面などの技術上の情報を含むもので、不正競争防止法の規定により特許出願を行わなかった技術情報等も一定の保護が図られることになる。以下にその要件を示す。

（営業秘密というための要件）

① 秘密情報として管理されていること「秘密管理性」（きわめて重要）
 ・文書管理規定を作成し、秘密情報であることの識別マークやランク・収納・保管・廃棄方法を規定し、営業秘密の取扱者を限定（アクセス権の制限）すること
 ・秘密情報の管理方法が客観的にみて適正であることを証する運用規定と実施記録

② 事業活動にとって有用な技術または営業情報であること

③ 公然と知られていないこと

（保護の内容）

不正競争防止法では、営業秘密を不正に取得して使用する行為、不正に取得された営業秘密を不正に開示する行為を不正競争行為として次のように規定（定義）している。

① 技術上の秘密の保有者から窃取、詐欺、強迫、その他の不正な手段により営業秘密を取得する行為およびその取得者本人が使用、開示する行為（第二条四号）

② 不正取得行為があった事情を知りながらまたは知らないことに重過失がある場合で、営業秘密を取得する行為およびその取得者本人が使用又は開示する行為（同五号）

③ 営業秘密を取得した時点では不正取得されたことを知らなかったが、後に不正取得されたものであることを知った（または重大な過失により知らなかった）にもかかわらずその営業秘密を使用、開示する行為（同六号）

④ 保有者から提示された営業秘密を、不正競業その他の不正の利益を得る目的又はその保有者に損害を加える目的で営業秘密を使用、開示する行為（同七号）

⑤ 7号に規定された不正開示による取得であること又は不正開示行為が介在していることを知りながら又は重過失によって知らないで営業秘密を取得する行為およびその取得者本人が使用、開示する行為（同八号）

⑥ 営業秘密を取得した時点では七号に規定された不正開示行為があった（又は介在したこと）ことを知らなかったが後に不正開示によって得られたものあることを知った（又は介在したに

第5章　知財経営の要諦と実践

もかかわらず（または重大な過失によって知らないで）その営業秘密を使用、開示する行為（同九号）

また、営業秘密には、損害賠償や差し止め請求の外に、刑事罰があること、裁判に際して非公開で審理を進めることができるなどのメリットもある（なお、詳細は、巻末の不正競争防止法抜粋を参照）。

企業等において非公開の秘密情報を開示する必要がある場合に、その情報を秘密にして外部へ漏洩させない契約として秘密保持契約（NDA：Non-Disclosure Agreement）がある。この場合、どれが秘密情報なのかを明確にして、秘密情報と識別できるマークを付けて管理すべきである。秘密保持契約書には以下の内容項目を明記しておくことが肝要である。もし自社の最重要な秘密情報の場合は契約終了後も無期限に外部に漏らさない保持義務を負わせること、罰則規定を設けること、公知技術やすでに自社内にある技術は対象外にすること、提供する情報や受け取る情報を受け取り将来の開発自由度を損なわないようにすること、情報の開示対象者や範囲を限定すること、提供情報の秘密保持管理の義務を負わすこと、契約終了後は提供情報を返還してもらうこと、裁判地を明確にしておくこと。なお、公知情報は無論秘密情報ではないが、逆に秘密管理状態にないものは公知であるとはいえないことも注意すべきことであるので付記しておきた

守秘知財経営の実践

さて、守秘知財化した場合のリスクとして、第三者が同じ技術で特許権を取得した場合、特許権侵害として訴えられる可能性がある。このための対抗措置として、特許法第七九条の先使用権を活用し事業を継続できるようにしておくことが肝要である。

（先使用による通常実施権）

第七九条　特許出願にかかわる発明の内容を知らないで自らその発明をし、又は特許出願に係る発明の内容を知らないでその発明をした者から知得して、特許出願の際現に日本国内においてその発明の実施である事業をしている者又はその事業の準備をしている者は、その実施又は準備をしている発明および事業の目的の範囲内において、その特許出願に係る特許権について通常実施権を有する。

先使用権を認めてもらう要件は、「事業の実施もしくはその準備と守秘知財の証明」である。事業の実施もしくはその準備要件とは、第三者の特許出願時点ですでに商品を製造販売しているもしくは設備をそろえて製造直前にあったことを証明する商品、工場製造番号、パンフレットなどが存在することであり、「試作研究や試作品では認められない」。

守秘知財戦略をとる場合は、これらの証拠資料を時系列的に残しておくこと、たとえば、発明の完成、市場調査、事業化の決定、量産検討、量産移行などの各段階を「確定日付

第5章　知財経営の要諦と実践

をもって継続的に保管しておく必要がある。また、先使用権は、その事業の1年間程度の中止の場合は残るが廃止すると残らないことや、他人に使用させるのは事業とともに移転する場合や下請けに使用させその全品を買い取る場合などを除き原則として認められない。

次に、守秘知財であることを証明するために、設計情報、発明、ノウハウなどを守秘情報として文書化して上記証拠書類とともに保管しその作成日を第三者に認証してもらう必要がある。すでに述べたタイムスタンプなどの電子認証による「確定日付」方式が便利である。以下対象となる証拠資料の例を示す。

- 研究ノート（ラボノート）
  ページごとに連続番号のあるもので鉛筆書きは避け、使用開始日、使用終了日、保管者を記述し、ページごとに記述日時、記述者、上司などのチェックした署名と日付を残すようにする。（ラボノートは、先発明国であった米国で以前は有用であったが、先出願制度に移行した現在では必ずしも必須でない）

- 技術報告書
  発明の完成やノウハウの立証などのため、開発報告書、試作評価書、月報、発明提案書などについて、定期的に認証を受けておく。

- 量産仕様書

実施事業の準備段階としての証拠として、設備図面、治工具図面、製造工程図及びその仕様、品番、品名、定格、材料など製造に関する一切の資料について、認証を受けておく。

- 事業関係資料

準備段階から実施段階へ移行したことの証明のため、事業計画書、事業開始決裁書、見積書類、請求書類、納品書類、帳簿類、作業日誌、守秘義務契約書、カタログ、パンフレット、取扱説明書などを商品名、製品番号と一致させて記述し保存しておく。

なお、文書以外の証拠として、撮影した映像情報をDVDディスクなどに保存し封筒に入れて確定日付をもらい保管してもよい。裁判に勝つためには、証拠が必要であることを肝に銘ずべきである。

なお、より詳しくは特許庁の「先使用権制度ガイドライン：使用権制度の円滑な活用に向けて～戦略的ノウハウ管理のために～」（平成23年度版）が次にあるので是非参考にしてほしい。

http://www.jpo.go.jp/cgi/link.cgi?url=/shiryou/s_sonota/senshiyouken.htm

守秘知財の運営（開示知財とのバランス）

守秘知財として運営する場合は、製造業として当たり前のことであるが秘密情報管理と認証管理の徹底をすれば良いことであり、特段の困難や大きな経費・労力の追加を要求されるものではない。したがって、守秘知財は、中小企業などにとって真に好ましい知財戦略経営であると考えられる。

今日まで、知財といえばすぐに特許出願のことばかりに目が向く日本であったが、今後のあるべき知財経営は、開示知財と守秘知財の比率が1対50位になるようにしてはどうであろうか。そして開示知財は、国内市場のみに市場があるものを除き原則として、中国、米国など市場が拡大する国に出願して、残りは守秘知財で運営する。その理由は、今まで見てきたように従来の開示知財による独占利益や投資収益率（ROI）は、はなはだ低調で逆に開発投資のかかった貴重な技術情報を世界中にばら撒いているだけとしか思えないからである。

ここで、守秘知財の運営について第6章とも関連する重要な観点を付記しておきたい。ある商品のプロセス（作り方）に独自のノウハウを持つ企業Aがあったとしよう。A社はその作り方について特許出願せず守秘知財として管理していたとしよう。そこにB社がそのプロセスと同じ内容の発明を特許にしてA社に特許侵害裁判を起こしたとしよう。このときのA社の対応はどうなるのであろうか？

現在の特許制度では、公開された情報によって新規性や進歩性が判断されているので、このような非公開情報であるプロセス（たとえば、そのものを作る過程で2分間、1500度の熱処理をするなど）は、商品に痕跡を残さず証拠も見つけようがないためBlackBox技術である。このようなノウハウを使用した商品が特許出願前から公然と販売されていたとしてもそれは公知情報には該当せずB社の特許は無効にはならないであろう。またA社も先使用権の証拠を提示することにより事業を継続することが出来るであろう。どちらも、裁判費用はかかるが損得はないのである。

しかし、A社のノウハウなどの守秘知財が商品にその効果による痕跡を残し、しかもA社がその関連性を営業資料などで技術内容の詳細は隠しているが、その技術によってこのような効果や顧客価値を持たせているとPRしていたとするとどうであろうか？　B社の特許の新規性や進歩性に疑義がかかり無効になる可能性も出てくる。つまり、守秘知財であっても、専守防衛を超えて攻撃性を持たせることが出来ると考えられないだろうか？　技術内容すべてを開示せずにその一部をやんわりと公開しその効果を明快にうたうことで、デッドコピーを避けながら、場合によれば先使用権に留まらず後発のコカコーラの製法と同じ特許が申請されたとして、この特許を無効化することも可能であると考える。読者諸氏も、守秘知財の権利化であるコカコーラの製法と同じ特許が申請されたとして、この顛末はどのようになるのかを考えていただきたい。

筆者は、守秘知財のみを喧伝し、15世紀に始まった特許法の概念を完全否定しているわ

第5章　知財経営の要諦と実践

けではない。現在の特許法やその運営を鑑みると、このままでは開示知財としての特許が機能不全に陥っていると思うからである。

それは、第6章で述べる本質的な問題にも関係している。知財が独占利益の確保を目的にしており、そのための手段として図27の知財の氷山モデルで示したように、積極的な排他性のある開示知財と、扱いによれば開示知財以上のメリットが得られる守秘知財があることを認識して自社に最適な組み合わせを選ぶべき時期に来ている。

特許ライフサイクルマネジメント

📶 発明者のための知財情報システム

現在の企業における知財情報システムは、三位一体の知財運営に適合したものになって

特許ライフサイクルマネジメント

いない。大企業では、出願担当する出願系の部署と、権利化された知財の維持管理（特許庁への年金納付や特許の棚卸など）を行う管理系の部署と、競合企業とのライセンス交渉などを受け持つ活用系の部署があり、各々の部署は個別の管理データベースを持っており、これらのデータベースは知財情報が企業の高度な機密情報であるとの理由で知財部門の人しかアクセスできない閉じた仕組みになっている。このため、発明者は、発明提案後の自分の発明の状況を把握するに際し、いちいち知財部門の担当に問い合わせが必要になり、自然と書きっぱなし出しっぱなしの状況になる。さらに、重要な権利活用において、最も技術や市場を良く知る発明者がこの現場から遠い位置に置かれていることになる。現在の知財情報システムは、知財部門のためのものであって、技術者や経営者のものではない。

この問題を解決するには、発明関連情報に精通している発明者自身が、発明提案から権利消滅までの知財ライフサイクル全体に対して適時閲覧チェックができるような、出願系、管理系、活用系の各データベース（DB）を統合した知財情報DBシステムを構築し、知財ライフサイクルの見える化（可視化）を図る必要がある。このシステムにより少なくとも技術部門、知財部門、事業部門が有機的に結合し、特許マップ、特許調査対策帳票、特許出願もしくは守秘処理そして活用にかかわる統合的で効率的な運用と、何よりも発明者の知財活用に対する注目や愛着心の向上が図れ、真に知財PDCAサイクルや知的創造サイクルの好循環化に寄与できるものと期待される。

特許裁判の実際

日米の裁判の違い、米国重要判例、半導体特許訴訟の事例

ここでは、特許裁判とはいかなるものかを理解するために、日米の特許裁判の実際、判例を重視する裁判大国米国の重要判決、そして日米で争われた半導体特許の事例についてその要点を述べる。

日本の裁判（答弁書だけの応酬）

日本の特許裁判（地裁判決）もずいぶんと早くなり提訴から1年ほどで地裁判決が出るようになった。しかし、裁判の進め方は準備書面といわれる文書（答弁書）での攻防で、米国などのように裁判所で口角泡を飛ばすやり方ではない。図44は日本における特許侵害係争のフロー示したものである。

先ず特許権者である原告側が、侵害調査の結果にもとづき代理人（弁護士や弁理士）を

特許裁判の実際

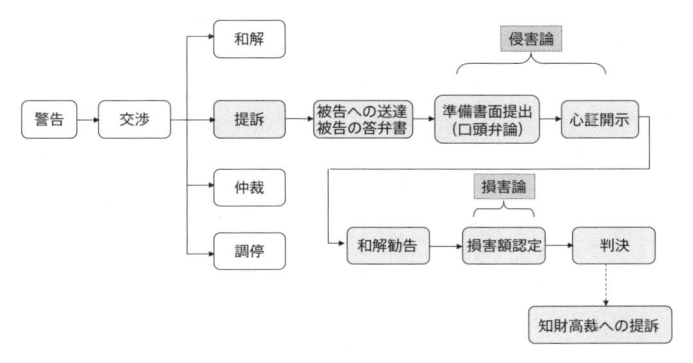

図44 日本の特許侵害係争フロー
注：仲裁は決定に従わなくてもよいが調停は従わなければならない。（工業所有権仲裁センター）

立てて侵害者（社長）宛に警告書（俗にいうラブレター）を送ることから始まる。内容は、たとえば「貴社製品ｘｘｘは当社特許ｙｙｙを侵害していると思われるが、これについての見解を２週間以内に頂きたい」というものである。ここから双方の文書や面談による交渉が始まる。

交渉結果によって、和解か仲裁か調停か提訴のいずれかのプロセスに進むことになる。

提訴の場合は、裁判所に対して提訴状を提出し、裁判所から被告にそれが送達される。被告は裁判所に対して期限内に答弁書を送達する。裁判では、最初に侵害論が争われる。侵害論とは文字通り対象商品が特許侵害しているかどうかの主張の応酬である。ここで被告側は、非侵害に加えて特許無効の抗弁を持ち出すことが良くある。ここから１〜２ヶ月に一回、合計５〜６回にわたる準備書面でのやり取りが始まる。法廷が開かれる前に双方

211

第5章 知財経営の要諦と実践

が相手側の主張に対する反論を準備書面として裁判所に提出する。双方が指定された日時に法廷に集まり、双方の提出文書の確認と次回に開催日の調整など約10分のほどの開廷である。

これら提出された準備書面は、裁判官が書斎で読むことになる。双方にも渡される。文科系出身が大半の裁判官に技術内容やその主張をいかに理解してもらうかの文章表現力、論理構成力の巧拙が大きくものをいう。そして、次第に形勢の優劣（さらに言えば判決理由を書き易い方の主張）が明らかになり、裁判長はどちらを支持するかの心証を伝えて和解を勧める。裁判官とすれば、和解させたほうが判決文を書かなくても良いので手間が省ける。これと前後して裁判所による侵害額の認定（損害論）があり、和解しない場合は判決となる。地裁判決に不服の場合は、知財高裁に上告することができる。

米国の裁判（ディスカバリー制度）

日本の裁判では、原告側の武器としての情報の最大値は提訴時で、後は減る一方になる。一方、米国ではディスカバリー制度があるので必要な情報を提訴中にどんどん引きだせるところが日本と異なる。このため米国では、周到な情報収集の準備をせず、いきなり提訴して交渉のテーブルに着かせることがある。提訴が警告状代わりなのである。

米国の裁判所の法廷は、裁判長の名前が入り口に張ってあり、結構大きなスペースで、

212

正面に裁判長などの座るところ、その下に裁判でのやり取りのすべてをタイプライタで速記する書記官、左側に陪審員席、中央に原告と被告の代理人（弁護士）が各々3名程度向かい合って座るテーブル、右側にプレゼンテーション用のプロジェクターや黒板などそして入り口手前側に傍聴者の座る席が配置されて入る。法廷では、すべて裁判長の指示にしたがわねばならない。あり、絶大な権限と威厳を持つ。裁判長は、この法廷のオーナーで進行も裁判長が行う。米国の裁判では、日本と異なり裁判長と代理人（弁護士）や証言人が相対して問答をする。公開性とフェアー精神を重視したプレゼンテーション合戦のようである。それは、時間制限のある中での待ったなしの真剣勝負である。沈黙した場合は、隠している（アンフェアー）と取られ、時間オーバーは途中で打ち切られ不利になる。その場が戦場であり、証拠資料をすぐに出せるように、ダンボール箱何個もの資料を法廷に持ち込み即座に対応する。ある法廷で、裁判長から証拠を出せといわれたが、それが不利な証拠であったのか、代理人が、PCに保存していたが、そのPCがクラッシュしてデータがなくなったと答えたときに法廷内の失笑を買ったことがあった。

再現実験を法廷内でしてみせることや、プレゼンテーションにアニメなどを使って裁判長や陪審員に理解しやすい工夫をする。無論、裁判長を含む関係者が事前に提出した書類内容を把握した上での面接試験のようなもので、裁判長からきつい質問が次々と浴びせられ、これに即座に毅然と明快かつ論理的に答えられる能力が代理人には要求される。裁判

213

第5章　知財経営の要諦と実践

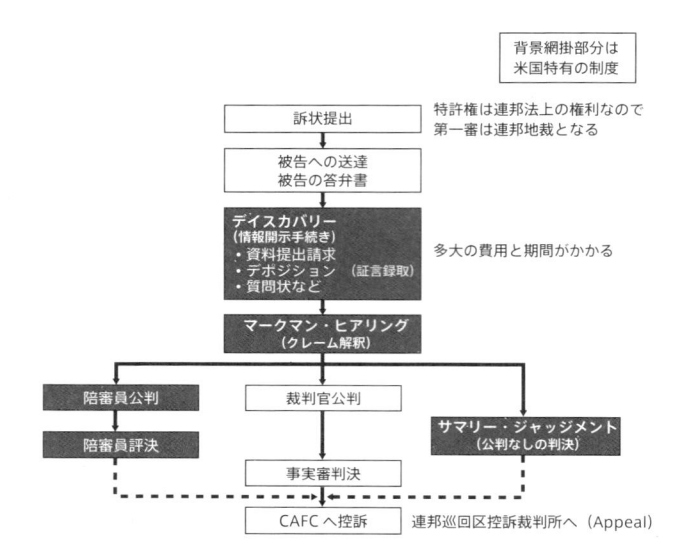

```
                        ┌──────────────────┐
                        │ 背景網掛部分は    │
                        │ 米国特有の制度    │
                        └──────────────────┘

        ┌─────────────┐      特許権は連邦法上の権利なので
        │   訴状提出   │      第一審は連邦地裁となる
        └──────┬──────┘
               ↓
        ┌─────────────┐
        │ 被告への送達 │
        │ 被告の答弁書 │
        └──────┬──────┘
               ↓
     ┌──────────────────┐
     │ ディスカバリー    │
     │（情報開示手続き） │    多大の費用と期間がかかる
     │・資料提出請求    │
     │・デポジション（証言録取）│
     │・質問状など      │
     └──────┬───────────┘
            ↓
     ┌──────────────────┐
     │ マークマン・ヒアリング │
     │（クレーム解釈）   │
     └──┬──────┬──────┬──┘
        ↓      ↓      ↓
   ┌────────┐ ┌────────┐ ┌──────────────┐
   │陪審員公判│ │裁判官公判│ │サマリー・ジャッジメント│
   └───┬────┘ └───┬────┘ │（公判なしの判決）│
       ↓          ↓     └──────┬───────┘
   ┌────────┐      ↓              │
   │陪審員評決│  ┌────────┐        │
   └───┬────┘  │事実審判決│        │
       │       └───┬────┘        │
       └ ─ ─ ─ ─ ─ ┼ ─ ─ ─ ─ ─ ─ ┘
                   ↓
             ┌─────────────┐
             │ CAFCへ控訴  │     連邦巡回区控訴裁判所へ（Appeal）
             └─────────────┘
```

図45　米国特許裁判フロー

を有利に導くには、担当する裁判長の性格や思考性について事前の調査と準備が必要であることは言うまでもない。

以上の理由から裁判に勝つためには、第1に代理人の選定が重要である。訴訟戦略、法廷陳述に経験豊かで実績のある訴訟弁護士を選ぶ。出来うるならば裁判長も一目置くバリバリの訴訟系弁護士を選ぶ。第2に重要なことは、すでに述べたように裁判地である。

さて、図45は米国の特許裁判のフローを示したものである。ここで「ディスカバリー」、「マークマン・ヒアリング」、「陪審員公判・評決」、「サマリー・ジャッジメント」は日本にない米国特有のものである。以下簡潔にフローの要点を説明する。

214

① 訴状（Complaint）と答弁書（Answer）

- 事実関係の簡単な説明と請求内容を記述した訴状を裁判所に提出する。
- 裁判管轄（Jurisdiction：裁判地）の選定、その州と最小限の接触が条件。攻める場合は、ロケット裁判所（バージニア、ウイスコンシン、テキサス）を活用。
- 請求原因（Claim：救済を求める根拠となる事実関係）と請求の趣旨（Relief：判決で求める請求内容で、通常は差し止めと損害賠償）。
- 原告は、訴状を裁判所に提出後120日以内に被告に通達、和解交渉あり。
- 原告による差し止め仮処分（Preliminary Injunction）の申請。裁判所は、原告勝訴の可能性、回復不可能な損害か否かと公益性を配慮して仮処分の可否を決める。
- 被告は原告から訴状が送達されてから20日以内に答弁書を提出する。訴状内容について、認める、否認する、知らないで答えるが、否認と知らないについては原告が立証責任を持つ。
- 被告の積極的抗弁（Affirmative Defense）は、非侵害主張、特許無効主張、ラッチェス（懈怠）などによる特許権行使不能などを主張する。
- 上記を理由に被告が原告を訴える（反訴）こともできる。原告は反訴があると答弁書を裁判所に提出する。

第5章　知財経営の要諦と実践

② ディスカバリー（情報開示手続き）

公判の為の情報を収集整理する米国特有の制度で、多額の費用と期間がかかる。

- 情報開示のための質問状（Interrogatories）、自白請求（Request for Admission）、資料提出請求（Request for Production of Documents and Things）。
- 内容：関係人物の特定、文書・記録の所在、侵害品に関する情報。弁護士秘匿特権以外のあらゆる事件関係書類、電子メール、情報、物件が対象（企業秘密文書も対象、これは弁護士のみが見ることができる）。
- 証言録取（Deposition）。

公判に先立ち証人を尋問して記録を作成する、米国領土内（在日大使館など）で行う。裁判所の記録係、双方の弁護士、証人で行い、一方的に質問を受けそれに答える。答える内容に十分な注意が必要。通訳を通じて日本語で答えても良い。

③ マークマン・ヒアリング（Markman Hearing）

- 裁判官がクレーム解釈するために専門家などの意見を聞くこと。

（マークマン事件の最高裁判決（Markman vs. Westview Instruments, Inc. 1996）以降クレーム解釈は陪審員ではなく裁判官がする法律事項であることが明確になった。）

- この前に、原告・被告双方の弁護士は、クレームの争点となる文言（複数）を特定して決める。

特許裁判の実際

- マークマン・ヒアリングと称して双方の弁護士や専門家が裁判長に一定時間内に上記争点となる文言に関する技術背景や解釈を説明する。
- このときのプレゼンテーション力が裁判長の心証や理解に大きく影響するのでアニメーションなどを活用したりする。
- 背後に和解専門の判事が控えており、双方の優劣により和解条件を提示しながら和解を勧める。

④ サマリー・ジャッジメント (Summary Judgment)

- 事件の主要な事実について争いが無く法律問題が争点である場合は、公判なしの判決を裁判官が行うことをいう。
- ただし、原告、被告双方の合意が必要である。
- 申し立てる側の主導で争点を明確にする論議を展開できるメリットがありよく利用されるが、控訴審で判決がしばしば覆される。
- 大方の裁判では、このあたりで優劣が明確になるので和解する場合が多い。

⑤ 公判 (Trial)

- 米国では、民事訴訟においても陪審 (Jury) 裁判を受ける権利が保障されているので、どちらかがそれを請求すれば陪審裁判になるが、請求が無いときは裁判官 (Judge) による裁判となる。

217

- 陪審員は、事実認定に関する矛盾する証拠の評価や証言の信憑性などを判断する。
- 陪審員（12名）の選定時に、無条件で3名を忌避でき、条件付で無制限に忌避できる。

（公判の流れ）
- 冒頭陳述：まず原告側が主要事実とその証拠を述べ、被告側がこれに対抗する事実や抗弁とその証拠を述べる。
- 証拠調べ：まず原告、次に被告の順で各立証責任を負う事実に関して立証を行う。
- 証人尋問：直接尋問、反対尋問、再直接尋問の順で行う。
- 直接尋問：証人を呼んだ側が証言してもらいたい内容について質問する。
- 反対尋問：相手側が直接尋問の範囲内でその信憑性を攻撃する。
- 再直接尋問：反対尋問で攻撃されたところを修復するために行う。
- 最終陳述：全体のまとめとして、双方がその証拠と立証した事実、相手側証拠と事実の問題点について説明する。
- 裁判長からの陪審への説示：判断する事項、立証責任、立証基準、証拠評価法など。
- 陪審の討議と評決：全員一致の原則。

（当事者は以上の公判に対応するため綿密な準備が必要で、このための模擬裁判なども行い本番に備えることがある。）

218

米国特許裁判での立証責任（Burden of Proof）は、事実認定において認定者（裁判官と陪審員）を説得しなければならない責任で、事実を主張する側が常に立証責任を負い証拠提出が無ければ不利になる。立証基準（Standard of Proof）は、特許無効裁判では、明確で説得力のある証拠（Clear and Convincing Evidence）として80％以上の心証形成を得る必要があるとされる。民事裁判での一般基準は、優勢な証拠は50％以上の心証形成を言う。ちなみに刑事裁判では、合理的で疑いの余地の無い証拠は、99％以上の心証形成をいう。

米国特有の制度として、法廷助言上申書（Amicus Curial Brief）がある。これは、業界団体などの第三者が公益を守るために法廷に提出する上申書であって、たとえば、レメルソン特許裁判で半導体業界や自動認識業界などが特許無効を上申した事例がある。

公判後の申し立て（Post-trial Motion）について、裁判官は陪審評決により判決を下すが、公判内容に法的な証拠基盤がないと判断した場合は、評決にしたがわない判決（JMOL）を下すことができる。陪審評決に不服の当事者は、その評決が証拠ウエイトに反しているとか、法的証拠の基礎が無いとの理由を示してJMOLを求めることができる。また、公判において採用証拠に誤りや陪審員、裁判官、相手側当事者に不正があった場合は新たな公判を求めることができる。

控訴（Appeal）については、判決に不服の当事者は、30日以内に連邦巡回区控訴裁判

次に米国特許訴訟におけるクレーム解釈、損害賠償、判決の効力について説明しておく。

クレーム解釈については、日本では文言を狭く解釈する傾向があるのに対し、「**クレーム文言通りに解釈する**」のが米国流である。辞書解釈よりも明細書などの内部証拠が重視される点に注意が必要である。このクレーム解釈について、フィリップス特許裁判（Phillips VS. AWH Corp.（Fed.CIR. 12 July 2005）(en banc)）の判決は、裁判官のクレーム文言解釈の教科書といえるような判決で、米国で特許権を行使する人だけでなく、米国特許出願をする人にとっても重要な判決であるとされる。

この特許の内容は、刑務所用プレハブのパネルに、「バッフル」が内蔵され表面の板を貫通した弾丸を逸らせる特許であるが、被告商品は、「バッフル」が壁に垂直に配置されており非侵害であると主張した。クレーム1の要件は、「further means disposed inside the shell for increasing itsloaDBearing capacity comprising internal steel baffles extending inwardly from the steel shell walls」で、争点はこの「baffles」の解釈にあった。

地裁では、バッフルとなるためには斜めになる必要があるとクレームを解釈し非侵害となったが、CAFCでは、バッフルは斜めのものに規定されていないとして、地裁判決を破棄し差戻した。理由として、クレーム2がクレーム1で角度が規定されているから、その意味では非該当とは限らない。クレーム2がクレーム1に従属して角度を規定しているので、それと対

比するとクレーム1は垂直部材も該当し得ると理解できるとした。判示事項の要約として、

- ミーンズ・プラス・ファンクション・クレーム（米国特許法112条第6パラグラフ）は明細書とその均等物に限定して解釈され、機能を実現する構造を規定しない純粋機能的限定にだけ適用される。
- この判決によるクレーム用語解釈の出典（ソース）の重要度は次の順序になる。

クレーム自体の文脈＞明細書の説明部分＞出願経過内部証拠＞技術的辞書、専門書＞一般的辞書＞専門家証人の証言等外部証拠。

この判決では内部証拠とりわけ明細書を重視している。クレームの意味の解釈に明細書を使用することと、明細書からクレームへ限定を読み込むことは難しいと述べている。重要なことは裁判所が特許法に照らして出典（ソース）に重みを割当てたことである。

損害賠償（Damages）とは、米国特許法第284条による損害賠償で、その賠償額は合理的実施料を下らないとされ下記の4種類がある。

① 遺失利益（Lost Profit）：特許権者が自ら特許商品を製造し、他にライセンスしていない場合であって、侵害行為が無ければ得られた利益（販売減少、価格の低下など）を考慮して、商品と部品、特許商品と非特許商品など市場全体で算定する。

② 確立された実施料（Established Royalty）：特許権者がすでに複数の者にライセンスしているときはその実施料を適応する。
③ 合理的実施料（Reasonable Royalty）：遺失利益や確立された実施料が認定できない場合に、過去のライセンス実施料、業界の標準的水準などを参酌して決定する。
④ 懲罰的損害賠償（Punitive Damages）：故意侵害など悪質と認めた場合は3倍までの賠償額を増額、特に悪質な場合は相手側弁護士費用の支払いを命じられる米国特有の制度。故意侵害を避けるには、上市前に十分な特許調査と米国特許弁護士の鑑定を取るなどの必要がある。

判決の拘束力について、下記の3点に留意すべきである。
① 既判力（Res Judicata）：同じ当事者間の判決は蒸し返せない。
② 争点効／反射効（Collateral Estoppel）：特許権者は特許無効と判示された場合、相手及び第3者に対して特許無効を争えなくなること。特許有効の場合は、当事者は2度と有効性を争えないが、第3者は無効を主張して争えること。
③ 判例としての拘束力（Stare Decisis）：米国は判例法制度（Common Law System）を継承していることから先の判例に従わない場合は正当な理由を必要としそのコメントが求められること。なお、日本は成文法制度（Civil Law System）のため類似事

米国の重要判例（判例主義の米国）

裁判所で重んじられる法律運用（主義）は、成文法と判例法に分かれる。成文法とは、権限を有する機関によって文字によって表記した形で制定された法律（法典）に準拠するもので、ドイツ、フランス、日本がこの主義を取る。判例法とは、成文法を否定はしないが裁判官による判例を第一次的な法源として、裁判において先に同種の事件に対する判例がある場合はその判例に拘束されるとするものである。米国や英国がこの主義を取り、別名コモンローとかエクイティ（衡平）法とも言う。

米国は、その建国の精神として憲法第一条で知財を尊重し保護すると謳い、あらゆるものをビジネスにして金儲けをしようとする。そのためか、特許概念についても下記のように拡大させてきた。

(特許概念の拡大) →レーガン政権に始まるプロパテント政策に同期

- チャクラバーティ事件（1980年）→生もの特許を容認
  流出原油の処理用に開発したバクテリアの特許性論争
  判決：生ものであるか否かではなく、自然ものか人間の創製ものかで判断すべき

第5章　知財経営の要諦と実践

- ディーア事件（1981年）→ソフトウェア特許を容認
ゴム加工における、計算機による計算方式を含む処理方式の特許性論争
判決：もの理的処理を含めた全体としてのクレームに特許性があると判断
計算方式自体に特許性がないとしても、それがもの理的手段により具現化されるならば
特許性が生まれるとしたサーカー事件（1978年）のマーキー裁判長説示に伏線
- ステート・ストリート事件（1988年）→ビジネスモデル特許、アルゴリズム特許
投資管理法「ハブ・アンド・スポーク」（1991出願）の特許性論争
判決：発明の特許性は本質的特徴、特に実用的有用性に重点を置くべき

（サブマリーン特許）
- レメルソン vs コグネックス（2004年最高裁判決）
レメルソン特許とは、個人発明家のジェローム・レメルソン氏が50年以上前に発明したマシンビジョンシステムにかかわる特許群。これらの特許は、潜水艦（サブマリーン）特許と呼ばれ、発明技術が産業として花開くまで分割や継続手続きを繰り返して審査を伸ばし、産業が花開いたころに特許にしてライセンスを迫るものである。そして徹底した訴訟攻勢と強硬な交渉で、生産装置業界、自動車業界、半導体業界、バーコード業界などあらゆる産業界から合計15億ドルを超える特許実施料を獲得し、レメルソン側の成功報酬弁護

1999年当時、レメルソン財団は、TIやインテルなど百社以上をアリゾナ地裁に提訴していたが、バーコード・メーカーであるシンボル・テクノロジーズら7社とマシンビジョン・システムメーカーであるコグネックス社が、それぞれレメルソン特許14件の無効、権利行使不能、非侵害の確認判決を求めて提起した訴訟を併合してネバダ地裁で審理していた。シンボル・テクノロジーズとコグネックスの確認判決訴訟における争点のひとつとなったのが、特許取得／出願審査手続きにおける遅延行為によるラッチェス（懈怠）の法理（Equitable Doctrine of Prosecution Laches）によりレメルソン特許を権利行使不能にできるか否かである。CAFCから再度ネバダ地裁に差し戻しがあった。

コグネックスのジェンナー弁護士は必死に判例調査を継続し、1858年の最高裁のラッチェスに関する「判例」を発見した。この判例は故意ではなく、過失で遅らせただけでもラッチェスになるというレメルソンにとって致命的な判例だった。そして、レメルソンの行為を不合理かつ適切な説明のない遅延として、当該特許を権利行使不能にするとともに他の争点についても、非侵害や当該クレームが明細書の記載要件および実施可能要件を充たしていないので無効であると判事した。

第5章　知財経営の要諦と実践

〈侵害後の差し止め〉

・イーベイ事件：eBay vs MercExchange（2006年最高裁判決）

インターネット・オークション向けソフトウエアの開発企業であるMercExchangeが特許を侵害されたとしてインターネット・オークション大手のeBayを訴えた。地裁ではeBayに対して差し止め命令が下ったものの、最高裁判決では覆る結果に終わった。

この結果、原告が裁判で差し止め命令を得るには基本的には以下の4点を証明しなければならなくなった。①回復不能の損害を被ること、②損害を補償するのに金銭的な補償は不適切であること、③差し止め命令が下された場合、被告の被る損害が原告の損害に比べて少ないこと、④公衆の利益。

このうち、最も重視される要件が①であるが、従来の特許侵害裁判では、特許を侵害しているなら①は当然のこととされ、原告側はほぼ自動的に差し止め命令が得られた。特許の使用に対して差し止め命令が出れば、侵害している側はその事業を中断せざるを得なくなる。したがって、裁判が起こされ敗訴した場合の差し止め命令は、特許侵害者にとっては大きな脅威であり、特許を保有している側にとってはライセンス交渉の強力な武器になっていた。

今回の最高裁判決により、MercExchange のように自ら特許技術を使って事業をしていない場合は「回復不能の損害」を被ることを証明する必要が生じてきた。この判決後、パ

226

テントトロール（NPE）、大学、個人の発明家などのように特許権のみを保持し、事業をしていない原告は、差し止め命令は得られずロイヤリティに見合う損害賠償のみを得るケースが増えた。本判決は、パテントトロール（NPE）の動きを抑える判決である。

（特許クレーム解釈）

- マークマン事件：Markman vs. Westview Instruments Inc.（1996年最高裁判決）クレーム解釈は陪審員ではなく裁判官がする法律事項であることが明確になった。
- フィリップス事件：Phillips vs. AWH Corp.（2005年CAFC大法廷判決）裁判官は、クレームをクレーム文言通りに解釈することが明確になった。

（非自明性の判断）

- KSR事件：KSR International Co. VS Teleflex Inc.（2007年最高裁判決）米国における非自明性の判断とは、日本でいう進歩性の判断に相当する。米国では発明が特許として有効か無効かを決めるための判断基準には、TMS（Teaching, Suggestion, Motivation）テストと呼ばれるものが広く用いられていた。当該発明を作り出すにあたり、いくつかの公知例を組み合わせる、公知例の一部を変更すると言ったことの教示や示唆あるいは動機付けが公知例の中に含まれていれば自明であるとするものである。

第5章　知財経営の要諦と実践

本件では、最高裁はTMSテストを完全に否定はしなかったものの、なぜ公知例が組み合わされたかの明らかな理由を示せれば、その理由が公知例に含まれていなくても自明と判断できるとした。たとえば、常識に照らし合わせて公知例の組み合わせが当たり前である場合や、解決しなければならない技術的な問題点が広く知られており、かつその解決策が限られていて簡単に想像できる場合は発明が自明であるとし無効とした。

この2007年4月の最高裁判決は自明と判断する基準の窓口を広げたが、あと知恵（hindsight）の問題を防ぐ明確な指針を示さなかったため、さまざまな発明が米国特許法第103条の下で特許に値するか否かについて混乱が起きている。実際この最高裁の判決後、特許無効請求の件数が急増した。

半導体特許訴訟の事例（パワー半導体特許裁判の事例）

この特許裁判は、特許権者である総合電機メーカA社が米国パワー半導体専業メーカB社をパワー半導体特許侵害で訴え日米で争われた事例である。A社は、半導体事業も手がけており、このパワー半導体は事業化せず特許期間満了に近い特許が残っていた。

図46は、この特許クレーム、図面と侵害と思われる対象商品（イ号）の断面写真及び被告側抗弁の要旨である。この特許は、アイデア発明ではなく、実際に研究開発を行い、プロセス条件やその時の写真を含めて数多くのデータを取り、これを論文にまとめて国際学

特許裁判の実際

日本特許のクレーム

(100)面を有するシリコン基板の表面に、長手方向が(01-1)面と45°の角度をなす矩形状の凹部を形成し前記凹部の側面をなす(010)面又は(001)面をチャネルとして用いる縦型構造電界効果トランジスタ。

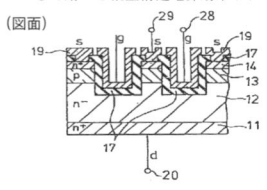

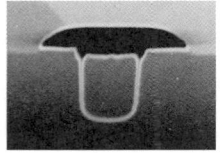

(図面)

対象商品（イ号）の断面写真

図46　特許裁判の事例（パワー半導体特許）

被告の抗弁には次のようなものがある。
- 矩形状とは角が直角の形状を意味し、U型形状とは異なるので非侵害である。
- 実際に物を作るとチャネル面は垂直ではなく数度傾きが権利範囲として何度までのものを含むかなど技術の外縁や実施要件が不明（第三十六条違反）で無効である。
- (100)相当面が導電性が高いこと、縦型構造電界効果トランジスタは既に公知で、これらを組合すことは容易であるから進歩性違反（第二十九条2項違反）で無効である。

会に発表した。論文発表の後、この種の縦型構造を持つパワー半導体の生産出荷が急伸したまさにパイオニア的発明であった。

しかし、特許出願は、発明者の発明提案書に基づいて特許部の担当者が作成したため、図面はこのような狙いの設計図（直角形状のみぞ）になり、製作条件やその結果についても具体的な実験条件や結果を交えた記述がないものが日本特許として登録された。また、クレームは基本クレーム1個である。米国出願は、この日本出願をベースになされたが、「矩形状」凹部という文言を、最初は「Rectangular Prism Shaped Recess」と翻訳したところ審査官に意味が通じず「Rectangular Parallelepiped Shaped Recess」

第5章　知財経営の要諦と実践

と訂正して特許になった経緯がある。そして、米国の裁判でも同じくU型形状をしているから非侵害であると抗弁された。この裁判の顛末は、日本の地裁では被告の主張が認められ29条違反等で無効になり、高裁に上告準備を進めている段階で日米ともに敗北的な和解になった。

この事例から反省すべきことは、すでに第4章で説明したように特許明細書の技術内容は、発明者（技術者）がその発明技術の詳細を実際の図面、写真、データなどを用いて明確に分かりやすく書くべきであること、設計の狙いの形状ではなく実際に製作した時の形状でクレームすること（つまりU型形状）、クレームをピラミッド型にすること（たとえば、基本クレームは凹み部として、従属クレームでその形状がU型形状もしくは逆U型状と規定する、また壁面の傾きや範囲を規定する）などにより無効や非侵害抗弁への対策を施した強い特許にしておくべきであった。

この特許は、提訴したときには、日本特許が期間満了になっていた。ここで読者に是非知っておいて欲しいことがある。それは、特許が満了になったからすべてが終わりというわけではないことである。もし、侵害者が運よくその特許満了まで気づかれずに侵害し続けたとしても、特許権者が満了後にそれを発見すれば差し止めは出来ないが、損害賠償請求ができるのである。これを犯した受益者（特許侵害者）が、特許の存在を知っていた場合は悪意があるとして、これを不当利得返還請求権と言い民法第703〜704条で規定されている。

特許裁判の実際

あったとされ、受益者が受けた利得全部の返還を請求できる上に、その利得に利息を付けて返すように請求できる。さらに、損失者（特許権者）に損害があれば、その損害の賠償も請求できるのである。たとえば、特許満了後3年時点で、それを発見した場合は、そこから10年遡り特許が有効であった7年間の損害額を請求できるのである。

損害額の認定は、侵害の事実を知ってから過去10年に遡ることが出来る。

次にこの裁判から学んだことは、総合メーカが特許侵害訴訟を起こす場合に特に注意すべきことである。それは、総合メーカA社の中にある半導体事業部門のようなデバイス（部品）事業部門がデバイスメーカC社を提訴した場合、デバイスメーカC社は必ずしもA社のデバイス部門を自社の特許で攻撃せず、むしろ売り上げの大きい商品、たとえばテレビなどのセット事業部門（組み立て商品部門）に対して反撃を加えてくることである。半導体の単価に比べてテレビなどのセットの価格は桁違いに高く、もし裁判に負けることがあれば総合メーカとして大きな損害をこうむることになるので、この方が総合メーカA社に対してはるかに強い心理的圧力をかけられるためである。C社は、もし自社にA社のセット商品にあてられる特許がない場合、特許流通業者などから特許を購入して撃ってくる。

A社は、自社のセットに使う半導体などのデバイスを自社内ではなくデバイスメーカBのような外部から購入している場合も多々ある。このような場合は、その部品の売買取引契約書に知財条項を設け、もし第三者から知財侵害訴訟があった場合には、弁護士費用を

231

第5章　知財経営の要諦と実践

含めて損害及び訴訟対応にかかわるものはすべて納入側に負担させる契約を締結すべきである。こうすることで、デバイスメーカの知財経営感度も向上するというものである。

特許裁判の詳細な記録は、裁判所から公開され誰でも入手することができる。日本の裁判の傍聴はあまり参考にならないが、米国の裁判は有益である。身分証明書（パスポート）などを提示すれば傍聴できる。それにもかかわらず、企業の知財部門の担当者は裁判所に行ったり裁判記録を取り寄せて自ら勉強したりすることをせず、弁護士に丸投げにする。

これでは、裁判の判決動向や裁判所から見た強い権利化や裁判リスク、さらには論理の構築能力などについてまったく学習できず、身につくはずもない。知財セミナーに参加して曖昧な話を聞く時間があれば、喧々諤々真剣勝負で戦っている米国裁判所に行って論理構築力やプレゼンテーション力を学習したほうがよほど有益である。

コラム 5

経営理念、ビジョン、ミッション（戦略の上に来るもの、不易流行）

経営の神様とよばれた松下幸之助は、企業は単に金儲けをすれば良いというものではな

232

く、人、モノ、金などの社会的資源を用いて活動しているから社会の公器としての使命があると言った。また、儲け（利益）は、社会へのお役立ち料の対価であることからすれば、赤字は社会の公器として罪悪であると断じた。そして経営の不易流行を求めた。

不易流行とは、時代が変化しても変わらないもの（不易）と変わるもの（流行）があるという意味の松尾芭蕉の俳諧用語で、不易は詩の基本である永遠性、流行はその時々の新風の体で共に風雅の誠から出るものであるから根元においては一であるという。

経営理念は、社是・社訓・綱領とも呼ばれ、創業から終焉まで一貫して流れる創業精神や行動のもととなる考え方（羅針盤）であり不易である。ビジョンは、時代に合わせて変化するなりたい姿や将来展望で流行である。ミッションは、使命・信条とも呼ばれ、社会における存在意義や目的とそれを達成するための役割を明記したものである。ビジョンとミッションが同じ場合もある。永続企業に共通して見られるのはこれらの周知徹底である。

たとえば、Googleの理念は、

1. ユーザーに焦点を絞れば他のものはみな後からついてくる。
2. 一つのことをとことんきわめてうまくやるのが一番。
3. 遅いより速い方が良い、などである。Googleのビジョンとミッションは同じで、世界中の情報を整理し世界中の人々がアクセスでき使えるようにすることとしている。

筆者が今も心に留めている母校の愛光学園のミッション（われらの信条）は以下のとおりである。

愛光学園は、世界に通用するリーダの育成を目ざしている。

われらの信条
「われらは、世界的教養人としての深い知性と、高い徳性を磨かんとする学徒の集まりである。学問に対する情熱と道義に対する渇望とはわれらの生命である。幾千年にわたる人類苦心の業績─この高貴なるものによせる愛情と尊敬、これを学びとるための勤勉と誠実、これを伝えこれに寄与するための忍耐と勇気とは、われら学徒の本分である。かくて高貴なる普遍的教養を体得して、世界に愛と光を増し加えんこと、これがわれらの願いである。輝く知性と曇りなき愛、愛（Amor）と光（Lumen）の使徒たらんこと！ これがわれらの信条である。」

（愛光学園は、聖トマス・アキナスを輩出した聖ドミニコ修道会を母体に四国松山に設立された進学校。知恵は借りれても身体は借りられないため、中間体操などで身体も鍛えた）

徽章　　　　聖トマス・アキナス

第 6 章

新しい知財モデルの提唱
（知財ブランドをつくる）

新しいモデルの必要性

知財と商品の乖離、国民知財啓蒙モデルの必要性

2002年の知財立国構想の実施以来10年が経ったが、理念とする知的創造サイクルは回らず、産業競争力の低下や産業空洞化の加速に歯止めがかかっていない。

すなわち、第1に、知財立国構想が国民の知財意識の向上や底上げをスローガンにしているにもかかわらず、これを効果的に向上させる仕組みやモデルが無いために、まったく改善が見られず知財に鈍感な国民のままである。第2に、ニセモノなどの知財侵害被害が増加の一途をたどっているのに、これを効果的に減らす仕組みやモデルが無い。第3に、イノベーション投資は盛んであるが、その成果を保護できていないので慈善事業になっている。知財防衛が出来ておらず、先端技術やノウハウが人を通じて海外競合企業に拡散し、知財を持つ企業も持たざる企業も価格競争に陥り、投資回収や利益確保が出来ていない。つまり知財経営ができていない。第4に、知財行政や業界にかかわる者の責任が不明確な

新しいモデルの必要性

ため、依然として無効になる特許や権利行使できない不良特許が量産されている。

これらの問題を究明してゆくとその核心部が明確になってくる。一般国民の知財意識は、商品のような身近なものを通じてしか高められないこと、事業経営における競争優位のために商品とを簡単に識別できる仕組みが必要であること、不良特許が生まれるのは、商品を明確に知財を埋め込みこれを利益に結び付けること、知財と商品は不離一体であるにもかかわらず、これを分離し、別管理し、別の言葉で表現し、商品に使用している知財を隠すと言う「**知財と商品の乖離**」が問題の本質であり根源であると考えられる。

消費者は、知財と商品の乖離のために知財意識が薄く、現状では知財は購買判断要素になっていない。しかし、ネットワーク社会の進展に伴う情報開示の拡大や世界的な知財意識・政策の高まりに伴い、商品価値の根拠が求められるようになるため、購入商品に係る知財情報の確認が必要になってくると考えられる。この確認は、最初は、メーカの購買部門から始まり一般消費者（先ずは進んだ消費者や投資家層）へ拡大するであろう。

また、中国等のニセモノ品（知財侵害品）対策には、官民挙げて多大の費用や労力をかけているが効果的な対策が打てていない。専門の調査員を雇い対策を打つ一時的なものではなく、国民の目を活用した効率的、根本的、持続的な対策が望まれている。

知財ブランドモデルの提唱

以上のことから、実商品を中心にして広く国民や市場の力を活用しながら知財と商品の乖離を解消する新しい知財モデルが求められている。このモデルこそ、国民の知財意識を向上させる国民知財啓蒙モデルとして、知財立国構築に革新的進化をもたらすものである。

🛜 国民知財モデル

市場や国民に見える知財モデルをつくる

図47〜48は、現在の知財立国構想の中身の革新を目指す新しく提唱する知財モデルの概念と概要を示したものである。現行のモデルは、知財と商品が別管理されており（知財と商品の乖離）、商品にどのような知財が使用されているかは一部の知財担当者を除き企業

知財ブランドモデルの提唱

知財と商品の乖離(分離)
商品にどのような知財が使用されているのか不明

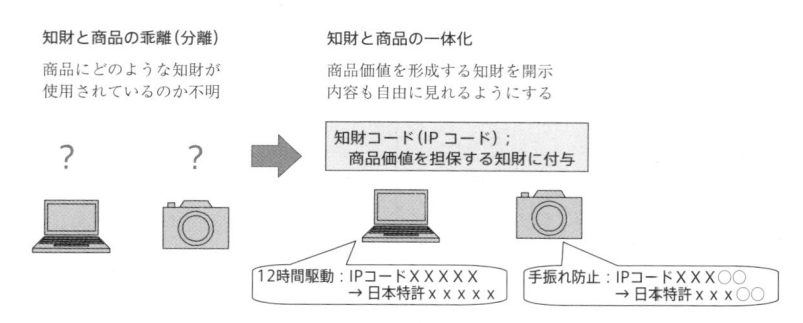

知財と商品の一体化
商品価値を形成する知財を開示
内容も自由に見れるようにする

知財コード(IPコード);
商品価値を担保する知財に付与

12時間駆動：IPコード×××××
→ 日本特許×××××

手振れ防止：IPコード×××○○
→ 日本特許×××○○

図47　知財ブランドモデルの提唱

効果にはニセモノ防止や参入障壁の形成による利益の向上、開発生産性の向上と先使用権の担保、知財情報開示によるブランド形成及び無形資産価値の向上、国民の知財意識の向上並びに知的創造サイクルの好循環化が期待できる。

商品PR／メッセージ　　知財開示　　商品の魅力

企業
・知財商品
・社員の質
・オーナシップ
・ロイヤリテイ

知財ブランド形成
知財を媒体とする商品の高質化＆淘汰サイクル

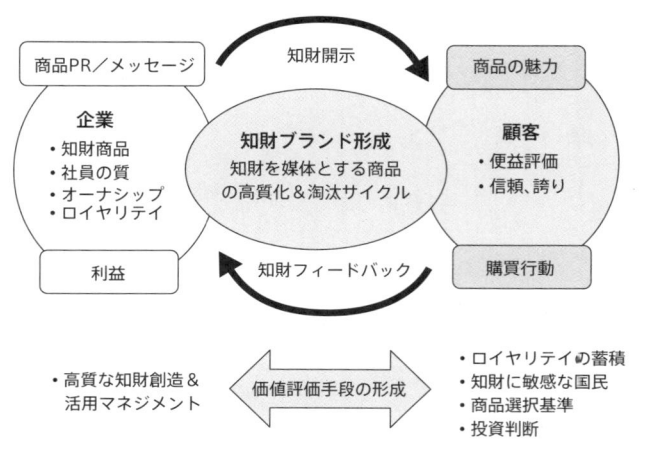

顧客
・便益評価
・信頼、誇り

利益　　知財フィードバック　　購買行動

・高質な知財創造＆活用マネジメント　　価値評価手段の形成
・ロイヤリテイの蓄積
・知財に敏感な国民
・商品選択基準
・投資判断

図48　商品を基軸とする知財ブランドモデルの概念

知財ブランド（卓越した顧客価値を創出できる知財商品と知財安全性）と商品の知財情報を媒体とする企業と顧客の動的なロイヤリテイ形成。

第6章　新しい知財モデルの提唱

内ですら誰も知らないし、ましてや企業外の顧客は知る由もない。現行の知財活用モデルとは、このように知財部門の交渉担当者や代理人である弁護士が競合企業に対して個別にライセンス交渉を行う業界内に閉じられたものである。

これに対し新しく提唱する知財モデルは、知財と商品を一体化し、商品に使用し、特にその商品価値を担保している知財を市場や国民に見えるように積極的に開示するモデルで、現行モデルのように競合メーカに対して知財単体でライセンス交渉を迫り収益を稼ぐものではない。すなわち、知財を商品の特徴や差別化と言った価値（利益、ブランド）創造の手段として活用することを目指す市場に開かれたモデルである。

図47の例では、ノート型PCと手振れ防止機能付きカメラを示している。現行は、PCやカメラにはその性能や機能の説明はあるが、それらを実現している知財の開示は無い。新しい知財モデルでは、PCとカメラの知財情報をその商品の顧客便益に関連付けて開示し、知財技術に裏打ちされた価値を積極的にPRする。たとえば、このPCが1充電で12時間の長時間駆動できるのは省電力回路に関する特許技術を使用し、業界最軽量800gを実現しているのは、守秘知財である軽量材料技術を採用しているからであるというように、顧客にとって価値を生み出している知財を「知財コード（IPコード：Intellectual Property Code）」で開示する。複数の知財からなる商品では、各々の知財にIPコードを付与できるが、表示が複雑になるのでそれらを代表した統合IPコードを1個作成すれ

240

知財ブランドモデルの提唱

ば、商品本体やカタログなどに表記することもできる。そしてこの統合IPコードは商品コード（商品バーコードなどの商品販売管理コード）と連動させ、どちらのコードからもその内容を検索することができるようにする。このIPコードの表記によって、競合企業に対しては、参入障壁や先使用権のあることを明確に警告し、市場にある類似商品の知財使用の有無を明確にして侵害発見などを容易にする。なお、守秘知財である軽量材料のつくり方（プロセス、ノウハウ）は、先使用権を確保した技術名称のみを開示する。

このモデルは、図48に示すように顧客に対して知財に裏付けられた顧客便益（顧客価値）の根拠を開示して顧客からみた知財価値の評価フィードバック（知財フィードバック）を受けることになる。その結果、知財使用商品（知財商品）と知財そのものの評価が市場によって決まり、市場による知財を媒体とする商品淘汰、知財淘汰、知の高質化、知の進化が図られるとともに、顧客や国民が身近な商品を通しておのずから政府の掲げる「知財意識の向上」を図れることになる。

このモデルは、知財は商品の価値創造やPRのための手段であり、主役は商品や事業であること、身近な商品を基軸媒体として企業と顧客が知財開示と知財フィードバックを通じてダイナミックに呼吸する市場開放型モデルである点で、現行の企業間に閉じられた知財管理モデルとは本質的に異なる。そして、このダイナミックな呼吸を通じて、顧客側には知財商品やその企業に対するロイヤリティが蓄積され、知財にもとづく商品の選択、投

第6章 新しい知財モデルの提唱

資判断、知財への敏感性が醸成されることが期待される。企業側には、これに答えるために卓越した顧客便益を創出できる知財と知財安全が埋め込まれた知財商品を生み出す高度な知財マネジメント能力が要求され、組織へのロイヤリティや自主責任経営意識の高いオーナシップ型社員が求められることになる。また、商品に使用している知財を開示することは、開発者や発明者あるいは社員にとって一種の誇りであり絆のシンボルにもなる。現在は、それが守秘知財の場合には、このような機会はないが、提唱モデルでは、その技術名を明らかにすることができるためオーナシップ意識を形成できるのである。さらに、個人の資格、称号、技能、ノウハウ技術などの知的能力の実績（成果）を未来の知財を生み出す人的資本とみなし、これらを知財ブランドとして登録することもできる。つまり、このモデルは、市場価値をもたらすあらゆるインテリジェンス（知力）の成果物を識別できるようにして登録し開示するため、自らの個性や創作物を後世に記録し残したいという人間一般に共通する基本的欲求にも答えられるものである。

このモデルを知財によるブランド形成モデル「知財ブランドモデル（IP Brand Model）」（以下、本モデル）と呼ぶことにする。

知財ブランドモデルの効用

本モデルは、商品とそれに使用する知財情報を関連付けて開示し、知財による商品の差

知財ブランドモデルの提唱

別化・高付加価値化・ブランド化を顧客や市場の支持の下に実現するモデルであり、市場にその価値を問い、市場を鏡とするモデルであるが故に、今後の開示説明社会に適合できるモデルであると言えよう。

知財ブランドを目指す企業は、知財に対し断固たる信念と知財遵守の実行力をものである。すなわち、自社商品の知財安全性の調査と対策（知財調査と回避・無効化・ライセンス保証などの徹底）を開発時点からデザインレビューに組み込み、さらに自社商品の顧客から見た価値の源泉となる知財の戦略的創造と知財侵害に対しては提訴、差し止めを含む断固たるポリシーや実行力を持つ企業である。知財に裏打ちされた商品こそが知財ブランド商品であって、価格競争やコピーから逃れられ高い利益を維持できるとともに、国民に知財の価値や重要性を浸透せしめることができる。

また、現在のブランド識別マーク（商標）を補完し、より具体的に価値を担保・説明できる知財情報を識別情報として発信することは、今後の知識経済社会（開示説明社会）に向けての先行的な試みであり、ブランド概念を進化させるものである。

現在の知財管理モデルには、ライセンスモデルと市場独占モデルを両極代表とする種々のものがあるが、いずれにしてもこれらは現下の知財立国構想における企業間に閉じられたモデルであることに変わりはない。これに対し、本モデルは、市場独占モデルとは異なり、独占的イメージを高品質、顧客満足と言った差別化イメージに転化し、国民や顧客と

243

第6章 新しい知財モデルの提唱

呼吸し、その知覚・認知を受けながら顧客ロイヤリティを形成蓄積する点で大きく異なるものである。

以上のように、本モデルは、従来のブランド概念を拡張し、商標に加えて特許、意匠、守秘知財などの他の知財権をも識別化、差別化の手段として積極的に開示、表現、PRすることにより商品や企業のブランド価値を形成する「世界初のモデル」である。

なお、本モデルは、大学や研究機関における論文を商品と捉えれば、その論文とそれにもとづく特許との関係を明確にすることができるので特許ライセンス（特許マーケティング）に応用することができる。現在はこれが別々に管理され、関連づけられていないので、特許の売り込み先を探すのに苦労が多いが、論文とその特許を発明者の協力を得て紐付けしておくと、論文を引用した企業（つまり、その研究に関心の高い企業）を論文データベースから探し出し、その論文にもとづく特許等を効率よく売り込むことが出来る。

また、人的資本である個人の資格、称号、技能、論文、専門知識などは未来の知財を生み出す知力や能力（暗黙知）となるもので、これらの知財を生み出す無形資本という意味から資本知財と呼ぶことにする。これは、現商品の価値を担保する開示知財や守秘知財とは異なるものであるが、知財を生み出すソースとして、個人の能力にIPコードを付与して登録しておくことは、将来の人材育成や活用において、また個人の知的能力の強みや誇りのよりどころとして有用であると考える。

システム構成例と想定される派生ビジネス

システム構成例と想定される派生ビジネス

実現に向けての具体構成例

システム概念の実用化へ

図49は、本モデルを実現するためのシステム概念図である。この図では知財ブランドDB（データベース：SIRDB）は、商品バーコードの登録管理をしている㈶流通システム開発センターの商品コードDB（JANDB）と、特許庁が管理している知財情報DB（IPDL）と、企業の持つ商品情報DBとを元にして、商品に使用している開示知財情報や守秘知財情報及び資本知財情報の識別情報としてIPコードの付与登録、蓄積、変更、関連情報の提供などを行うシステムの中核となっている。

㈶流通システム開発センターは、商品の販売管理に使用する商品バーコードに含まれる企業コードを有料で付与登録する機関である。日本では、商品バーコードのことをJANコードといい、国コード、企業コード、商品アイテムコードから構成される13桁または8

第6章　新しい知財モデルの提唱

桁のコードで、現在は世界的に統一されGS1コードとも呼ばれる。企業は、自社内に商品DB（商品アイテム情報、商品仕様や属性情報、知財との関連情報）を保有する。

図50は、図49のシステム概念図を知財情報提供システムという観点から構成した例である。知財ブランドDBを運営する知財ブランド協会、特許庁、流通システム開発センター、企業などがインターネットを介してつながっている。この図では消費者（ユーザという意味では市場にいる全員）は、インターネットに接続したPCまたは携帯電話などを用いて、知財ブランドDBに自由にアクセスして、商品コードのキー入力やバーコードリーダもしくはカメラで読み取らせることにより、購入商品に使用している知財情報などを知ることができるようになっている。また、このインターネット網には、後で説明する各種サービスビジネス企業、たとえば知財価値評価サービス企業や知財侵害検証サービス企業の端末装置が接続され、知財ブランドDBにアクセスできるようになっている。

この例では知財情報源として特許庁のIPDLを用いたが、他のサービス機関、たとえば日本特許情報センターの提供するPATLISなどのサービスを利用して構築することも可能であろう。

次にこの知財ブランドDBの構成について説明する。知財ブランドDBは、商品コードDBとIPコードDBとから構成する。商品コードDBは、たとえば図51に示すように、商品コード（JANコード）と、商品コードが企業の保有する商品DB情報にもとづき、

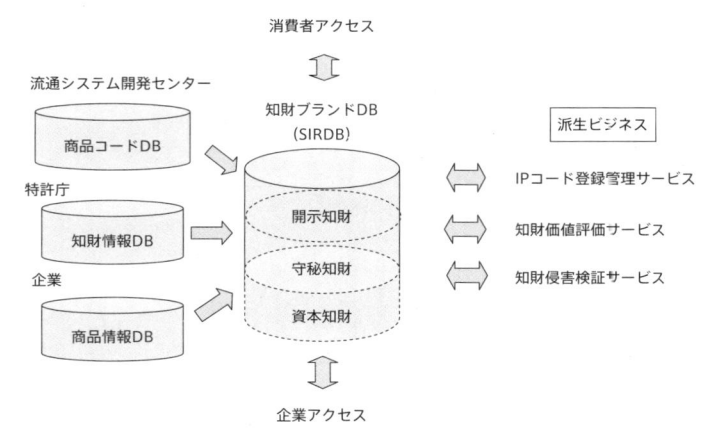

システム構成例と想定される派生ビジネス

図49 知財ブランドモデルのシステム概念

商品コード	アイテム情報	商品属性と使用知財	リンク情報
4912345678904	ノートPC、AB-123 ○○電器製、	長時間駆動12時間 (IPコード：P123457003)	http://www.abc.co.jp

IPコード	書誌情報	概要、特徴	リンク情報
P123457003	日本特許第6689031号 「省電力回路」、権利者	ECOマネジメント機能により50％省電力化	http://www.jpo.go.jp

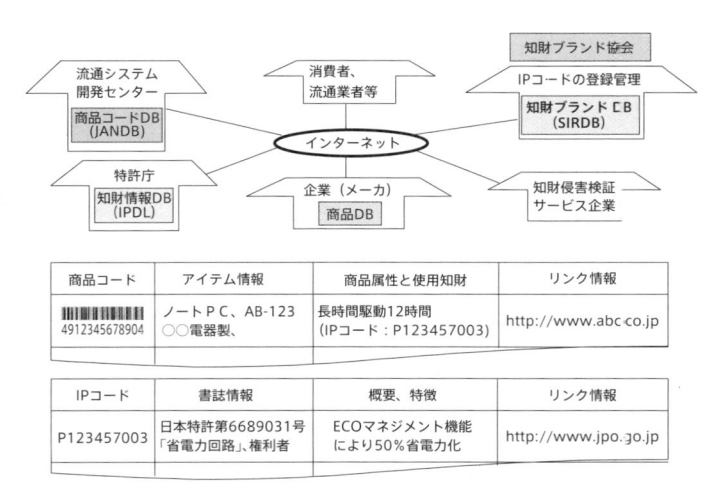

図50 知財情報提供システムの構築例

第6章　新しい知財モデルの提唱

商品コード	アイテム情報	主な商品特徴とその知財（IPコード）	リンク先情報等
︙	︙	︙	︙
‖‖‖‖‖‖‖‖ 4912345678904	ノートPC、AB-123 ○○電器製、	・長時間駆動 12 時間 ・業界最軽量 800Ｇ（S345678901）	http://www.abc.co.
‖‖‖‖‖‖‖‖ 4912345678913	デジカメ、DS-345 ○○電器製、	・手振れ補正機能（P123450123） ・商標「ルミカ」（T123452265）	http://www.abc.co.
︙	︙	︙	

図 51　商品コード BD のモデル例

商品コード（JANコード）に対応するアイテム情報（品名、品番、メーカー名等）、
主な商品特徴とその知財情報、リンク先情報（詳細仕様、サービス関連など）

示す商品のアイテム情報（たとえば、品名、品番、メーカ名など）と、この商品の顧客価値を形成する主な特徴とその関連知財（IPコード）と、商品の詳細情報のリンク先情報とから構成される。この例では、商品コード 4912345678904 はノートPCで、その品番は AB－123、○○電器製、主要な特徴（顧客価値）を実現している知財は、長時間動作 12 時間（知財コード：P123457003）、業界最軽量 800ｇ（知財コード：S123450001）、詳細リンク先情報（自社HPの商品説明）とから構成される。この商品説明の中には、この商品にかかわる詳細情報や知財情報の詳細が格納もしくはリンクされている。

　IPコードDBは、たとえば図52に示すように、IPコードと、知財の書誌情報（特許登録番号、特許の名称、権利者、発明者、登録日、出願日など）と、知財の概要・特徴と、知財詳

システム構成例と想定される派生ビジネス

IPコード	書誌情報	概要特徴情報	リンク先情報等
⋮	⋮	⋮	⋮
P123457003	日本特許　第6689031号 「省電力回路」、権利者：	ECOマネジメント機能により消費電力50%削減	http://www.jpo.go.jp
S345678901	守秘知財 権利者：○電器、設定日	高強度軽量材料Y	http://www.abc.co.jp
T123452265	日本商標登録第90226 「ルミカ」、権利者：○○	商標名：ルミカ	http://www.jpo.go.jp
G889123456	P12345001、S1246789 知財コードの集合	YYを特徴とするww装置	http://www.abc.co.jp
⋮	⋮	⋮	⋮

図52　IPコードBDのモデル例

IPコードに対応する知財の書誌情報（登録番号、名称、権利者、登録日等）
概要特徴情報（守秘技術は名称のみ）、詳細リンク先情報（特許庁IPDL等）

この例では、IPコードP123450003は、日本特許第6689031号に対応し、名称は「省電力回路」、権利者は○○電器、知財の概要・特徴は、ECOマネジメント機能により消費電力50%を実現する回路、特許の詳細内容は、特許庁のIPDLにリンクしている。IPコードS345678901は、このPCを軽量化するために用いた高強度軽量材料の製造プロセスに関する守秘知財で、書誌情報には権利者や守秘情報登録日等、知財の概要・特徴技術の名称、関連情報にはリンク先情報が記載されている。IPコードG88923456は、商品に複数の知財が使用されている場合に、それらのIPコードにまとめて商品に表示する1個のIPコードを代表する

第6章　新しい知財モデルの提唱

```
商品・知財リンクDB
商品コード：4912345678901（JANコード）
【商品の概要】
 製造会社：○○電器
 商品名：ノートPC、品番：AB-123
【特徴】
 業界最長時間駆動　　連続12時間
 業界最軽量ノートPC　重量800G
【使用知財】
 1．長時間知財：日本特許第6689031号
　　　　　　　　（IPコード：P123457001）
 2．軽量化知財：守秘知財；高強度軽量材料
　　　　　　　　（IPコード：S345678901）

日本特許第6689031号
の詳細：
 発明の名称：　・・・
 権利者：　　　・・・
 登録日：　　　・・・
 特許の明細：　・・・
```

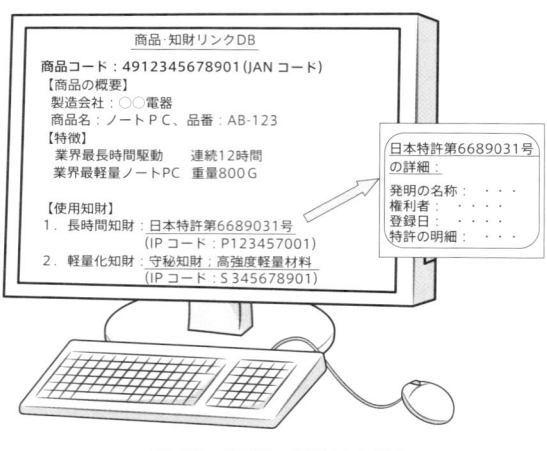

図53　知財の検索表示例

商品コード（JANコード）を用いて商品の顧客価値を形成する知財情報を検索したモデル例。

するために用いられる。

図53は、知財ブランドDBにアクセスして内容を表示させた例である。たとえば、PCや携帯電話などを介して知財ブランドDBにログインし、バーコードリーダや携帯電話に付属しているカメラなどで商品に付与された商品コードを読み取り、このデータを知財ブランドDBに送信して検索を要求すると、商品の概要、特徴、使用知財、IPコード、詳細情報のリンク先やそのデータを得ることが出来る。その時に必要であれば、その商品に使用されている他の知財も知ることができる。また、IPコードや特許番号などを入力することによってもこれらの情報を逆引きすることができる。なお、これらの情報を大容量でセキュリティの高い2次元コードやRFタグに格納すれば、知財ブランドDBにアクセスしなくてもその場で必要情報を得ることも可能になる。

250

システム構成例と想定される派生ビジネス

また、本モデルは、種々の派生サービス事業を創出することが可能である。たとえば、この知財ブランドDBの管理運営を行う知財ブランド協会のような機関が考えられる。この機関は、IPコードの発行、IPコードに関連するマークやシールの発行、知財ブランドDBの維持運用、守秘知財情報の確定日付などの登録認証サービスを行うので、公的な機関が望ましいと考える。また、企業による登録申請の真実性を担保するために、申請内容に不正があれば申請企業がその全責任を取ることを契約で誓わせるようにする。登録を加速するために、知財立国推進の一環として政府等による支援プラン、たとえば登録企業へのインセンティブを与えることなども有効と考える。

本システムは、商品コードがGS1コードとして世界統合されているので各国の特許庁や知財情報サービス会社などの知財情報を利用すれば世界規模で展開が可能になる。筆者は、日本発の本モデルを世界標準として受け入れられることを目指して展開したいと考えている。そのため、知財コード体系は、たとえば、2桁の国コード（現行のバーコードと同じ）、メーカコード桁数拡張子1桁＋4桁のメーカコード、知財番号拡張子1桁＋4桁の知財番号、1桁のチェックデジットC／Dの合計13桁を標準にすれば、たとえ登録するメーカやIPコードが増加しても拡張子の数値を指定することにより柔軟に対応できる。たとえば、拡張桁が0ならその有効範囲は4桁まで、1なら5桁、9なら13桁までとする。

IPコードの前もしくは知財番号の前に特許ならP、商標ならT、守秘知財ならS、知財

251

第6章　新しい知財モデルの提唱

コードの集合ならGのような識別符号をつけることも考えられる。IPコードが、P4901234056778C/Dとは、日本の国番号49、1234が登録機関である知財ブランド協会からメーカに付与したメーカコードで拡張子が0であるから01234までをメーカコードとし認識して読み取る。05678とは、知財番号の拡張子が0であるから05678までを知財番号と認識して読み取り、知財番号は5678である。もし、2567890となっていれば、知財番号は、567890の6桁になる。ここで、国コードはバーコードと同じ番号、メーカコードは、この知財ブランド協会から発行付与するコード、知財番号はユーザ側で自由に決められるコード、C/Dは読み取り検証を行うための数値である。

次に、知財価値評価サービス事業が考えられる。知財ブランドDBによって、その知財がどの商品に使われているのかを定量的に把握できるので、すでに価値評価のところで述べたように商品に使用している知財を等価と仮定して計算することにより、その知財の現在価値を計算するサービスが可能である。また、対象企業の全商品について知財使用状況を把握できるので企業の知財資産価値評価、知財情報開示報告、知財会計報告、知財担保価値評価と資金調達などの各種サービスを行うことも可能になる。

なお、知財にかかわる情報が開示されるので、価値の高い知財を生み出した発明者、それを権利化した弁理士や弁護士をランク付けすることも可能である。この発明者やその権利化に関与した関係者の実績を参照して知財を評価する仕組みを活用すれば、やや定性的

252

システム構成例と想定される派生ビジネス

にはなるが将来の知財価値を評価するビジネスモデルを創出することも可能になる。

次に、知財侵害検証サービス事業が考えられる。知財ブランドDBによって市場にある商品の知財使用を把握できるので、IPコードのない商品は侵害の可能性が高いことから、侵害調査・立証、交渉、権利行使に関するビジネスを請負うサービスである。

さらに、知財流通やライセンスサービス事業が考えられる。知財保証のない商品を扱っている企業に対して知財対策のための知財ライセンスもしくは購入、裁判などによる権利行使などを提起し、これを代行することによって収益を得る事業である。

253

新しいマネジメントモデルの提唱

知財台帳によるオーナシップマネジメント

知財商品のライフサイクルマネジメント

次に、本モデルを支える新しい知財マネジメントを提唱したい。近年、技術や商品の短命化が進んでいる。政府統計などによれば、たとえば、電機業界における技術の有効期間は、1991年の約6年から2005年の約4年になってきたこと、技術が開発されて市場に投入されるまでの期間は、約1年にスピードアップされてきたこと、特許の維持期間が年々短くなり1990年代後半から業界の知財総ストックが横ばい状態になり、過去に投資した研究開発やその成果である知財ストックは使い捨て型になってきたことが推定できる。したがって、今後持続的成長をするには、この差別化技術及びその成果としての知財ストックを資産として高め運用することや、技術投資収益率（ROI）の向上が急務で、このための知財の資産化と商品価値の長寿命化に対するマネジメントが要請されている。

新しいマネジメントモデルの提唱

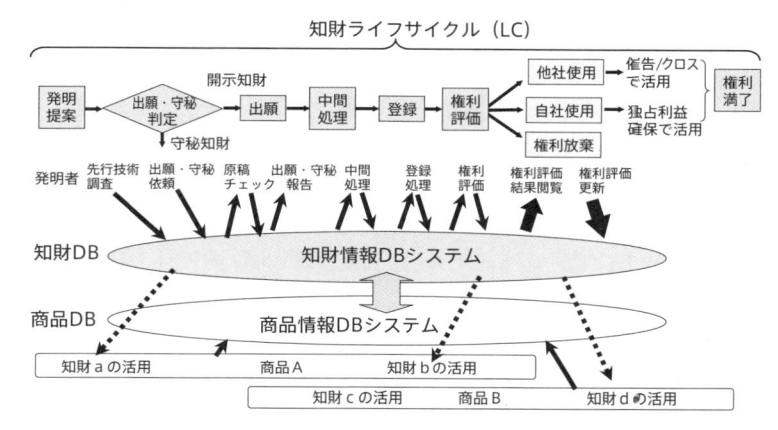

図54 知財ブランドを支えるマネジメント

知財＆商品ライフサイクルマネジメント（LCM）の提唱：発明者が発明提案から権利消滅までオーナーシップを持って管理できる仕組みの構築。商品情報DBと組み合わせて商品ライフサイクルにあわせて知財を動的に活用。

この知財の資産化と商品価値の長寿命化の視点を踏まえ、本モデルを支えるマネジメントとして、①商品の長寿命化を目指す知財＆商品ライフサイクルマネジメント（LCM）、②開発人材の資産化を目指すオーナーシップ型マネジメントについて提案する。

まず、商品の長寿命化を目指す知財＆商品ライフサイクルマネジメント（LCM）は、図54に示すように、発明者が発明提案から権利消滅までの知財ライフサイクルをオーナーシップを持って主体的に管理できる知財情報DBシステムと、自社及び競合企業の商品の開発状況、発売、品種展開、売り上げ、シェアなどの商品情報DBシステムを知財で関連付けて構築し、発明者もしくはその代行者が

255

第6章　新しい知財モデルの提唱

知財及び商品のライフサイクルに合わせて知財の動的な活用マネジメントを行えるようにしたことを特徴とするものである。

たとえば、商品情報DBシステムの中に、自社商品Aの発売開始から発売終了そしてその後のメンテナンス対応期間をこの商品Aのライフサイクルとして、(この商品Aの発売時に使用している知財群はすでに知財情報DBに登録済)発売後の市場の動きや市場からのフィードバックを睨みながら、さらなる差別化や改良を行い、そのときに生まれた知財aや成熟期に行ったコストダウン対策などに関する知財bなどを商品の差別化技術としてPRし、商品寿命や競争力を維持継続させようとするものである。

また、この商品情報DBシステムには、競合企業の商品情報DBとして、たとえば競合企業の商品Bの商品名、品番、主要仕様、発売時期、価格情報、使用特許情報の予測などを登録しておき、商品Bの仕様が自社知財cを侵害している可能性がある場合は、その対応手段(催告など)を準備することや、市場における商品のライフサイクルの成長期までは独占戦略を取り、成熟期前後での知財回避や新規技術の出現を予測して、こうなる前に自社知財dの活用判断を行う。

なお特許権は、出願後20年有効であるが民法の「不当利得返還請求権」を行使すれば、特許満了後であっても、過去10年前にさかのぼり、特許権が有効であった期間の損害賠償を請求できるので、自他の商品にかかわるこれらのDBはしっかり管理しておく必要があ

256

新しいマネジメントモデルの提唱

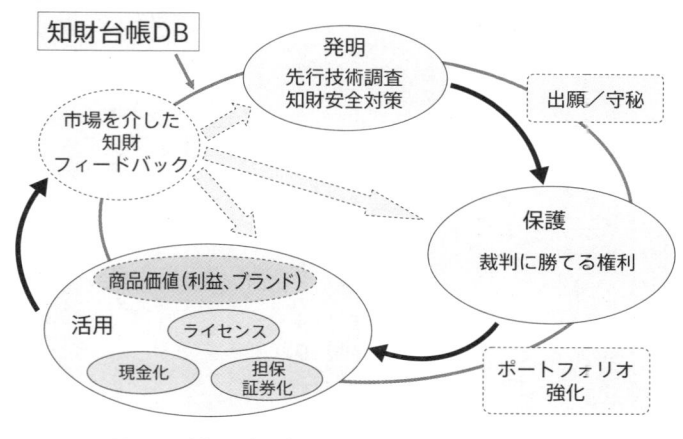

図55　新しい知財ライフサイクルマネジメント

　本モデルにおける開発現場は、顧客や市場から知財フィードバックを直接受けるので否が応でも知財の創造、保護、活用サイクルを廻さざるを得なくなり、従来のノルマ管理型マネジメントに代わりオーナーシップ型マネジメントが形成され、開示知財に加えて守秘知財も開示することになるので、発明者のオーナーシップやインセンティブはさらに高められることが考えられる。この仕組みにより、社員の商品・事業へのロイヤリティの向上と、知財を媒体として市場と呼吸する自律的経営が廻り始めることになる。このような組織は、常に学習する、プロの誇りを持つ組織であり、顧客便益の対価がお役立ち料であるという価値創造精神の原点を持ち続けられるがゆえに、人的資産の持続的蓄積と質の向上が図れることになる。図55は、この

第6章　新しい知財モデルの提唱

知財ライフサイクルマネジメントをベースにした新しい知財創造サイクルマネジメントの概念を示したものである。要点は、図54で示した知財情報DBと商品情報DBを統合した知財台帳なるDBをもって、このサイクルを廻すところにある。このサイクルは、市場を介したダイナミックな知財フィードバックがかかることになる。この情報を発明現場、権利化現場、活用現場にフィードバックすることによって真の三位一体の学習進化型経営知財の実現が図れるものと考えられる。

他のマネジメントモデルとの対比

ここで、著名な無形資産マネジメント研究事例であるKaplan & Nortonの「バランスド・スコア・カード（BSC）」及びD. Aakerの「ブランド・エクイティ戦略」と本モデルとの相関性について図56を参照しながら触れておきたい。

「BSC」は、企業価値の創造には単に財務の視点だけではなく他の異なった視点も取り入れてマネジメントすべきとする業績評価システムである。そして、事業目標を達成するための戦略目標ごとの因果関係を図式化した戦略マップ及び評価指標と重点施策等を表したスコア・カードを、①財務の視点、②顧客の視点、③業務プロセスの視点、④学習と成長の4つの視点から可視化したものである。図1の企業価値との関係で言えば、①財務の視点が第1章、図1の「有形資産」に、②顧客の視点が無形資産の分類の「外部（関係）

258

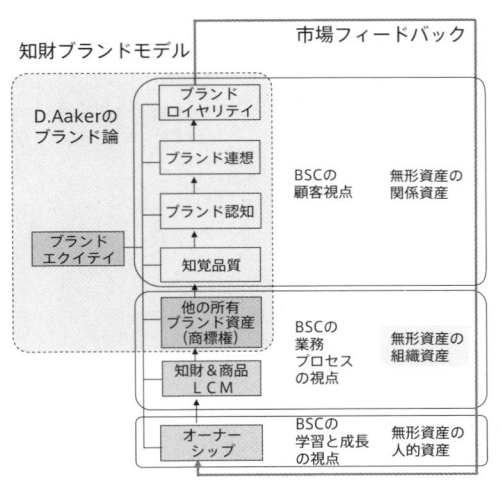

資産」に、③内部プロセスの視点が「組織（構造）資産」に、④学習と成長の視点が「人的資産」に各々対応することから無形資産マネジメントと親和性が高く、有形資産と無形資産を組み合わせた戦略を描写する新しいフレームワークを提供できると言われている。

D. Aakerによれば、ブランドに対する顧客ロイヤリティを高めるには、①機能的便益、②情緒的便益、③自己表現的便益の3つの価値提案要素によって、ブランド・アイデンティティ（つまり商品としてのブランド、組織としてのブランド、人としてのブランド、シンボルとしてのブランド）を確立し、次にこのアイデンティティにしたがってブランド・エクイティ（資本）の5つの構成要素であるブランドロイヤリティ、ブランドの認知、知覚品質、他の所有権のある資産（知財）を統一的に管理することによってブランドに一貫性と方向性が与えられ、その結果企業理念と統一された顧客への望ましいイメージの形成がなされるとしている。

図56 知財ブランドモデルと他の無形資産モデルの相関性

第6章 新しい知財モデルの提唱

本モデルは、図56に示すようにD. Aakerの言う他の所有権のある資産(知財)を基にして、商品への使用を積極的に開示するため、たとえば最軽量・長時間使用できるノートPCと言えば、IPコードで識別された○○電器のAB123であると言うような知覚品質が顧客側に形成され、ブランドが認知され、連想され、ブランドロイヤリティにつながってゆく。

そして、本モデルが市場のフィードバックを受けながら商品や知財を進化させるライフサイクルマネジメント(LCM)やオーナシップマネジメントを持つことは、「BSC」で言う顧客、業務プロセス、学習と成長の視点と合致している。無論、財務の視点である利益確保でも一致している。したがって本モデルは、これらのモデルを包含し統合したものと考えられ、これらのモデルとの親和性が高いと言えよう。

以上より本モデルの特徴(独自性、革新性、優位・有用性)は以下のようにまとめられる。

①本モデルは、H. Ongeの述べた顧客資本(ロイヤリティ)の形成蓄積が知財を媒体として行われること、競争の排除機能が働くこと(参入障壁の確立)、オーナシップ型社員による自主責任経営意識が醸成されることにより、消費者や顧客と社員の双方にブランドロイヤリティが形成され持続的な価値創造を図ることができる。

260

② 本モデルは、商品特徴（顧客便益）を実現している知財をその商品特徴と関連付けて開示し、IPコードなどで容易に識別できる仕組みを持つため、市場による知財商品と非知財商品の識別、淘汰が進み、コピー品を排除することができる。

③ 本モデルは、商品と知財の質の向上と無駄な重複開発の減少など技術開発投資収益率（ROI）を向上させることができる。

④ 本モデルは、株主などへの知財情報開示（IR）に対して有用である。

⑤ 本モデルは、知財の現在価値を定量的に計測する手段を提供できるため、知財価値評価、企業価値評価、知財担保評価、知財交渉、特許流通などにおいて困難視されていた知財価値評価問題に対し、一定の客観的な評価基準を提供することが可能である。

⑥ 本モデルは、知財立国構想の掲げる三位一体運用や国民の知財意識の向上と言った目標に対し、知財と商品の乖離を解消し身近な商品を通じて知財意識が醸成される仕組みを持つため、これらの目標を達成することができると考えられる。

⑦ 本モデルは、D. Aakerのブランド・エクイティモデルやバランスド・スコア・カード（BSC）との親和性が高く、これらを包含・統合するものであると考えられる。

国民知財運動を先導する知財ブランド協会（SIR）の創設と展開の構想

知識経済社会とは、個の所有する知的な創作物（発明、著作物、論文、芸術品）や知識・技能（ノウハウ、スキル）・資格が価値の源泉となる時代である。そのためこれらの創作物やそれを生み出す能力を識別可能な形にして記録し、保護し、活用することが重要になる。今日まで、これらの特に個に付帯する無形資産は、その主従関係を含めてほとんどが曖昧なままに放置され知財化されておらず保護対象外であった。これらを個の知財ブランド（ソロブランド）として知財化し、その主従関係を識別でき、価値を計測でき、経済活動に活用できるようにすることは、今後のイノベーションや新産業創生にとって大きな進化と貢献を与えるものであると考える。

図57は、知財経営の奥儀を示したものである。筆者が重視するのは、すでに示唆しているように開示知財よりもむしろ守秘知財である。まず、先行技術や知財をよく調査して知財の安全を確保した暗黙知を文明の日本語で明快な文書にして守秘知財にする。こうして守秘知財にしたものは、事業をする者にとって開示知財と同等の権利を持つ上に、開示し

国民知財運動を先導する知財ブランド協会（SIR）の創設と展開の構想

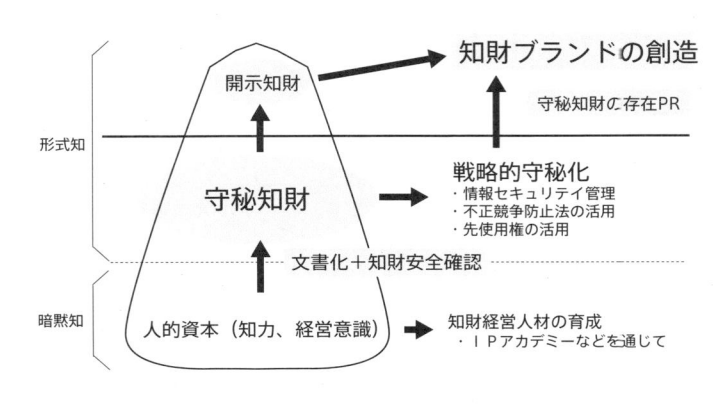

```
                          知財ブランドの創造
         開示知財  ━━━━━━━▶
                            守秘知財の存在PR
形式知 ─────────↑──────────────────────
                         戦略的守秘化
         守秘知財  ━━▶   ・情報セキュリテイ管理
                         ・不正競争防止法の活用
                         ・先使用権の活用
         ┈┈┈┈↑┈┈┈┈ 文書化＋知財安全確認 ┈┈┈┈┈┈
暗黙知
      人的資本（知力、経営意識） ━▶ 知財経営人材の育成
                                   ・ＩＰアカデミーなどを通じて
```

図 57　知財経営の奥儀
守秘知財のマネジメント＋知財ブランド化こそが最重要。

ていないため秘密が漏れにくい、出願や維持費用が不要でたとえば低コスト、権利期限が無いなどの大きなメリットがある。

中小企業などは、その企業や商品のシンボルとして何らかの形で知財の存在を証しにすることが、社員の誇りや絆のために必要とされたため、額に入れて壁にかざる特許を出願していたことも事実であろう。しかし、このような行為は、本モデルを運営する機関を活用することで今後不要になると考えられる。

その機関とは、図58に示すような、技術者や中小企業が所有する知的資本を知財ブランドとして登録するとともに国民知財運動を先導する「**知財ブランド協会（SIR：サー）**」なる機関の創設構想である。SIRとは、個人の資格・称号・技能・論文などの知的能力やその成果物を資本知財として登録し残す知

263

第6章 新しい知財モデルの提唱

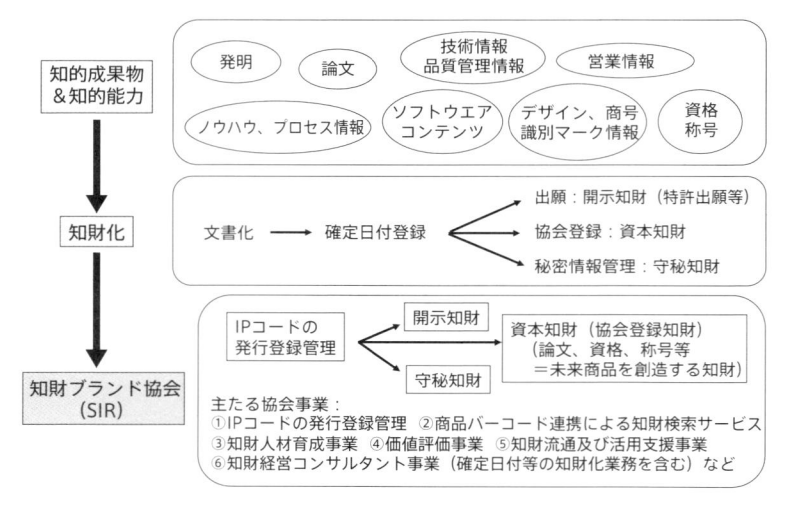

図58 国民知財運動を先導する知財ブランド協会（SIR）

力登録協会（The Society of Intelligence Registration）、開示知財や守秘知財を登録する知財登録協会（The Society of Intellectual Property Registration）、知財革命を起こすという知財革命協会（The Society of Intellectual Property Revolution）の意味を示すものである。

この機関は、事業の中核をなす知財ブランドDBの運営、すなわちIPコードの付与登録を主たる事業とし、これに関連して知財使用状況の検索サービス、知財価値評価サービス、知財侵害調査サービス、知財ライセンスサービス、知財経営コンサルタントサービス、知財経営人材育成サービスなどの事業も視野に入れている。そしてこれらの活動を通じて、国民知財運動の先頭に立ち、その使命を

国民知財運動を先導する知財ブランド協会（SIR）の創設と展開の構想

図59　知財ブランド協会のシンボルマーク
ひまわりの花をイメージ

果たして行きたいと考えている。現在この立ち上げに向けて準備中である。シンボルマークを図59に示す。是非、この活動にご理解、ご支援、ご参加を賜りたい。

コラム 6

憂患に生き安穏に死す（サナトリウム国家に未来はない）

革命的な先見性をもつ古の先哲は次のように言われた。

「孟子曰く、舜は畎畝の中に発り、傅説は版築の間に挙げられ、膠鬲は魚塩の中に挙げられ、管夷吾は士に挙げられ、孫叔敖は海に挙げられ、百里奚は市に挙げらる。／故に天の将に大任を是の人に降さんとするや、必ず先づ其の心志を苦しめ、其の筋骨を労し、其の体膚を餓やし、其の身を空乏し、行ひ其の為すところに払乱せしむ。／心を動かし、性を忍び、其の能はざる所を曾益せしむる所以なり。／人は恒に過ち、然かる後に能く改む。／心に困しみ、慮に衡りて、而る後に作る。／色に徴はし、声

265

第6章 新しい知財モデルの提唱

「孟子は云った。古代の聖王の舜は農夫から身を起こし、殷の賢臣の膠鬲は行商人の中から見出された。斉の宰相の管仲は囚人の身から推挙され、楚の宰相の孫叔敖は漁師から推挙され、秦の宰相の百里奚は奴隷の身から推挙された。これらの実例を見ても分かるように、天がその人に重大な任務を与えようとするときは、必ず先ずその人の精神を苦しめ、その筋骨を疲れさせ、その肉体を飢え苦しませ、することなすこと失敗させて、その意思にそぐわないようにする。これは、天がその人の心を奮起させ、忍耐強くし、その能力を増強させるためである。人は、過失や失敗があってこそ、はじめて奮起するものであり、その苦悩が顔色に表れ、声に出るくらいになってこそ、はじめて解決法を悟るものである。国家でも同様であって、国内に法律を守る家臣や君主を補佐する賢臣がなく、国外に脅かしてくる国が無ければ、自ずと安逸に流れて必ず亡んでしまうものである。したがって、人でも国でも心配事（内憂外患）の中にあってはじめて生き抜くことができ、安楽になれば返って死を招くという道理を知るのである。」

（孟子　告子下15）

に発し、而る後に喩る。／入りては則ち法家、払士無く、出でては則ち敵国、外患無くば、国は恒に亡ぶ。然る後に**憂患に生き、安楽に死するを知るなり**。」

古来より安穏の中から偉業が生まれたためしは一度もない。この言葉は、時と民族を超

国民知財運動を先導する知財ブランド協会（SIR）の創設と展開の構想

> えて普遍的な真理と人の心を鼓舞する響きを持っている。ピンチや内憂外患を、自らを鍛え生き残るために天が与えてくれたチャンスと捉え、失敗を次の飛躍進歩のための肥やしと捉える考え方を持つべきであろう。
>
> 高福祉政策で名をはせた欧州経済の暗雲や日本社会の閉塞感の根本原因は何であろうか？それは、自らを棚に上げ、組織や国は何をしてくれるのかという考え方である。改革は自然にはできないし、天から降ってくるわけでもない。自らが行うのである。思想的に明確な世界観を持ち、その実現に向けて自らが全身全霊をささげて進むことによって達成される。そのために何よりも「意志の力」が求められる。個人、組織、国家の未来は、このように一人ひとりの意識と努力にかかっているのであって、依存体質や結果を他の責任にする意識やつけを将来に回すやり方とは対極に位置するものである。ハングリー精神の欠如こそが問われているのである。
>
> 「人は練磨によりて仁（人）となる」
>
> 　　　　　　　　　　　　　　　道元

おわりに（知財革命の先頭に立つビジョン＆ミッション）

経済社会全体の長い閉塞感から抜け出すために、大阪の地から、この国の将来の革新を目指す動きを始めようとしている。そのキーワードは、個と地方の「自立」である。大衆迎合政治や他国におんぶに抱っこのこの国防では未来は開けない。日本の多くの大企業はM＆Aで大きくなったが、大企業病をわずらい弱体化しているように見える。先端産業である半導体も過去多くのコンソーシアムを作り外国勢と対抗しようとしてきたが、これらの組織をつくればつくるほどシェアを落としていった現実がある。所詮弱いもの同士が集まっても勝てないのである。若者が内向きで、結婚して家庭をもつことも出来ないし、少子化も進まないという人も多いと聞く。これでは、年収二〇〇万円のフリーターでも一向に構わないという人も多いと聞く。これでは、結婚して家庭をもつことも出来ないし、少子化も進むだろう。

この原因は何なのか？　最も考えられることは、ハングリーでなくなったことであろう。長寿遺伝子として科学的に証明されているサーチュイン遺伝子（SIR2遺伝子）は、ハングリーな時に発現し生命維持を活性化する。腹八分の人は、この遺伝子が発現して健康

を保てるが、いつも満腹の人は発現せず短命になると言う。この道理は、動物のみならず国や組織にも当てはまるようである。古来より安穏の中から偉業が生まれた例は一度もない。知財に関してもまったく同様であって、出願大国日本は休眠特許や権利行使できない特許を国内向けに量産し続けている。そもそも、多くの特許を持っている会社が価格競争に陥ったり、先行投資した技術が量産時に海外でシェアを奪われたりすること事態がおかしいし、おかしいという疑問を持って欲しい。ほとんどの人が守秘知財の重要性に気づいていない。

読者諸氏は、知財経営の本質、考え方、方法論を本書から学び取り、是非経営に生かしていただきたい。くれぐれも自らの最重要の財産権を投げ出さないようにして欲しい。資金力が乏しく今日まで大企業の下請けに甘んじていた圧倒的多数の中小企業や個人が、正しい知財知識とその経営への応用展開力を獲得し、数人の企業体でも知財で保護された独自の強みを生かし、大企業と対等なパートナーとして社会に貢献してゆく姿を目指したい。筆者の所属する一般財団法人 大阪大学産業科学研究協会では、主に中小企業を対象にした体系的な知財経営教育事業（IPアカデミー）を実施している。こちらも活用いただければ幸いである。（詳しくは、協会HP参照：http://www.sanken.osaka-u.ac.jp/RAIS）

最後に、本書が「知財インテリジェンス」確立のお役に立てること並びに国民知財運動「知財イノベーション」の先頭に立てることを祈念しつつ筆を置くことにする。

270

参考文献

- 玉井誠一郎『知財戦略経営概論』日刊工業新聞社（2011）
- T.L.Friedman『フラット化する世界』日本経済新聞社（2006）
- F.A.Hayek『隷属への道』春秋社（2010）
- M.Friedman『資本主義と自由』日経BP社（2010）
- 黒木登志夫『知的文書とプレゼンテーション』中公新書（2011）
- William.J.Bernstein『豊かさの誕生』日本経済新聞社（2006）
- 経済産業省特許庁企画『産業財産権標準テキスト』(独)工業所有権情報・研修館（2010）
- P.Drucker『断絶の時代』ダイヤモンド社（1969）
- 特許庁『書いてみよう特許明細書出してみよう特許出願』(独)工業所有権情報・研修館（2010）
- クレームの書き方 http://www.ne.jp/asahi/patent/toyama/jitsumu/m_claim1.htm
- 西嶋修『知識経済社会における企業の競争戦略の研究』高知工科大学博士論文（2011）
- 特許庁「知的財産権の種類」http://www.jpo.go.jp/seido/s_gaiyou/chizai02.htm
- 特許庁、トップ懇資料「日本の産業財産権を巡る状況について」（2004）
- R.Kaplan & D.Norton『戦略バランスド・スコア・カード』東洋経済新報社（2002）
- D.Aaker『ブランド・エクイティ戦略』ダイヤモンド社（1991）
- J.Davis他『Edison in the boardroom』John Wiley&Son Inc（2001）
- H.Mintzberg『戦略サファリー』東洋経済新報社（1999）
- M.Porter『競争の戦略』ダイヤモンド社（1982）
- 特許庁『中小・ベンチャー企業知的財産戦略マニュアル2005』特許庁（2005）
- L.Branscomb他『Between Invention and Innovation』USA,NIST, 2002A

- IMD「World Competitiveness Yearbook 2008」(2009)
- M. Porter『国の競争力』ファーストプレス (2006)
- M. Porter『競争優位の戦略』ダイヤモンド社 (1985)
- みずほ総合研究所「日本企業の競争力低下要因を探る」みずほレポート (2010) http://www.mizuho-ri.co.jp/research/economics/pdf/report/report10-0929.pdf
- OECD『Science, Technology and Industry Outlook 2001』
- H. Chesbrough『オープンイノベーション』産業能率大学出版 (2004)
- 野中郁次郎他『知識創造企業』東洋経済社 (1996)
- P. Sullivan『Value-Driven Intellectual Capital』John Wiley & Son Inc (2001)
- M. Blair、T. Kochan『The New Relationship』Brookings Institution press (2000)
- 経済産業省「知的財産情報開示指針」(2004)
- 内閣府「知的財産関連政策予算（平成15年度）」(2004)
- B. Lev.『Intangibles』Brookings Institution Press (2001)
- EU PRISM Project（2000-2003）「The PRISM REPORT 2003 Researchfindings and policy recommendations」
- B. Berman『From Idea to Assets』John Wiley&Son Inc (2002)
- P. Kotler『マーケッティング原理』ダイヤモンド社 (2002)
- 特許庁「特許流通市場における特許評価システムに関する調査」(2003)
- 内閣官房知的財産戦略推進事務局「知財立国推進」http://www.ipr.go.jp/index.html
- 谷冶和文他「米国技術移転サイクルの提案と検証」パテント2006 Vol.59、No.1
- 西村吉雄『産学連携』日経BP社 (2004)
- シュタインバイス財団 http://sangakukan.jp/journal/journal_contents/2005/01/articles/001-10/001

参考文献

- 成田一「特許文の現代化と機械翻訳」20周年記念誌寄稿、JAPIO (2009)
- B. Grossman「Patent Litigation Strategies HandBook」ABA section of Intellectual Property Law (2000)
- 武田和彦『特許の知識(第8版)』ダイヤモンド社 (2006)
- 小泉直樹『特許の有効性と侵害訴訟』知的産業研究所 (2001)
- 知的財産研究所『特許クレーム解釈の研究』信山社 (1999)
- 木下是雄『理科系の作文技術』中公新書 (2006)
- 土生哲也『知的財産の分析手法』中央経済社 (2003)
- 経済産業省「大学発ベンチャーに関する基礎調査実施報告書」(2003)
- Washington/core「米国ベンチャー企業における特許戦略」(2003)
- 日本アイアール「米国特許公報から論理的学術文体を学び取る」(2005)
- 篠原泰正　http://www.shinohara-eng.com/method/10.html
- 経済産業省「知的財産、企業秘密保持への指針」(2004)
- 岸善生　http://www6.ocn.ne.jp/~kishi123/page008.html
- 流通システム開発センター　http://www.dsri.jp/company/01/JAN.html
- 特許庁「IPDL」http://www.IPDL.ncipi.go.jp/homepg.html
- Patlis　http://www.japio.or.jp
- 特許庁　http://www.jpo.go.jp/cgi/link.cgi?url=/shiryou/s_sonota/senshiyouken.htm
- 電子政府「特許法」http://www.jpo.go.jp/cgi/link.cgi?url=/shiryou/hourei/kakokai/tokkyo_kaisei23_63.htm
- 電子政府「不正競争防止法」http://law.e-gov.go.jp/htmldata/H05/H05HO047.html
- 10_article.html

273

付録　特許法　抄録（第五章以下省略）

（昭和三十四年四月十三日法律第百二十一号）
最終改正：平成二三年六月八日法律第六三号

第一章　総則（第一条—第二十八条）
第二章　特許及び特許出願（第二十九条—第四十六条の二）
第三章　審査（第四十七条—第六十三条）
第三章の二　出願公開（第六十四条—第六十五条）
第四章　特許権
　第一節　特許権（第六十六条—第九十九条）
　第二節　権利侵害（第百条—第百六条）
　第三節　特許料（第百七条—第百十二条の三）

第一章　総則

（目的）
第一条　この法律は、発明の保護及び利用を図ることにより、発明を奨励し、もつて産業の発達に寄与することを目的とする。

（定義）
第二条　この法律で「発明」とは、自然法則を利用した技術的思想の創作のうち高度のものをいう。
2　この法律で発明について「実施」とは、次に掲げる行為をいう。
一　物（プログラム等を含む。以下同じ。）の発明にあつては、その物の生産、使用、譲渡等（譲渡及び貸渡しをいい、その物がプログラム等である場合には、電気通信回線を通じた提供を含む。以下同じ。）、輸出若しくは輸入又は譲渡等の申出（譲渡等のための展示を含む。以下同じ。）をする行為
二　方法の発明にあつては、その方法の使用をする行為
三　物を生産する方法の発明にあつては、前号に掲げるもののほか、その方法により生産した物の使用、譲渡等、輸出若しくは輸入又は譲渡等の申出をする行為
4　この法律で「プログラム等」とは、プログラム（電子計算機に対する指令であつて、一の結果を得ることができるように組み合わされたものをいう。以下この項において同じ。）その他電子計算機による処理の用に供する情報であつてプログラムに準ずるものをいう。

（期間の計算）
第三条　この法律又はこの法律に基く命令の規定による期間の計算は、次の規定による。
一　期間の初日は、算入しない。ただし、その期間が午前零時から始まるときは、この限りでない。
二　期間を定めるのに月又は年をもつてしたときは、暦に従う。月又は年の始から期間を起算しないときは、その期間は、最後の月又は年においてその起算日に応当する日の前日に満了する。ただし、最後の月に応当する日がないときは、その月の末日に満了する。

第四条　特許庁長官は、遠隔又は交通不便の地にある者のため、請求により又は職権で、第四十六条の二第一項第三号、第百八条第一項、第百二十一条第一項又は第百七十三条第一項に規定する期間を延長することができる。

第五条　特許庁長官、審判長又は審査官は、この法律の規定により手続をすべき期間を指定したときは、請求により又は職権で、その期間を延長することができる。
2　審判長は、この法律の規定により期日を指定したときは、請求により又は職権で、その期日を変更することができる。

（法人でない社団等の手続をする能力）
第六条　法人でない社団又は財団であつて、代表者又は管理人の定めがあるものは、その名において次に掲げる手続をすることができる。
一　出願審査の請求をすること。
二　特許無効審判又は延長登録無効審判を請求すること。
三　第百七十一条第一項の規定により特許無効審判又は延長登録無効審判の確定審決に対する再審を請求すること。

法人でない社団又は財団であつて、代表者又は管理人の定めがあるものは、その名において特許権又は特許を受ける権利についての裁定又は裁決に対する再審を請求されることができる。

（未成年者、成年被後見人等の手続をする能力）
第七条　未成年者及び成年被後見人は、法定代理人によらなければ、手

第八条　未成年者は、独立して法律行為をすることができない。ただし、未成年者が独立して法律行為をすることができるときは、この限りでない。

2　前二項の規定は、相手方が請求した審判又は再審については、適用しない。

3　法定代理人が手続をするには、保佐人の同意を得なければならない。

4　被保佐人又は法定代理人が、後見監督人があるときは、その同意を得なければならない。

（在外者の特許管理人）
第八条　日本国内に住所又は居所（法人にあっては、営業所）を有しない者（以下「在外者」という。）は、政令で定める場合を除き、その者の特許に関する代理人であって日本国内に住所又は居所を有するもの（以下「特許管理人」という。）によらなければ、手続をし、又はこの法律若しくはこの法律に基づく命令の規定による行政庁の処分に対し訴えを提起することができない。

2　特許管理人は、一切の手続及びこの法律又はこの法律に基づく命令の規定により行政庁がした処分を不服としてする訴訟について本人を代理する。ただし、在外者が特許管理人の代理権の範囲を制限したときは、この限りでない。

（代理権の範囲）
第九条　日本国内に住所又は居所（法人にあっては、営業所）を有する者であって手続をするものの委任による代理人は、特別の授権を得なければ、特許出願の変更、放棄若しくは取下げ、特許権の存続期間の延長登録の出願の取下げ、請求、申請若しくは申立ての取下げ、第四十一条第一項の優先権の主張若しくはその取下げ、第四十六条の二第一項の規定による実用新案登録に基づく特許出願、出願公開の請求、拒絶査定不服審判の請求、特許権の放棄又は復代理人の選任をすることができない。

第十条　削除

（代理権の不消滅）
第十一条　手続をする者の委任による代理人の代理権は、本人の死亡若しくは本人である法人の合併による消滅、本人である受託者の信託に関する任務の終了又は法定代理人の死亡若しくはその代理権の変更若しくは消滅によっては、消滅しない。

（代理人の個別代理）
第十二条　手続をする者の代理人が二人以上あるときは、特許庁に対しては、各人が本人を代理する。

（代理人の改任等）
第十三条　特許庁長官又は審判長は、手続をする者がその手続をするのに適当でないと認めるときは、代理人により手続をすべきことを命ずることができる。

2　特許庁長官又は審判長は、手続をする者の代理人がその手続をするのに適当でないと認めるときは、その改任を命ずることができる。

3　特許庁長官又は審判長は、前二項の場合において、弁理士を代理人とすべきことを命ずることができる。

4　特許庁長官又は審判長は、第一項又は第二項の規定による命令をした後に第一項の手続をする者又は第二項の代理人が特許庁に対してした手続については、これを却下することができる。

（複数当事者の相互代表）
第十四条　二人以上が共同して手続をしたときは、特許出願の変更、放棄及び取下げ、特許権の存続期間の延長登録の出願の取下げ、請求、申請又は申立ての取下げ、第四十一条第一項の優先権の主張及びその取下げ、出願公開の請求並びに拒絶査定不服審判の請求以外の手続については、各人が全員を代表するものとする。ただし、代表者を定めて特許庁に届け出たときは、この限りでない。

（在外者の裁判籍）
第十五条　在外者の特許権その他特許に関する権利については、特許管理人があるときはその住所又は居所をもって、特許管理人がないときは特許庁の所在地をもって民事訴訟法（平成八年法律第百九号）第五条第四号の財産の所在地とみなす。

（手続をする能力がない場合の追認）
第十六条　未成年者（独立して法律行為をすることができる者を除く。）又は成年被後見人がした手続は、法定代理人（本人が手続をする能力を取得したときは、本人）が追認することができる。

2　代理権がない者がした手続は、手続をする能力がある本人又は法定代理人が追認することができる。

3　被保佐人が保佐人の同意を得ないでした手続は、被保佐人が保佐人の同意を得て追認することができる。

4　後見監督人がある場合において法定代理人がその同意を得ないでした手続は、後見監督人の同意を得た法定代理人又は手続をする能力を取得した本人が追認することができる。

（手続の補正）
第十七条　手続をした者は、事件が特許庁に係属している場合に限り、

特許法 抄録

その補正をすることができる。ただし、次条から第十七条の四までの規定により補正をすることができる場合を除き、願書に添付した明細書、特許請求の範囲若しくは図面又は要約書又は第百三十四条の二第一項の訂正審判の請求書に添付した訂正した明細書、特許請求の範囲若しくは図面について補正をすることができない。

2 第三十六条の二第二項の外国語書面出願の出願人は、前項本文の規定にかかわらず、同条第一項の外国語書面及び外国語要約書面についての補正をすることができない。

3 特許庁長官は、次に掲げる場合は、相当の期間を指定して、手続の補正をすべきことを命ずることができる。
一 手続が第七条第一項から第三項まで又は第九条の規定に違反しているとき。
二 手続がこの法律又はこの法律に基づく命令で定める方式に違反しているとき。
三 手続について第百九十五条第一項の規定により納付すべき手数料を納付しないとき。

4 手続の補正（手数料の納付を除く。）をするには、次条第二項に規定する場合を除き、手続補正書を提出しなければならない。

第十七条の二 （願書に添付した明細書、特許請求の範囲又は図面の補正）

特許出願人は、特許をすべき旨の査定の謄本の送達前においては、願書に添付した明細書、特許請求の範囲又は図面について補正をすることができる。ただし、第五十条の規定により通知を受けた後は、次に掲げる場合に限り、補正をすることができる。

一 第五十条（第百五十九条第二項（第百七十四条第一項において準用する場合を含む。）及び第百六十三条第二項において準用する場合を含む。以下この項において同じ。）の規定による通知（以下この条において「拒絶理由通知」という。）を最初に受けた場合において、第五十条の規定による通知を受けた後第四十八条の七の規定により指定された期間内にするとき。

二 拒絶理由通知を受けた後第五十条の規定により指定された期間内にするとき。

三 拒絶理由通知を受けた後更に拒絶理由通知を受けた場合において、同条の規定により指定された期間内にするとき。

四 拒絶査定不服審判を請求する場合において、その審判の請求と同時にするとき。

2 第三十六条の二第二項の外国語書面出願の出願人が、誤訳の訂正を目的として、前項の規定により明細書、特許請求の範囲又は図面について補正をするときは、その理由を記載した誤訳訂正書を提出しなければならない。

3 第一項の規定により明細書、特許請求の範囲又は図面について補正をするときは、誤訳訂正書を提出してする場合を除き、願書に最初に添付した明細書、特許請求の範囲又は図面（第三十六条の二第二項の外国語書面出願にあつては、同条第四項の規定により明細書、特許請求の範囲及び図面とみなされた同条第二項に規定する外国語書面の翻訳文（誤訳訂正書を提出して明細書、特許請求の範囲又は図面について補正をした場合にあつては、翻訳文又は当該補正後の明細書、特許請求の範囲若しくは図面）。第三十四条の二第一項及び第三十四条の三第一項において同じ。）に記載した事項の範囲内においてしなければならない。

4 前項に規定するもののほか、第一項各号に掲げる場合において特許請求の範囲について補正をするときは、その補正前に受けた拒絶理由通知において特許をすることができないものか否かについての判断が示された発明と、その補正後の特許請求の範囲に記載される事項により特定される発明とが、第三十七条の発明の単一性の要件を満たす一群の発明に該当するものとなるようにしなければならない。

5 前二項に規定するもののほか、第一項第一号、第三号及び第四号に掲げる場合（同項第一号に掲げる場合にあつては、拒絶理由通知と併せて第五十条の二の規定による通知を受けた場合に限る。）において特許請求の範囲についてする補正は、次に掲げる事項を目的とするものに限る。
一 第三十六条第五項に規定する請求項の削除
二 特許請求の範囲の減縮（第三十六条第五項の規定により請求項に記載した発明を特定するために必要な事項を限定するものであつて、その補正前の当該請求項に記載された発明とその補正後の当該請求項に記載される発明の産業上の利用分野及び解決しようとする課題が同一であるものに限る。）
三 誤記の訂正
四 明りようでない記載の釈明（拒絶理由通知に係る拒絶の理由に示す事項についてするものに限る。）

第十七条の三 （要約書の補正）

6 第百二十六条第五項の規定は、前項第二号の場合に準用する。

特許出願人は、特許出願の日（第四十一条第一項の規定

付　録

による優先権の主張を伴う特許出願にあつては、同項に規定する先の出願の日、第四十三条第一項又は第四十三条の二第一項若しくは第二項の規定による優先権の主張を伴う特許出願にあつては、最初の出願若しくはパリ条約（千九百年十二月十四日にブラッセルで、千九百十一年六月二日にワシントンで、千九百二十五年十一月六日にヘーグで、千九百三十四年六月二日にロンドンで、千九百五十八年十月三十一日にリスボンで及び千九百六十七年七月十四日にストックホルムで改正された工業所有権の保護に関する千八百八十三年三月二十日のパリ条約をいう。第四十三条第一項若しくは第四十三条の二第一項の規定による優先権の主張の基礎とした出願の日のうち最先の日。第三十六条の二第二項本文及び第六十四条第一項において同じ。）から一年三月以内（出願公開の請求があつた後を除く。）に限り、願書に添付した要約書について補正をすることができる。

第十七条の四　特許請求の範囲又は図面の補正

特許庁長官は、第百三十四条第一項、第百三十四条の二第一項、第百三十四条の三第一項、第百五十三条第二項若しくは第百六十四条の二第二項の規定により指定された期間内に限り、第三十四条の二第一項又は第三十四条の三第一項の規定により特許権の設定の登録を受ける者が第百七条第一項に規定する期間内に特許料を納付しないときは、その手続を却下することができる。

2　訂正審判の請求人は、第百五十六条第一項の規定による通知がある場合（同条第三項の規定による審理の再開がされた場合にあつては、その後更に同条第一項の規定による通知がある前）に限り、訂正審判の請求書に添付した訂正した明細書、特許請求の範囲又は図面について補正をすることができる。

（訂正に係る明細書、特許請求の範囲又は図面の補正）

第十八条　特許庁長官の却下

特許庁長官は、第十七条第三項の規定により手続の補正をすべきことを命じた者が同項の規定により指定した期間内にその補正をしないとき、又は特許権の設定の登録を受ける者が第百八条第一項に規定する期間内に特許料を納付しないときは、その手続を却下することができる。

2　特許庁長官は、第十七条第三項の規定により第百九十五条第三項の規定による手数料の納付をすべきことを命じた特許出願人が第十七条第三項の規定により指定した期間内にその手数料の納付をしないと

きは、当該特許出願を却下することができる。

（不適法な手続の却下）

第十八条の二　特許庁長官は、不適法な手続であつて、その補正をすることができないものについては、その理由を通知し、相当の期間を指定して、弁明を記載した書面（以下「弁明書」という。）を提出する機会を与えなければならない。

2　前項の規定により却下しようとするときは、手続をした者に対し、その理由を通知し、相当の期間を指定して、弁明を記載した書面を提出する機会を与えなければならない。

（願書等の提出の効力発生時期）

第十九条　願書又はこの法律若しくはこの法律に基づく命令の規定により特許庁に提出する書類その他の物件であつてその提出の期間が定められているものを郵便又は民間事業者による信書の送達に関する法律（平成十四年法律第九十九号。以下この条において「信書便法」という。）第二条第六項に規定する一般信書便事業者若しくは同条第九項に規定する特定信書便事業者の提供する同条第二項に規定する信書便（以下「信書便」という。）の役務であつて経済産業省令で定めるものにより提出した場合において、その願書又は物件が郵便局又は信書便法第二条第六項に規定する郵便差出箱若しくは第三項に規定する郵便窓口業務の委託等に関する法律（昭和二十四年法律第二百十三号）第二条に規定する郵便窓口業務を行う会社の営業所（同法第三条第一項若しくは第三項の規定による委託又は同法第四条の規定による再委託を受けた者の営業所を含む。）に差し出した日時を郵便物の受領証により証明したときはその日時に、その郵便物又は信書便物の通信日付印により表示された日のうち日のみが明瞭であつて時刻が明瞭でないときはその日の午後十二時に、その願書又は物件は、特許庁に到達したものとみなす。

（手続の効力の承継）

第二十条　特許権その他特許に関する権利の承継人にも、及ぶものとする。

（手続の続行）

第二十一条　特許庁長官又は審判長は、特許権その他特許に関する権利についてした手続の効力は、その特許権その他特許に関する権利の承継人に対し、その手続を続行することができる。

（手続の中断又は中止）

特許法　抄録

第二十二条　特許庁長官又は審判官は、決定、査定又は審決の謄本の送達後に中断した手続の受継の申立について、受継を許すかどうかの決定をしなければならない。

2　前項の決定は、文書をもつて行い、かつ、理由を附さなければならない。

第二十三条　特許庁長官又は審判官は、中断した審査、審判又は再審の手続を受け継ぐべき者が受継を怠たるときは、申立てにより又は職権で、相当の期間を指定して、受継を命じなければならない。

2　特許庁長官又は審判官は、前項の規定により指定した期間内に受継がないときは、その期間の経過の日に受継があつたものとみなすことができる。

3　特許庁長官又は審判長は、前項の規定により受継があつたものとみなしたときは、その旨を当事者に通知しなければならない。

第二十四条　民事訴訟法第百二十四条（第一項第六号を除く。）、第百二十六条、第百二十七条、第百二十八条第一項、第百三十条、第百三十一条及び第百三十二条第二項（訴訟手続の中断及び中止）の規定は、審査、審判又は再審に準用する。この場合において、同法第百二十四条第二項中「訴訟代理人」とあるのは「審査、審判又は再審の委任による代理人」と、同法第百二十七条中「裁判所」とあるのは「特許庁長官又は審判長」と、及び第百三十一条中「裁判所」とあるのは「特許庁」と読み替えるものとする。

（外国人の権利の享有）
第二十五条　日本国内に住所又は居所（法人にあつては、営業所）を有しない外国人は、次の各号の一に該当する場合を除き、特許権その他特許に関する権利を享有することができない。
一　その者の属する国において、日本国民に対しその国民と同一の条件により特許権その他特許に関する権利の享有を認めているとき。
二　その者の属する国において、日本国がその国民に対し特許権その他特許に関する権利の享有を認める場合には日本国民に対しその国民と同一の条件により特許権その他特許に関する権利の享有を認めることとしているとき。
三　条約に別段の定めがあるとき。

（条約の効力）
第二十六条　特許に関し条約に別段の定があるときは、その規定による。

第二十七条　次に掲げる事項は、特許権に備える特許原簿に登録する。
一　特許権の設定、存続期間の延長、移転、信託による変更、消滅、回復又は処分の制限
二　専用実施権又は通常実施権の設定、保存、移転、変更、消滅又は処分の制限
三　特許権、専用実施権又は通常実施権を目的とする質権の設定、保存、移転、変更、消滅又は処分の制限
四　仮専用実施権の設定又は仮通常実施権の設定、保存、移転、変更、消滅又は処分の制限

2　特許原簿は、その全部又は一部を磁気テープ（これに準ずる方法により一定の事項を確実に記録して置くことができる物を含む。以下同じ。）をもつて調製することができる。

3　この法律に規定するもののほか、登録に関して必要な事項は、政令で定める。

（特許証の交付）
第二十八条　特許庁長官は、特許権の設定の登録があつたとき、又は願書に添付した明細書、特許請求の範囲若しくは図面の訂正をすべき旨の審決が確定した場合において、その登録があつたときは、特許権者に対し、特許証を交付する。

2　特許証の再交付については、経済産業省令で定める。

第二章　特許及び特許出願

（特許の要件）
第二十九条　産業上利用することができる発明をした者は、次に掲げる発明を除き、その発明について特許を受けることができる。
一　特許出願前に日本国内又は外国において公然知られた発明
二　特許出願前に日本国内又は外国において公然実施をされた発明
三　特許出願前に日本国内又は外国において、頒布された刊行物に記載された発明又は電気通信回線を通じて公衆に利用可能となつた発明

2　特許出願前にその発明の属する技術の分野における通常の知識を有する者が前項各号に掲げる発明に基いて容易に発明をすることができたときは、その発明については、同項の規定にかかわらず、特許を受けることができない。

付　録

第二十九条の二　特許出願に係る発明であって当該特許出願の日前の他の特許出願又は実用新案登録出願であって当該特許出願後に第六十六条第三項の規定により同項各号に掲げる事項を掲載した特許公報（以下「特許掲載公報」という。）の発行若しくは出願公開又は実用新案法（昭和三十四年法律第百二十三号）第十四条第三項の規定により同項各号に掲げる事項を掲載した実用新案公報（以下「実用新案掲載公報」という。）の発行がされたものの願書に最初に添付した明細書、特許請求の範囲若しくは実用新案登録請求の範囲又は図面（第三十六条の二第二項の外国語書面出願にあっては、同条第一項の外国語書面）に記載された発明又は考案（その発明又は考案をした者が当該特許出願に係る発明の発明者と同一の者である場合におけるその発明又は考案を除く。）と同一であるときは、その発明については、第二十九条第一項の規定にかかわらず、特許を受けることができない。ただし、当該特許出願の時にその出願人と当該他の特許出願又は実用新案登録出願の出願人とが同一の者であるときは、この限りでない。

（発明の新規性の喪失の例外）
第三十条　特許を受ける権利を有する者が試験を行い、刊行物に発表し、電気通信回線を通じて発表し、又は特許庁長官が指定する学術団体が開催する研究集会において文書をもって発表することにより、第二十九条第一項各号の一に該当するに至った発明は、その該当するに至った日から六月以内にその者がした特許出願に係る発明についての同条第一項及び第二項の規定の適用については、同条第一項各号の一に該当するに至らなかったものとみなす。
2　特許を受ける権利を有する者の意に反して第二十九条第一項各号の一に該当するに至った発明も、その該当するに至った日から六月以内にその者がした特許出願に係る発明についての前項と同様とする。
3　特許を受ける権利を有する者が政府若しくは地方公共団体（以下「政府等」という。）が開設する博覧会若しくは政府等以外の者が開設する博覧会であって特許庁長官が指定するものに、パリ条約の同盟国若しくは世界貿易機関の加盟国の領域内でその政府等若しくはその許可を受けた者が開設する国際的な博覧会若しくはパリ条約の同盟国若しくは世界貿易機関の加盟国のいずれにも該当しない国の領域内でその政府若しくはその許可を受けた者が開設する国際的な博覧会であって特許庁長官が指定するものに出品することにより、第二十九条第一項各号の一に該当するに至った発明も、その該当するに至った日か

ら六月以内にその者がした特許出願に係る発明についての同条第一項及び第二項の規定の適用については、第一項と同様とする。
4　第二項又は前項の規定の適用を受けようとする者は、その旨を記載した書面を特許出願と同時に特許庁長官に提出し、かつ、第二十九条第一項各号の一に該当するに至った発明であることを証明する書面を特許出願の日から三十日以内に特許庁長官に提出しなければならない。

第三十一条　削除

（特許を受けることができない発明）
第三十二条　公の秩序、善良の風俗又は公衆の衛生を害するおそれがある発明については、第二十九条の規定にかかわらず、特許を受けることができない。

（特許を受ける権利）
第三十三条　特許を受ける権利は、移転することができる。
2　特許を受ける権利は、質権の目的とすることができない。
3　特許を受ける権利が共有に係るときは、各共有者は、他の共有者の同意を得なければ、その持分を譲渡することができない。
4　特許を受ける権利が共有に係るときは、各共有者は、他の共有者の同意を得なければ、その特許を受ける権利に基づいて取得すべき特許権について、仮専用実施権を設定し、又は他人に仮通常実施権を許諾することができない。

第三十四条　特許出願前における特許を受ける権利の承継は、その承継人が特許出願をしなければ、第三者に対抗することができない。
2　同一の者から承継した同一の発明及び考案を受ける権利の承継について同日に二以上の特許出願があったときは、特許出願人の協議により定めた者以外の者の承継は、第三者に対抗することができない。
3　特許出願後における特許を受ける権利の承継は、相続その他の一般承継の場合を除き、特許庁長官に届け出なければ、その効力を生じない。
4　特許を受ける権利の相続その他の一般承継があったときは、承継人は、遅滞なく、その旨を特許庁長官に届け出なければならない。
5　同一の者から承継した同一の特許を受ける権利の承継について同日に二以上の特許出願があったときは、特許出願人の協議により定めた
6　同一の者から承継した同一の特許を受ける権利の承継について同日に二以上の届出があったときは、届出をした者の協議により定めた

280

特許法　抄録

者以外の者の届出は、その効力を生じない。

7　第三十九条第七項及び第八項の規定は、第二項、第三項及び前項の場合に準用する。

（仮専用実施権）

第三十四条の二

特許を受ける権利を有する者は、特許出願について特許を受ける権利に基づいて取得すべき特許権について、その特許出願の願書に最初に添付した明細書、特許請求の範囲又は図面に記載した事項の範囲内において、仮専用実施権を設定することができる。

2　仮専用実施権に係る特許出願について特許を受ける権利を有する者は、その特許権について、専用実施権が設定されたものとみなす。

3　仮専用実施権に係る特許を受ける権利に係る発明の実施の事業とともにする場合、特許を受ける権利を有する者の承諾を得た場合及び相続その他の一般承継の場合に限り、移転することができる。

4　仮専用実施権を有する者は、特許を受ける権利を有する者の承諾を得た場合に限り、その仮専用実施権に基づいて取得すべき専用実施権について、他人に仮通常実施権を許諾することができる。

5　仮専用実施権に係る特許出願について、第四十四条第一項の規定による特許出願の分割があつたときは、当該特許出願の分割に係る新たな特許出願に係る特許を受ける権利に基づいて取得すべき特許権について、当該仮専用実施権の設定行為で定めた範囲内において、仮専用実施権が設定されたものとみなす。ただし、当該設定行為で別段の定めをしたときは、この限りでない。

6　仮専用実施権は、その特許出願について特許権の設定の登録があつたとき、又はその特許出願が放棄され、取り下げられ、若しくは却下されたとき又はその特許出願について拒絶をすべき旨の査定若しくは審決が確定したときは、消滅する。

7　仮専用実施権者は、第四項又は次条第六項本文の規定による仮通常実施権者があるときは、これらの者の承諾を得た場合に限り、その仮専用実施権を放棄することができる。

8　第三十三条第二項から第四項までの規定は、仮専用実施権に準用する。

（仮通常実施権）

第三十四条の三

特許を受ける権利を有する者は、その特許出願に係る発明の実施の事業とともにする場合、特許を受ける権利を有する者の承諾を得た場合及び相続その他の一般承継の場合に限り、移転することができる。

2　前条第二項の規定により、同条第四項の規定による仮通常実施権に係る仮専用実施権について専用実施権が設定されたものとみなされたときは、当該仮通常実施権について、当該仮通常実施権者と当該仮専用実施権者とが異なる場合にあつては、登録した仮通常実施権の設定行為で定めた範囲内において、通常実施権が許諾されたものとみなす。

3　前項の規定により、他人に仮通常実施権に係る仮専用実施権について専用実施権が設定されたものとみなされたときは、当該仮通常実施権について特許権の設定の登録があつたときは、当該仮通常実施権に係る特許出願について特許権の設定の登録があつたときは、当該仮通常実施権の設定行為で定めた範囲内において、通常実施権が許諾された者と当該特許権者とが異なる場合にあつては、登録した仮通常実施権の設定行為で定めた範囲内において、通常実施権が許諾されたものとみなす。

4　仮通常実施権は、その特許出願に係る発明の実施の事業とともにする場合、特許を受ける権利を有する者（仮専用実施権に基づいて取得すべき専用実施権についての仮通常実施権にあつては、特許を受ける権利を有する者及び仮専用実施権者）の承諾を得た場合及び相続その他の一般承継の場合に限り、移転することができる。

5　仮通常実施権に係る特許出願について、第四十四条第一項の規定による特許出願の分割があつたときは、当該特許出願の分割に係る新たな特許出願に係る特許を受ける権利を有する者に対し、当該仮通常実施権に係る特許出願に係る特許を受ける権利を有する者（当該仮通常実施権が、仮専用実施権に基づいて取得すべき専用実施権についての仮通常実施権（以下この項において「もとの特許出願に係る仮専用実施権についての仮通常実施権」という。）が設定されたものとみなされたものであるときは、当該仮専用実施権者）は、当該特許出願の分割に係る新たな特許出願に係る特許を受ける権利に基づいて取得すべき特許権について、当該仮通常実施権の設定行為で定めた範囲内において、仮通常実施権を許諾したものとみなす。ただし、当該設定行為に別段の定めがあるときは、この限りでない。

6　前条第五項本文の規定により、同項に規定する新たな特許出願に係る仮専用実施権が設定されたものとみなされたときは、当該新たな特許出願に係る仮専用実施権（以下この項において「新たな特許出願に係る仮専用実施権」という。）に基づいて取得すべき専用実施権（以下この項において「もとの特許出願に係る仮専用実施権に基づいて取得すべき専用実施権」という。）についての仮通常実施権を有する者（当該仮通常実施権に基づいて取得すべき専用実施

281

付録

9　第三十三条第二項及び第三項の規定は、仮通常実施権に準用する。

（登録の効果）

第三十四条の四　仮専用実施権の設定、移転（相続その他の一般承継によるものを除く。）、変更、消滅（混同又は第三十四条の二第六項の規定によるものを除く。）又は処分の制限は、登録しなければ、その効力を生じない。

2　前項の相続その他の一般承継の場合は、その旨を特許庁長官に届け出なければならない。

第三十四条の五　仮通常実施権は、その登録をしたときは、その仮通常実施権に係る仮専用実施権若しくは仮通常実施権をその後に取得した者又は当該仮通常実施権に係る仮専用実施権若しくは仮通常実施権を受ける権利に関する仮専用実施権の設定を受けた者に対しても、その効力を生ずる。

2　仮通常実施権の移転、変更、消滅又は処分の制限は、登録しなければ、第三者に対抗することができない。

（職務発明）

第三十五条　使用者、法人、国又は地方公共団体（以下「使用者等」という。）は、従業者、法人の役員、国家公務員又は地方公務員（以下「従業者等」という。）がその性質上当該使用者等の業務範囲に属し、かつ、その発明をするに至つた行為がその使用者等における従業者等の現在又は過去の職務に属する発明（以下「職務発明」という。）について特許を受けたとき、又は職務発明について特許を受ける権利を承継した者がその発明について特許を受けたときは、その特許権について通常実施権を有する。

2　従業者等がした発明については、その発明が職務発明である場合を除き、あらかじめ使用者等に特許を受ける権利若しくは特許権を承継させ又は使用者等のため専用実施権を設定することを定めた契約、勤務規則その他の定めの条項は、無効とする。

3　従業者等は、契約、勤務規則その他の定めにより職務発明について使用者等に特許を受ける権利若しくは特許権を承継させ、若しくは使用者等のため専用実施権を設定し、又は契約、勤務規則その他の定めにより職務発明について使用者等のため仮専用実施権を設定した場合において、第三十四条の二第二項の規定により専用実施権が設定されたものとみなされたときは、相当の対価の支払を受ける権利を有する。

4　契約、勤務規則その他の定めにおいて前項の対価について定める場合には、対価を決定するための基準の策定に際して使用者等と従業者等との間で行われる協議の状況、策定された当該基準の開示の状況、対価の額の算定について行われる従業者等からの意見の聴取の状況等を考慮して、その定めたところにより対価を支払うことが不合理と認められるものであつてはならない。

5　前項の対価についての定めがない場合又はその定めにより対価を支払うことが同項の規定により不合理と認められる場合には、第三項の対価の額は、その発明により使用者等が受けるべき利益の額、その発明に関連して使用者等が行う負担、貢献及び従業者等の処遇その他の事情を考慮して定めなければならない。

（特許出願）

第三十六条　特許を受けようとする者は、次に掲げる事項を記載した願書を特許庁長官に提出しなければならない。

一　特許出願人の氏名又は名称及び住所又は居所
二　発明者の氏名及び住所又は居所

2　願書には、明細書、特許請求の範囲、必要な図面及び要約書を添付しなければならない。

3　前項の明細書には、次に掲げる事項を記載しなければならない。

一　発明の名称
二　図面の簡単な説明
三　発明の詳細な説明

4　前項第三号の発明の詳細な説明の記載は、次の各号に適合するものでなければならない。

一　経済産業省令で定めるところにより、その発明の属する技術の分

段に定める場合のほか、前条第四項の規定又は第六項本文の規定による仮通常実施権は、その仮専用実施権が消滅したときは、消滅する。

前項に定める場合のほか、仮通常実施権は、その特許出願について特許権の設定の登録があつたとき、その特許出願が放棄され、取り下げられ、若しくは却下されたとき又はその特許出願について拒絶をすべき旨の査定若しくは審決が確定したときは、消滅する。

8　仮通常実施権に係る特許出願に基づいて取得すべき専用実施権について、当該仮通常実施権に係る仮専用実施権の設定行為で定めた範囲内に別段の定めがある場合にあつては、当該仮専用実施権を有する者に限る。）に対し、当該新たな特許出願に係る仮専用実施権に基づいて取得すべき専用実施権について、当該仮通常実施権の設定行為で定めた範囲内において、仮通常実施権が許諾されたものとみなす。ただし、当該設定行為に別段の定めがあるときは、この限りでない。

7　仮通常実施権者は、その特許権の設定の登録があつたときは、前条第四項の規定による仮通常実施権に係る特許権について通常実施権を有する。

特許法　抄録

野における通常の知識を有する者がその実施をすることができる程度に明確かつ十分に記載したものでなければならない。

二　その発明に関連する文献公知発明（第二十九条第一項第三号に掲げる発明をいう。以下この号において同じ。）のうち、特許出願しようとする発明が特許出願の時に知っているものがあるときは、その文献公知発明が記載された刊行物の名称その他のその文献公知発明に関する情報の所在を記載したもの。

5　第二項の特許請求の範囲には、請求項に区分して、各請求項ごとに特許出願人が特許を受けようとする発明を特定するために必要と認める事項のすべてを記載しなければならない。この場合において、一の請求項に係る発明と他の請求項に係る発明とが同一である記載となることを妨げない。

6　第二項の特許請求の範囲の記載は、次の各号に適合するものでなければならない。

一　特許を受けようとする発明が明確であること。

二　請求項ごとの記載が簡潔であること。

三　その他経済産業省令で定めるところにより記載されていること。

7　第二項の要約書には、明細書、特許請求の範囲又は図面に記載した発明の概要その他経済産業省令で定める事項を記載しなければならない。

第三十六条の二

特許を受けようとする者は、前条第二項の規定により同条第三項から第六項までの規定により明細書又は特許請求の範囲に記載すべきものとされる事項を経済産業省令で定める外国語で記載した書面及び必要な図面でこれに含まれる説明をその外国語で記載したもの（以下「外国語書面」という。）、並びに同条第七項の規定により要約書に記載すべきものとされる事項をその外国語で記載した書面（以下「外国語要約書面」という。）を願書に添付することができる。

2　前項の規定により外国語書面及び外国語要約書面（以下「外国語書面出願」という。）の出願人は、その特許出願の日から一年二月以内に外国語書面及び外国語要約書面の日本語による翻訳文を、特許庁長官に提出しなければならない。ただし、当該外国語書面出願が第四十四条第一項の規定による特許出願の分割に係る新たな特許出願、第四十六条第一項若しくは第二項の規定に

よる出願の変更に係る特許出願又は第四十六条の二第一項の規定による実用新案登録に基づく特許出願である場合にあっては、本文の期間の経過後であっても、出願の分割、出願の変更又は実用新案登録に基づく特許出願の日から二月以内に限り、外国語書面及び外国語要約書面の日本語による翻訳文を提出することができる。

3　前項に規定する期間内に外国語書面（図面を除く。）の同項に規定する翻訳文の提出がなかったときは、その特許出願は、取り下げられたものとみなす。

第三十七条

二以上の発明については、経済産業省令で定める技術的関係を有する一群の発明に該当するときは、一の願書で特許出願をすることができる。

第三十八条
（共同出願）

特許を受ける権利が共有に係るときは、各共有者は、他の共有者と共同でなければ、特許出願をすることができない。

第三十八条の二

第二項に規定する外国語書面の翻訳文は前条第二項の規定により願書に添付して提出した明細書、特許請求の範囲及び図面と、第二項に規定する外国語要約書面の翻訳文は前条第二項の規定により願書に添付して提出した要約書とみなす。

第三十九条
（先願）

1　同一の発明について異なった日に二以上の特許出願があったときは、最先の特許出願人のみがその発明について特許を受けることができる。

2　同一の発明について同日に二以上の特許出願があったときは、特許出願人の協議により定めた一の特許出願人のみがその発明について特許を受けることができる。協議が成立せず、又は協議をすることができないときは、いずれも、その発明について特許を受けることができない。

3　特許出願に係る発明と実用新案登録出願に係る考案とが同一である場合において、その特許出願と実用新案登録出願とが異なった日にされたものであるときは、特許出願人は、実用新案登録出願より先に出願をした場合にのみその発明について特許を受けることができる。

付録

4 　特許出願に係る発明と実用新案登録出願に係る考案とが同一である場合（第四十六条の二第一項の規定による実用新案登録に基づく特許出願（第四十四条第二項（第四十六条第五項において準用する場合を含む。）の規定により当該特許出願の時にしたものとみなされるものを除く。）に係る発明とその実用新案登録出願に係る考案とが同一である場合を除く。）において、その特許出願人及び実用新案登録出願人が同一の者であるときは、第三十九条第三項の規定にかかわらず、特許出願人は、その発明又は考案についての実用新案登録を受けることができる。協議が成立せず、又は協議をすることができないときは、特許出願人は、その発明について特許を受けることができない。

5 　特許出願若しくは実用新案登録出願が放棄され、取り下げられ、若しくは却下されたとき、又は特許出願について拒絶をすべき旨の査定若しくは審決が確定したときは、その特許出願又は実用新案登録出願は、第一項から前項までの規定の適用については、初めからなかつたものとみなす。ただし、その特許出願について第二項後段又は前項後段の規定に該当することにより拒絶をすべき旨の査定又は審決が確定したときは、この限りでない。

6 　発明者又は考案者でない者であつて特許を受ける権利又は実用新案登録を受ける権利を承継しないものがした特許出願又は実用新案登録出願は、第一項から第四項までの規定の適用については、特許出願又は実用新案登録出願でないものとみなす。

7 　特許庁長官は、第二項又は第四項の場合は、相当の期間を指定して、第二項又は第四項の協議をしてその結果を届け出るべき旨を出願人に命じなければならない。

8 　特許庁長官は、前項の規定により指定した期間内に同項の規定による届出がないときは、第二項又は第四項の協議が成立しなかつたものとみなすことができる。

第四十条
削除

第四十一条
（特許出願等に基づく優先権主張）

　特許出願をしようとする者は、次に掲げる場合を除き、その特許出願に係る発明について、その者が特許出願又は実用新案登録出願に係る発明又は考案（その者が実用新案登録出願人又は実用新案権者から承継した実用新案登録を受ける権利又は実用新案権に係る発明又は考案を含む。）で、当該特許出願に最初に添付した明細書、特許請求の範囲若しくは実用新案登録請求の範囲又は図面（先の出願が外国語書面出願である場合にあつては、外国語書面）に記載された発明に基づいて優先権を主張することができる。ただし、先の出願につ

いて仮専用実施権又は登録した仮通常実施権を有する者があるときは、その特許出願の際に、これらの者の承諾を得ている場合に限る。

一　その特許出願が先の出願の日から一年以内にされたものでない場合

二　先の出願が第四十四条第一項の規定による特許出願の分割に係る新たな特許出願、第四十六条第一項若しくは第二項の規定による出願の変更に係る特許出願若しくは第四十六条の二第一項の規定による実用新案登録に基づく特許出願又は実用新案法第十一条第一項において準用するこの法律第四十四条第一項の規定による実用新案登録出願の分割に係る新たな実用新案登録出願若しくは実用新案法第十条第一項若しくは第二項の規定による出願の変更に係る実用新案登録出願である場合

三　先の出願が、その特許出願の際に、放棄され、取り下げられ、又は却下されている場合

四　先の出願について、その特許出願の際に、査定又は審決が確定している場合

五　先の出願について、その特許出願の際に、実用新案法第十四条第二項に規定する設定の登録がされている場合

2 　前項の規定による優先権の主張を伴う特許出願に係る発明のうち、当該優先権の主張の基礎とされた先の出願の願書に最初に添付した明細書、特許請求の範囲若しくは実用新案登録請求の範囲又は図面（当該先の出願が外国語書面出願である場合にあつては、外国語書面）に記載された発明（当該先の出願が同項若しくはこの項の規定による優先権の主張又は第四十三条第一項若しくは第四十三条の二第一項（同法第十一条第一項において準用する場合を含む。）の規定による優先権の主張を伴う出願である場合には、当該先の出願についての優先権の主張の基礎とされた出願に係る出願の際の書類（明細書、特許請求の範囲若しくは実用新案登録請求の範囲又は図面に相当するものに限る。）に記載された発明を除く。）についての第二十九条、第二十九条の二本文、第三十条第一項から第三項まで、第三十九条第一項から第四項まで、第六十九条第二項第二号、第七十二条、第七十九条、第八十一条、第八十二条第一項、第百四条（第六十五条第六項（第百八十四条の十第二項において準用する場合を含む。）において準用する場合を含む。）及び第百二十六条第五項（第十七条の二第六項及び第百三十四条の二第五項、同法第七条第三項及び第十七条、

特許法 抄録

意匠法（昭和三十四年法律第百二十五号）第二十六条、第三十一条第二項第一項並びに商標法（昭和三十四年法律第百二十七号）第二十九条第二項並びに第三十三条の三第一項（同法第六十八条第三項において準用する場合を含む。）の規定の適用については、当該特許出願は、当該先の出願の時にされたものとみなす。

3　第一項の規定による優先権の主張を伴う特許出願の願書に最初に添付した明細書、特許請求の範囲又は図面（外国語書面出願にあつては、外国語書面）に記載された発明のうち、当該優先権の主張の基礎とされた先の出願の願書に最初に添付した明細書、特許請求の範囲若しくは実用新案登録請求の範囲又は図面（当該先の出願が外国語書面出願である場合にあつては、外国語書面）に記載された発明（当該先の出願について特許掲載公報の発行又は実用新案掲載公報の発行若しくは出願公開がされた時に当該先の出願の願書に最初に添付された明細書、特許請求の範囲若しくは実用新案登録請求の範囲又は図面（明細書、特許請求の範囲若しくは実用新案登録請求の範囲に相当するものに限る。）に記載された発明を除く。）についての第二十九条、第二十九条の二本文、第三十条第一項若しくは第二項、第三十九条第一項から第四項まで、第六十九条第二項第二号、第七十二条、第七十九条、第八十一条、第八十二条第一項、第百四条（第六十五条第六項（第百八十四条の十第二項において準用する場合を含む。）において準用する場合を含む。）若しくは第百二十六条第七項（第十七条の二第六項及び第百三十四条の二第九項において準用する場合を含む。）、同法第二十六条において準用する意匠法第二十六条、同法第十七条第一項若しくは第二十三条（同法第三十三条の三第一項（同法第六十八条第三項において準用する場合を含む。）において準用する場合を含む。）の規定の適用については、当該特許出願は、当該先の出願の時にされたものとみなす。

4　第一項の規定による優先権の主張を伴う特許出願について特許掲載公報の発行又は出願公開がされた時は、当該先の出願について、当該先の出願の願書に最初に添付した明細書、特許請求の範囲若しくは実用新案登録請求の範囲又は図面（当該先の出願が外国語書面出願である場合にあつては、外国語書面）に記載された発明（当該先の出願について特許掲載公報の発行又は実用新案掲載公報の発行若しくは出願公開がされた発明を除く。）についての出願公開又は実用新案掲載公報の発行がされたものとみなして、第二十九条の二本文又は同法第三条の二本文の規定を適用する。

（先の出願の取下げ等）

第四十二条　
前条第一項の規定による優先権の主張の基礎とされた先の出願は、その出願の日から一年三月を経過した時に取り下げたものとみなす。ただし、当該先の出願が放棄され、取り下げられ、若しくは却下されている場合、当該先の出願について査定若しくは審決が確定している場合、当該先の出願について実用新案法第十四条第二項に規定する設定の登録がされている場合又は当該先の出願に基づくすべての優先権の主張が取り下げられている場合には、この限りでない。

2　前条第一項の規定による優先権の主張の基礎とされた先の出願の日から一年三月を経過した後は、その主張を取り下げることができない。

3　前条第一項の規定による優先権の主張を伴う特許出願の出願人は、当該先の出願の日から一年三月以内に限り、その主張を取り下げることができる。

4　前条第一項の規定による優先権の主張を伴う特許出願が当該先の出願の日から一年三月以内に取り下げられたときは、同時に当該優先権の主張が取り下げられたものとみなす。

（パリ条約による優先権主張の手続）

第四十三条　
パリ条約第四条D（1）の規定により特許出願について優先権を主張しようとする者は、その旨及びパリ条約第四条C（4）の規定により最初の出願とみなされた出願若しくは同条A（2）の規定により最初の出願と認められた出願の年月日を記載した書面を特許出願と同時に特許庁長官に提出しなければならない。

2　前項の規定による優先権の主張をした者は、最初に出願をし、若しくはパリ条約第四条C（4）の規定により最初の出願とみなされた出願若しくは同条A（2）の規定により最初の出願と認められた出願をしたパリ条約の同盟国の認証がある出願の年月日を記載した書面、その出願の際の書類で明細書、特許請求の範囲若しくは実用新案登録請求の範囲及び図面に相当するものの謄本又はこれらと同様な内容を有する公報若しくは証明書であつて、その同盟国の政府が発行したものを次の各号に掲げる日のうち最先の日から一年四月以内に特許庁長官に提出しなければならない。

一　当該最初の出願若しくはパリ条約第四条C（4）の規定により最初の出願とみなされた出願又は同条A（2）の規定により最初の出願と認められた出願の日

二　その特許出願が前項又は次条第一項の規定による優先権の主張を伴う場合における当該優先権の主張の基礎とした出願の日

三　その特許出願が前二号に規定する優先権の主張を伴う場合における当該優先権の主張の基礎とした出願の日

3　第一項の規定による優先権の主張をした者は、最初の出願若しくはパリ条約第四条C（4）の規定により最初の出願とみなされた出願又は同条A（2）の規定により最初の出願と認められた出願の番号を記載した書面を前項に規定する書類とともに特許庁長官に提出しなければならない。ただし、同項に規定する書類の提出前にその番号を知ることができないときは、当該書面に代えてその理由を記載した書面を提出し、かつ、その番号を知つたときは、遅滞なく、その番号を記載した書面を提出しなければならない。

4　第一項の規定による優先権の主張をした者が第二項に規定する期間内に同項に規定する書類を提出しないときは、当該優先権の主張は、その効力を失う。

5　第二項に規定する書類に記載されている事項を電磁的方法（電子的方法、磁気的方法その他の人の知覚によって認識することができない方法をいう。）により、特許庁長官が定める期間内に、パリ条約の同盟国の政府又は工業所有権に関する国際機関との間で交換することができる場合として経済産業省令で定める場合において、第一項の規定による優先権の主張をした者が第二項に規定する期間内に、出願の番号その他の経済産業省令で定める事項を記載した書面を特許庁長官に提出したときは、前二項の規定の適用については、第二項に規定する書類を提出したものとみなす。

第四十三条の二　（パリ条約の例による優先権主張）

次の表の上欄に掲げる者が同表の下欄に掲げる国においてした出願に基づく優先権は、パリ条約第四条の規定の例により、特許出願について、これを主張することができる。

パリ条約の同盟国の国民（世界貿易機関の加盟国の国民（パリ条約第三条の規定により同盟国の国民とみなされる者を含む。次項において同じ。）及び次項に規定する加盟国の国民を含む。次項において同じ。）	世界貿易機関の加盟国
世界貿易機関の加盟国の国民又は特定国の国民（パリ条約第三条の規定により同盟国の国民とみなされる者を含む。次項において同じ。）	パリ条約の同盟国
日本国民又はパリ条約の同盟国の国民若しくは世界貿易機関の加盟国の国民	特定国

2　パリ条約の同盟国又は世界貿易機関の加盟国のいずれにも該当しない国（日本国民に対し、日本国と同一の条件により特許庁長官が指定するものに限る。以下この項において「特定国」という。）の国民がパリ条約の同盟国若しくは世界貿易機関の加盟国又は特定国においてした出願に基づく優先権及び日本国民が特定国においてした出願に基づく優先権は、パリ条約第四条の規定の例により、特許出願について、これを主張することができる。

3　前条の規定は、前二項の規定により優先権を主張する場合に準用する。

第四十四条　（特許出願の分割）

特許出願人は、次に掲げる場合に限り、二以上の発明を包含する特許出願の一部を二又は二以上の新たな特許出願とすることができる。

一　願書に添付した明細書、特許請求の範囲又は図面について補正をすることができる時又は期間内にするとき。

二　特許をすべき旨の査定（第百六十三条第三項において準用する第五十一条の規定による特許をすべき旨の査定及び第百六十条第一項に規定する審査に付された特許出願についての特許をすべき旨の査定を除く。）の謄本の送達があった日から三十日以内にするとき。

三　拒絶をすべき旨の最初の査定の謄本の送達があった日から三月以内にするとき。

2　前項の場合は、新たな特許出願は、もとの特許出願の時にしたものとみなす。ただし、新たな特許出願が第二十九条の二に規定する他の特許出願又は実用新案法第三条の二に規定する実用新案登録出願に該当する場合におけるこれらの規定の適用並びに第三十条第四項、第四十一条第四項及び第四十三条第一項（前条第三項において準用する場合を含む。）の規定の適用については、この限りでない。

3　第一項に規定する新たな特許出願をする場合における第四十三条第二項（前条第三項において準用する場合を含む。）の規定の適用については、「最先の日から一年四月以内」とあるのは、「最先の日から一年四月以内又は新たな特許出願の日から三月のいずれか遅い日まで」とする。

4　第一項に規定する新たな特許出願をする場合には、もとの特許出願について提出された書類又は書面であって、新たな特許出願について第三十条第三項、第四十一条第四項又は第四十三条第一項及び第二項（前条第三項において準用する場合を含む。）の規定により提出しなければならないものは、当該新たな特許出願と同時に特許庁長官に提出されたものとみなす。

5　第一項に規定する三十日の期間は、第四条又は第百八十一条第一項の規定により同条第一項に規定する期間が延長されたときは、その延長された期間を限り、延長されたものとみなす。

6　第一項第二号に規定する期間は、第四条の規定により同号に規定する期間が延長されたときは、その延長された期間を限り、延長されたものとみなす。

第四十五条　削除

第四十六条　（出願の変更）

実用新案登録出願人は、その実用新案登録出願を特許出願に変更することができる。ただし、その実用新案登録出願の日から三

特許法　抄録

2 年を経過した後は、この限りでない。
意匠登録出願人は、その意匠登録出願を特許出願に変更することができる。ただし、その意匠登録出願について拒絶をすべき旨の最初の査定の謄本の送達があつた日から三月を経過した後又はその意匠登録出願について拒絶をすべき旨の最初の査定の謄本の送達があつた日から三月（その意匠登録出願について拒絶をすべき旨の最初の査定の謄本の送達があつた後に第四十四条第一項の規定による実用新案登録出願の分割があつた場合にあつては、三月にその実用新案登録出願の分割の日から三月を加えた期間）を経過した後又はその意匠登録出願の日から三年を経過した後は、この限りでない。

3 前項ただし書に規定する三月の期間は、意匠法第四十六条第一項において準用するこの法律第四条の規定により意匠法第四十六条第一項に規定する期間が延長されたときは、その延長された期間に限り、延長されたものとみなす。

4 第一項又は第二項の規定による出願の変更があつたときは、もとの出願は、取り下げたものとみなす。

5 第四十四条第二項から第四項までの規定は、第一項又は第二項の規定による出願の変更の場合に準用する。

（実用新案登録に基づく特許出願）
第四十六条の二　実用新案権者は、次に掲げる場合を除き、経済産業省令で定めるところにより、自己の実用新案登録に基づいて特許出願をすることができる。この場合においては、その実用新案権を放棄しなければならない。

一　その実用新案登録に係る実用新案登録出願の日から三年を経過したとき。

二　その実用新案登録に係る実用新案登録出願又はその実用新案登録に係る実用新案登録出願人又は実用新案権者から実用新案法第十二条第一項に規定する実用新案技術評価（次号において単に「実用新案技術評価」という。）の請求があつたとき。

三　その実用新案登録に係る実用新案登録出願人又は実用新案権者でない者がした実用新案技術評価の請求に係る実用新案法第十三条第二項の規定による最初の通知を受けた日から三十日を経過したとき。

四　その実用新案登録について実用新案登録無効審判について、同法第三十九条第一項の規定により最初に指定された期間を経過したとき。

2 前項の規定により実用新案登録に基づく特許出願をする者は、その特許出願の願書に図面又は当該特許出願の基礎とされた実用新案登録の願書に添付した明細書、実用新案登録請求の範囲又は図面に記載した事項の範囲内にあるものに限り、当該特許出願の時にしたものとみなす。ただし、その特許出願が第二十九条の二に規定する他の特許出願又は実用新案登録出願に該当する場合におけるこれらの規定の適用並びに第三十条第四項、第三十六条の二第二項ただし書、第四十一条第四項、第四十三条第一項（第四十三条の二第二項において準用する場合を含む。）及び第四十八条の三第二項の規定の適用については、この限りでない。

3 第一項の規定による特許出願をする者がその責めに帰することができない理由により同項第三号に規定する期間を経過するまでにその特許出願をすることができないときは、同号の規定にかかわらず、その理由がなくなつた日から十四日（在外者にあつては、二月）以内でその期間の経過後六月以内にその特許出願をすることができる。

4 実用新案権者は、専用実施権者、質権者又は実用新案法第十一条第三項において準用するこの法律第三十五条第一項、実用新案法第十八条第三項において準用するこの法律第七十七条第四項若しくは実用新案法第十九条第一項の規定による通常実施権者があるときは、これらの者の承諾を得た場合に限り、第一項の規定による特許出願をすることができる。

5 第四十四条第三項及び第四項の規定は、第一項の規定による特許出願をする場合に準用する。

第三章　審査

（審査官による審査）
第四十七条　審査庁長官は、審査官に特許出願を審査させなければならない。

2 審査官の資格は、政令で定める。

（審査官の除斥）
第四十八条　第百三十九条第一号から第五号まで及び第七号の規定は、審査官に準用する。

（出願審査の請求）
第四十八条の三　特許出願があつたときは、何人も、その日から三年以

付　録

内に、特許庁長官にその特許出願について出願審査の請求をすることができる。

2　第四十四条第一項の規定による特許出願の分割に係る新たな特許出願、第四十六条第一項若しくは第二項の規定による出願の変更に係る特許出願又は第四十六条の二第一項の規定による実用新案登録に基づく特許出願については、前項の期間の経過後であつても、その特許出願の分割、出願の変更又は実用新案登録に基づく特許出願の請求をした日から三十日以内に限り、出願審査の請求をすることができる。

3　出願審査の請求は、取り下げることができない。

4　第一項又は第二項の規定により出願審査の請求がなかつたときは、この特許出願は、取り下げられたものとみなす。

第四十八条の四　出願審査の請求をしようとする者は、次に掲げる事項を記載した請求書を特許庁長官に提出しなければならない。
一　請求人の氏名又は名称及び住所又は居所
二　出願審査の請求に係る特許出願の表示

第四十八条の五　特許庁長官は、出願公開前に出願審査の請求があつたときは出願公開の際又はその後遅滞なく、その旨を特許公報に掲載しなければならない。

2　特許庁長官は、出願公開後に出願審査の請求があつたときはその後遅滞なく、その旨を特許公報に掲載しなければならない。

第四十八条の六　特許庁長官は、出願公開後に特許出願人でない者から出願審査の請求があつたときは、その旨を特許出願人に通知しなければならない。

(優先審査)
第四十八条の七　審査官は、特許出願人でない者が業として特許出願に係る発明を実施していると認める場合において必要があるときは、審査官にその特許出願を他の特許出願に優先して審査させることができる。

(文献公知発明に係る情報の記載についての通知)
第四十八条の七　審査官は、特許出願が第三十六条第四項第二号に規定する要件を満たしていないと認めるときは、特許出願人に対し、その旨を通知し、相当の期間を指定して、意見書を提出する機会を与えることができる。

(拒絶の査定)
第四十九条　審査官は、特許出願が次の各号のいずれかに該当するときは、その特許出願について拒絶をすべき旨の査定をしなければならない。

一　その特許出願の願書に添付した明細書、特許請求の範囲又は図面についてした補正が第十七条の二第三項に規定する要件を満たしていないとき。
二　その特許出願に係る発明が第二十五条、第二十九条、第二十九条の二、第三十二条、第三十八条又は第三十九条第一項から第四項までの規定により特許をすることができないものであるとき。
三　その特許出願に係る発明が条約の規定により特許をすることができないものであるとき。
四　その特許出願が第三十六条第四項第一号若しくは第六項又は第三十七条に規定する要件を満たしていないとき。
五　前条の規定による通知をした場合であつて、その特許出願が明細書についての補正又は意見書の提出によつてもなお第三十六条第四項第二号に規定する要件を満たすこととならないとき。
六　その特許出願が外国語書面出願である場合において、当該特許出願の願書に添付した明細書、特許請求の範囲又は図面に記載した事項が外国語書面に記載した事項の範囲内にないとき。
七　特許出願人がその特許出願に係る発明について特許を受ける権利を承継していないとき。

(拒絶理由の通知)
第五十条　審査官は、拒絶をすべき旨の査定をしようとするときは、特許出願人に対し、拒絶の理由を通知し、相当の期間を指定して、意見書を提出する機会を与えなければならない。ただし、第十七条の二第一項第一号又は第三号に掲げる場合（同項第一号に掲げる場合にあつては、拒絶の理由を通知した後に第五十条の二の規定による通知をした場合に限る。）において、第五十三条第一項の規定による却下の決定をするときは、この限りでない。

(既に通知された拒絶理由と同一である旨の通知)
第五十条の二　審査官は、前条の規定により特許出願について拒絶の理由を通知しようとする場合において、当該拒絶の理由が、他の特許出願（当該特許出願と当該他の特許出願の少なくともいずれか一方に第四十四条第二項の規定が適用されたことにより当該特許出願と同時にされたこととなつているものに限る。）についての前条（第百五十九条第二項（第百七十四条第一項において準用する場合を含む。）及び第百六十三条第二項において準用する場合を含む。）の規定による通知（当該特許出願についての当該通知前に当該特許出願人がその内容を知り得る状態になかつたものを除く。）に係る拒絶の

288

特許法　抄録

（特許査定）
第五十一条　審査官は、特許出願について拒絶の理由を発見しないときは、特許をすべき旨の査定をしなければならない。

（査定の方式）
第五十二条　査定は、文書をもって行い、かつ、理由を付さなければならない。
2　特許庁長官は、査定があったときは、査定の謄本を特許出願人に送達しなければならない。

（補正の却下）
第五十三条　第十七条の二第一項第一号又は第三号に掲げる場合（同項第一号に掲げる場合にあっては、拒絶の理由の通知と併せて第五十条の二の規定による通知をした場合に限る。）において、願書に添付した明細書、特許請求の範囲又は図面についてした補正が第十七条の二第三項から第六項までの規定に違反しているものと特許をすべき旨の査定の謄本の送達前に認められたときは、審査官は、決定をもってその補正を却下しなければならない。
2　前項の規定による却下の決定は、文書をもって行い、かつ、理由を付さなければならない。
3　第一項の規定による却下の決定に対しては、不服を申し立てることができない。ただし、拒絶査定不服審判を請求した場合における審判においては、この限りでない。

（訴訟との関係）
第五十四条　審査において必要があると認めるときは、審決が確定し、又は訴訟手続が完結するまでその手続を中止することができる。
2　訴えの提起又は仮差押命令若しくは仮処分命令の申立てがあった場合において、必要があると認めるときは、裁判所は、査定が確定するまでその訴訟手続を中止することができる。

第五十五条　削除
第五十六条　削除
第五十七条　削除
第五十八条　削除
第五十九条　削除
第六十条　削除
第六十一条　削除
第六十二条　削除

第六十三条　削除

第三章の二　出願公開

（出願公開）
第六十四条　特許庁長官は、特許出願の日から一年六月を経過したときは、特許掲載公報の発行をしたものを除き、その特許出願について出願公開をしなければならない。次条第一項に規定する出願公開の請求があったときも、同様とする。
2　出願公開は、次に掲げる事項を特許公報に掲載することにより行う。ただし、第四号から第六号までに掲げる事項については、当該事項を特許公報に掲載することが公の秩序又は善良の風俗を害するおそれがあると特許庁長官が認めるときは、この限りでない。
一　特許出願人の氏名又は名称及び住所又は居所
二　特許出願の番号及び年月日
三　発明者の氏名及び住所又は居所
四　願書に添付した明細書及び特許請求の範囲に記載した事項並びに図面の内容
五　願書に添付した要約書に記載した事項
六　外国語書面出願にあっては、外国語書面及び外国語要約書面に記載した事項
七　出願公開の番号及び年月日
八　前各号に掲げるもののほか、必要な事項
3　特許庁長官は、願書に添付した要約書の記載が第三十六条第七項の規定に適合しないときその他必要があると認めるときは、前項第五号の要約書に記載した事項に代えて、自ら作成した事項を前項の規定により掲載することができる。

（出願公開の請求）
第六十四条の二　特許出願人は、次に掲げる場合を除き、特許庁長官に、その特許出願について出願公開の請求をすることができる。
一　その特許出願が出願公開されている場合
二　その特許出願が第四十三条第一項若しくは第四十三条の二第一項若しくは第四十三条の三第一項若しくは第二項の規定による優先権の主張を伴う特許出願であって、第四十三条第二項（第四十三条の二第二項及び第四十三条の三第三項において準用する場合を含む。）に規定する書類及び第四十三条第五項（第四十三条の二第二項及び第四十三条の三第三項において準用する場合を含む。）に規定する書面が特許庁長官に

三　その特許出願が外国語書面出願であつて第三十六条の二第三項に規定する外国語書面の翻訳文が特許庁長官に提出されていないものである場合

2　出願公開の請求は、取り下げることができない。

第六十四条の三　出願公開の請求をしようとする者は、次に掲げる事項を記載した請求書を特許庁長官に提出しなければならない。
一　請求人の氏名又は名称及び住所又は居所
二　出願公開の請求に係る特許出願の表示

（出願公開の効果等）
第六十五条　特許出願人は、出願公開があつた後に特許出願に係る発明の内容を記載した書面を提示して警告したときは、その警告後特許権の設定の登録前に業としてその発明を実施した者に対し、その発明が特許発明である場合にその実施に対し受けるべき金銭の額に相当する額の補償金の支払を請求することができる。当該警告をしない場合においても、出願公開がされた特許出願に係る発明であることを知つて特許権の設定の登録前に業としてその発明を実施した者に対しては、同様とする。

2　前項の規定による請求権は、特許権の設定の登録があつた後でなければ、行使することができない。

3　特許出願人は、その仮専用実施権者又は仮通常実施権者が、その設定行為で定めた範囲内において当該特許出願に係る発明を実施した場合については、第一項に規定する補償金の支払を請求することができない。

4　第一項の規定による請求権の行使は、特許権の行使を妨げない。

5　出願公開後に特許出願が放棄され、取り下げられ、若しくは却下されたとき、特許出願について拒絶をすべき旨の査定若しくは審決が確定したとき、第百十二条第六項の規定により特許権が初めから存在しなかつたものとみなされたとき（更に第百十二条の二第二項の規定により特許権が初めから存在していたものとみなされたときを除く。）、又は第百二十五条ただし書の場合を除き特許を無効にすべき旨の審決が確定したときは、第一項の請求権は、初めから生じなかつたものとみなす。

6　第百一条、第百四条から第百五条の二まで、第百五条の四から第百五条の七まで及び第百六十八条第三項から第六項まで並びに民法（明治二十九年法律第八十九号）第七百十九条及び第七百二十四条（不法行為）の規定は、第一項の規定による請求権を行使する場合に準用する。この場合において、当該請求権を有する者が特許権の設定の登録前に当該特許出願に係る発明の実施の事実及びその実施をした者を知つたときは、同条中「被害者又はその法定代理人がその損害及び加害者を知った時」とあるのは、「特許権の設定の登録の日」と読み替えるものとする。

第四章　特許権
第一節　特許権の設定の登録
（特許権の設定の登録）
第六十六条　特許権は、設定の登録により発生する。

2　第百七条第一項の規定による第一年から第三年までの各年分の特許料の納付又はその納付の免除若しくは猶予があつたときは、特許権の設定の登録をする。

3　前項の登録があつたときは、次に掲げる事項を特許公報に掲載しなければならない。ただし、第五号に掲げる事項については、その特許出願について出願公開がされているときは、この限りでない。
一　特許権者の氏名又は名称及び住所又は居所
二　特許出願の番号及び年月日
三　発明者の氏名及び住所又は居所
四　願書に添付した明細書及び特許請求の範囲に記載した事項並びに図面の内容
五　願書に添付した要約書に記載した事項
六　特許番号及び設定の登録の年月日
七　前各号に掲げるもののほか、必要な事項

4　第六十四条第三項の規定は、前項の規定により同項第五号の要約書に記載した事項を特許公報に掲載する場合に準用する。

（存続期間）
第六十七条　特許権の存続期間は、特許出願の日から二十年をもつて終了する。

2　特許権の存続期間は、その特許発明の実施について安全性の確保等を目的とする法律の規定によりその特許発明の実施に相当の期間を要するものとして政令で定めるものを受けることが必要であるために、その特許発明の実施をすることができない期間があつたときは、五年を

特許法　抄録

(存続期間の延長登録)

第六十七条の二　特許権の存続期間の延長登録の出願をしようとする者は、次に掲げる事項を記載した願書を特許庁長官に提出しなければならない。
一　出願人の氏名又は名称及び住所又は居所
二　特許番号
三　延長を求める期間（五年以下の期間に限る。）
四　前条第二項の政令で定める処分の内容

2　前項の願書には、経済産業省令で定めるところにより、延長の理由を記載した資料を添付しなければならない。

3　特許権の存続期間の延長登録の出願は、前条第二項の政令で定める処分を受けた日から政令で定める期間内にしなければならない。ただし、同条第一項に規定する特許権の存続期間の満了後は、することができない。

4　特許権の存続期間の延長登録の出願は、特許権の存続期間の満了前六月以後は、することができない。ただし、その特許権の存続期間の延長登録の査定又は審決が確定し、又は特許権の存続期間を延長した旨の登録があつたときは、この限りでない。

5　特許権が共有に係るときは、各共有者は、他の共有者と共同でなければ、特許権の存続期間の延長登録の出願をすることができない。

6　特許権の存続期間の延長登録の出願があつたときは、第一項各号に掲げる事項並びにその出願の番号及び年月日を特許公報に掲載しなければならない。

第六十七条の二の二　第六十七条第一項に規定する特許権の存続期間の延長登録の出願をすることができる者は、第六十七条第二項の政令で定める処分を受けることができないと見込まれるときは、次に掲げる事項を記載した書面をその日までに特許庁長官に提出しなければならない。
一　出願をしようとする者の氏名又は名称及び住所又は居所
二　特許番号
三　前条第二項の政令で定める処分

2　前項の規定により提出すべき書面を提出しないときは、第六十七条第一項に規定する特許権の存続期間の満了前六月以後に特許権の存続期間の延長登録の出願をすることができない。

3　第一項に規定する書面が提出されたときは、同項各号に掲げる事項を特許公報に掲載しなければならない。

第六十七条の三　審査官は、特許権の存続期間の延長登録の出願が次の各号のいずれかに該当するときは、その出願について拒絶をすべき旨の査定をしなければならない。
一　その特許発明の実施に第六十七条第二項の政令で定める処分を受けることが必要であつたとは認められないとき。
二　その特許権者又はその特許権についての専用実施権若しくは登録した通常実施権を有する者が第六十七条第二項の政令で定める処分を受けていないとき。
三　その延長を求める期間がその特許発明の実施をすることができなかつた期間を超えているとき。
四　その出願をした者が当該特許権者でないとき。
五　その出願が第六十七条の二第四項に規定する要件を満たしていないとき。

2　審査官は、特許権の存続期間の延長登録の出願について拒絶の理由を発見しないときは、延長登録をすべき旨の査定をしなければならない。

3　特許権の存続期間の延長登録をすべき旨の査定又は審決があつたときは、特許権の存続期間を延長した旨の登録をする。

4　前項の登録があつたときは、次に掲げる事項を特許公報に掲載しなければならない。
一　特許権者の氏名又は名称及び住所又は居所
二　特許番号
三　延長登録の年月日
四　延長の期間
五　第六十七条第二項の政令で定める処分の内容

第六十七条の四　第四十七条第一項、第四十八条、第五十条及び第五十二条の規定は、特許権の存続期間の延長登録の出願の審査について準用する。

(特許権の効力)

第六十八条　特許権者は、業として特許発明の実施をする権利を専有する。ただし、その特許権について専用実施権を設定したときは、専用実施権者がその特許発明の実施をする権利を専有する範囲については、この限りでない。

(存続期間が延長された場合の特許権の効力)

第六十八条の二　特許権の存続期間が延長された場合（第六十七条の二第五項の規定により延長されたものとみなされた場合を含む。）の当該特許権の効力は、その延長登録の理由となった第六十七条第二項の政令で定める処分の対象となった物（その処分においてその物の使用される特定の用途が定められている場合にあっては、当該用途に使用されるその物）についての当該特許発明の実施以外の行為には、及ばない。

（特許権の効力が及ばない範囲）
第六十九条　特許権の効力は、試験又は研究のためにする特許発明の実施には、及ばない。
2　特許権の効力は、次に掲げる物には、及ばない。
 一　単に日本国内を通過するに過ぎない船舶若しくは航空機又はこれらに使用する機械、器具、装置その他の物
 二　特許出願の時から日本国内にある物
3　二以上の医薬（人の病気の診断、治療、処置又は予防のため使用するものをいう。以下この項において同じ。）を混合することにより製造されるべき医薬の発明又は二以上の医薬を混合して医薬を製造する方法の発明に係る特許権の効力は、医師又は歯科医師の処方せんにより調剤する行為及び医師又は歯科医師の処方せんにより調剤する医薬には、及ばない。

（特許発明の技術的範囲）
第七十条　特許発明の技術的範囲は、願書に添付した特許請求の範囲の記載に基づいて定めなければならない。
2　前項の場合においては、願書に添付した明細書の記載及び図面を考慮して、特許請求の範囲に記載された用語の意義を解釈するものとする。
3　前二項の場合においては、願書に添付した要約書の記載を考慮してはならない。
第七十一条　特許発明の技術的範囲については、特許庁に対し、判定を求めることができる。
2　特許庁長官は、前項の規定による求があつたときは、三名の審判官を指定して、その判定をさせなければならない。
3　第百三十一条第一項、第百三十一条の二第一項本文、第百三十二条第一項及び第二項、第百三十三条、第百三十三条の二、第百三十四条第一項、第三項及び第四項、第百三十五条、第百三十六条第一項及び第二項、第百三十七条第二項、第百三十八条、第百三十九条（第六

号を除く。）、第百四十条から第百四十四条まで、第百四十四条の二第一項及び第三項から第五項まで、第百四十五条第二項から第七項まで、第百四十六条、第百四十七条第一項及び第二項、第百五十条第一項から第五項まで、第百五十一条から第百五十四条まで、第百五十五条第一項、第百五十七条並びに第百六十九条第三項、第四項及び第六項の規定は、第一項の判定に準用する。この場合において、第百三十五条中「審決」とあるのは「判定」と、同条第五項中「審判以外の審判」とあるのは「決定」と、第百四十五条第一項中「審判長が必要があると認めるとき」とあるのは「公の秩序又は善良の風俗を害するおそれがあるとき」と、第百五十一条中「第百四十七条第一項及び第二項」とあるのは「第百四十七条第一項及び第二項」と、第百五十五条第一項中「審決が確定するまで」とあるのは「判定の謄本が送達されるまで」と読み替えるものとする。
4　前項において読み替えて準用する第百三十五条の規定による決定に対しては、不服を申し立てることができない。
第七十一条の二　特許庁長官は、裁判所から特許発明の技術的範囲についての鑑定の嘱託があったときは、三名の審判官を指定して、その鑑定をさせなければならない。
2　第百三十六条第一項及び第二項並びに第百三十七条第二項及び第百三十八条の規定は、前項の鑑定の嘱託に準用する。

（他人の特許発明等との関係）
第七十二条　特許権者、専用実施権者又は通常実施権者は、その特許発明がその特許出願の日前の出願に係る他人の特許発明、登録実用新案若しくは登録意匠若しくはこれに類似する意匠を利用するものであるとき、又はその特許権がその特許出願の日前の出願に係る他人の意匠権若しくは商標権と抵触するときは、業としてその特許発明の実施をすることができない。

（共有に係る特許権）
第七十三条　特許権が共有に係るときは、各共有者は、他の共有者の同意を得なければ、その持分を譲渡し、又はその持分を目的として質権を設定することができない。
2　特許権が共有に係るときは、各共有者は、契約で別段の定めをした場合を除き、他の共有者の同意を得ないでその特許発明の実施をすることができる。
3　特許権が共有に係るときは、各共有者は、他の共有者の同意を得なければ、その特許権について専用実施権を設定し、又は他人に通常

特許法　抄録

第七十四条　削除

第七十五条　削除

（相続人がない場合の特許権の消滅）
第七十六条　特許権は、民法第九百五十八条の期間内に相続人である権利を主張する者がないときは、消滅する。

（専用実施権）
第七十七条　特許権者は、その特許権について専用実施権を設定することができる。

2　専用実施権者は、設定行為で定めた範囲内において、業としてその特許発明の実施をする権利を専有する。

3　専用実施権は、実施の事業とともにする場合、特許権者の承諾を得た場合及び相続その他の一般承継の場合に限り、移転することができる。

4　専用実施権は、特許権者の承諾を得た場合に限り、その専用実施権について質権を設定し、又は他人に通常実施権を許諾することができる。

5　第七十三条の規定は、専用実施権に準用する。

（通常実施権）
第七十八条　特許権者は、その特許権について他人に通常実施権を許諾することができる。

2　通常実施権者は、この法律の規定により又は設定行為で定めた範囲内において、業としてその特許発明の実施をする権利を有する。

（先使用による通常実施権）
第七十九条　特許出願に係る発明の内容を知らないで自らその発明をし、又は特許出願に係る発明の内容を知らないでその発明をした者から知得して、特許出願の際現に日本国内においてその発明の実施である事業をしている者又はその事業の準備をしている者は、その実施又は準備をしている発明及び事業の目的の範囲内において、その特許出願に係る特許権について通常実施権を有する。

（無効審判の請求登録前の実施による通常実施権）
第八十条　次の各号のいずれかに該当する者であつて、特許無効審判の請求の登録前に、特許が第百二十三条第一項各号のいずれかに規定する要件に該当することを知らないで、日本国内において当該発明の実施である事業をしているもの又はその事業の準備をしているものは、その実施又は準備をしている発明及び事業の目的の範囲内において、その特許権又はその際現に存する専用実施権について通常実施権を有する。

一　同一の発明についての二以上の特許のうち、その一を無効にした場合における原特許権者

二　特許を無効にして同一の発明について正当権利者に特許をした場合における原特許権者

三　前二号に掲げる場合において、特許無効審判の請求の登録の際現にその無効にした特許についての専用実施権又はその特許権若しくは専用実施権についての第九十九条第一項の効力を有する通常実施権を有する者

2　当該特許権者又は前項の規定により通常実施権を有する者から相当の対価を受ける権利を有する。

（意匠権の存続期間満了後の通常実施権）
第八十一条　特許出願の日前又はこれと同日の意匠登録出願に係る意匠権がその特許出願に係る特許権と抵触する場合において、その意匠権の存続期間が満了したときは、その原意匠権者は、その原意匠権の範囲内において、当該特許権又はその意匠権の存続期間の満了の際現に存する専用実施権について通常実施権を有する。

第八十二条　特許出願の日前又はこれと同日の意匠登録出願に係る意匠権がその特許出願に係る特許権と抵触する場合において、その意匠権の存続期間が満了したときは、その満了の際現に存する当該意匠権についての専用実施権又はその意匠権若しくは専用実施権についての第九十九条第一項の効力を有する通常実施権を有する者は、原権利の範囲内において、当該特許権又はその意匠権の存続期間の満了の際現に存する専用実施権について通常実施権を有する。

2　前項の規定により通常実施権を有する者は、特許権者又は専用実施権者に対し相当の対価を支払わなければならない。

（不実施の場合の通常実施権の設定の裁定）
第八十三条　特許発明の実施が継続して三年以上日本国内において適当にされていないときは、その特許発明の実施をしようとする者は、特許権者又は専用実施権者に対し通常実施権の許諾について協議を求めることができる。ただし、その特許発明に係る特許出願の日から四年を経過していないときは、この限りでない。

2　前項の協議が成立せず、又は協議をすることができないときは、その特許発明の実施をしようとする者は、特許庁長官の裁定を請求す

付録

(答弁書の提出)
第八十四条 特許庁長官は、前条第二項の裁定の請求があつたときは、請求書の副本をその請求に係る特許権者又は専用実施権者その他その特許に関し登録した権利を有する者に送達し、相当の期間を指定して、答弁書を提出する機会を与えなければならない。

(審議会の意見の聴取等)
第八十五条 特許庁長官は、第八十三条第二項の裁定をしようとするときは、審議会等(国家行政組織法(昭和二十三年法律第百二十号)第八条に規定する機関をいう。)で政令で定めるものの意見を聴かなければならない。
2 特許庁長官は、その特許発明の実施が適当にされていないことについて正当な理由があるときは、通常実施権を設定すべき旨の裁定をすることができない。

(裁定の方式)
第八十六条 第八十三条第二項の裁定は、文書をもつて行い、かつ、理由を附さなければならない。
2 通常実施権を設定すべき旨の裁定においては、次に掲げる事項を定めなければならない。
一 通常実施権を設定すべき範囲
二 対価の額並びにその支払の方法及び時期

(裁定の謄本の送達)
第八十七条 特許庁長官は、第八十三条第二項の裁定をしたときは、裁定の謄本を当事者及び当事者以外の者であつてその特許に関し登録した権利を有するものに送達しなければならない。
2 当事者に対し前項の規定により通常実施権を設定すべき旨の裁定の謄本の送達があつたときは、裁定で定めるところにより、当事者間に協議が成立したものとみなす。

(対価の供託)
第八十八条 第八十六条第二項第二号の対価を支払うべき者は、次に掲げる場合は、その対価を供託しなければならない。
一 その対価を受けるべき者がその受領を拒んだとき、又はこれを受領することができないとき。
二 その対価について第百八十三条第一項の訴の提起があつたとき。
三 当該特許権又は専用実施権を目的とする質権が設定されているとき。ただし、質権者の承諾を得たときは、この限りでない。

(裁定の失効)
第八十九条 通常実施権の設定を受けようとする者が第八十三条第二項の裁定で定める支払の時期までに対価(対価を定期に又は分割して支払うべきときは、その最初に支払うべき分)の支払又は供託をしないときは、通常実施権を設定すべき旨の裁定は、その効力を失う。

(裁定の取消し)
第九十条 特許庁長官は、第八十三条第二項の規定により通常実施権を設定すべき旨の裁定をした後に、裁定の理由の消滅その他の事由により当該裁定を維持することが適当でなくなつたとき、又は通常実施権の設定を受けた者が適当にその特許発明の実施をしない場合その他前項の規定による裁定を受けた者が適当にその特許発明の実施をしない場合において、その裁定を取り消すことができる。この場合においては、第八十三条第二項、第八十五条第一項及び第八十六条から前条までの規定を準用する。
2 前項の規定による裁定の取消しがあつたときは、通常実施権は、その後消滅する。

(裁定についての不服の理由の制限)
第九十一条の二 第八十三条第二項の規定による裁定についての行政不服審査法(昭和三十七年法律第百六十号)による異議申立てにおいては、その裁定で定める対価についての不服をその裁定についての不服の理由とすることができない。

(自己の特許発明の実施をするための通常実施権の設定の裁定)
第九十二条 特許権者又は専用実施権者は、その特許発明が第七十二条に規定する場合に該当するときは、同条の他人に対しその特許発明の実施をするための通常実施権又は実用新案権若しくは意匠権についての通常実施権の許諾について協議を求めることができる。
2 前項の協議を求められた第七十二条の他人は、その協議により通常実施権又は実用新案権若しくは意匠権についての通常実施権の許諾をしようとするときは専用実施権者の、これらの者がその特許発明若しくは登録実用新案若しくは登録意匠の実施又はその特許発明若しくは実用新案権若しくは意匠権の範囲内において、通常実施権を許諾することができる。
3 第一項の協議が成立せず、又は協議をすることができないときは、特許権者又は専用実施権者は、特許庁長官の裁定を請求することができる。
4 第二項の協議が成立せず、又は協議をすることができない場合に

294

特許法　抄録

おいて、前項の裁定の請求があったときは、第七項において準用する第八十四条の規定によりその者が答弁書を提出すべき期間として特許庁長官が指定した期間内に限り、特許庁長官の裁定を請求することができる。

5　特許庁長官は、第三項又は前項の場合において、当該通常実施権を設定することが第七十二条の他人又は専用実施権者の利益を不当に害することとなるときは、当該通常実施権を設定すべき旨の裁定をすることができない。

6　特許庁長官は、前項に規定する場合のほか、第四項の場合において、第三項の裁定の請求について通常実施権を設定すべき旨の裁定をしないときは、当該通常実施権を設定すべき旨の裁定をしなければならない。

7　第八十四条、第八十五条第一項及び第八十六条から前条までの規定は、第三項又は第四項の裁定に準用する。

(公共の利益のための通常実施権の設定の裁定)

第九十三条　特許発明の実施が公共の利益のため特に必要であるときは、その特許発明の実施をしようとする者は、特許権者又は専用実施権者に対し通常実施権の許諾について協議を求めることができる。

2　前項の協議が成立せず、又は協議をすることができないときは、その特許発明の実施をしようとする者は、経済産業大臣の裁定を請求することができる。

3　第八十四条、第八十五条第一項及び第八十六条から第九十一条の二までの規定は、前項の裁定に準用する。

(通常実施権の移転等)

第九十四条　通常実施権は、第八十三条第二項、第九十二条第三項若しくは第四項若しくは前条第二項、実用新案法第二十二条第三項若しくは意匠法第三十三条第三項の裁定による通常実施権を除き、実施の事業とともにする場合、特許権者(専用実施権についての通常実施権にあつては、特許権者及び専用実施権者)の承諾を得た場合及び相続その他の一般承継の場合に限り、移転することができる。

2　通常実施権は、前条第二項、実用新案法第二十二条第二項又は意匠法第三十三条第二項の裁定による通常実施権を除き、特許権者(専用実施権についての通常実施権にあつては、特許権者及び専用実施権者)の承諾を得た場合に限り、その通常実施権者の業務とともにする場合、特許権者及び専用実施権者の承諾を得た場合に限り、その通常実施権について質権を設定することができる。

3　第八十三条第二項、第九十二条第三項若しくは第四項若しくは前条第二項、実用新案法第二十二条第三項又は意匠法第三十三条第三項の裁定による通常実施権は、実施の事業とともにする場合に限り、移転することができる。

4　第九十二条第三項の裁定による通常実施権は、その通常実施権者の当該特許発明の実施の事業とともにする場合に限り、移転することができる。

5　第九十二条第四項の裁定による通常実施権は、その通常実施権者が実施をする意匠権が実施の事業と分離して移転したとき、又は消滅したときは消滅する。

6　第七十二条第一項の裁定による通常実施権は、実施の当該特許発明又は意匠権に従つて移転し、その特許権、実用新案権又は意匠権が消滅したときは消滅する。

(質権)

第九十五条　特許権、専用実施権又は通常実施権を目的として質権を設定したときは、質権者は、契約で別段の定をした場合を除き、当該特許発明の実施をすることができない。

第九十六条　特許権、専用実施権又は通常実施権を目的とする質権は、その特許権、専用実施権又は通常実施権の対価又は特許発明の実施に対してその特許権者若しくは専用実施権者が受けるべき金銭その他の物に対しても、行うことができる。ただし、その払渡又は引渡前に差押をしなければならない。

(特許権等の放棄)

第九十七条　特許権者は、専用実施権者、質権者又は第七十七条第四項の規定による通常実施権者があるときは、これらの者の承諾を得た場合に限り、その特許権を放棄することができる。

2　専用実施権者は、質権者又は第七十七条第四項の規定による通常実施権者があるときは、これらの者の承諾を得た場合に限り、その専用実施権を放棄することができる。

3　通常実施権者は、質権者があるときは、その承諾を得た場合に限り、その通常実施権を放棄することができる。

(登録の効果)

第九十八条　次に掲げる事項は、登録しなければ、その効力を生じない。

一　特許権の移転(相続その他の一般承継によるものを除く。)、信託による変更、放棄による消滅又は処分の制限

二　専用実施権の設定、移転(相続その他の一般承継によるものを除く。)、変更、消滅(混同又は特許権の消滅によるものを除く。)又

三　特許権又は専用実施権を目的とする質権の設定、移転（相続その他の一般承継によるものを除く。）、変更、消滅（混同又は担保する債権の消滅によるものを除く。）又は処分の制限
2　前項各号に掲げる行為の相続その他の一般承継の場合は、遅滞なく、その旨を特許庁長官に届け出なければならない。

第九十九条　通常実施権は、その登録をしたときは、その特許権若しくは専用実施権又はその特許権についての専用実施権をその後に取得した者に対しても、その効力を生ずる。
2　第三十五条第一項、第七十九条、第八十条第一項、第八十一条、第八十二条第一項又は第百七十六条の規定による通常実施権は、登録しなくても、前項の効力を生ずる。
3　通常実施権の移転、変更、消滅若しくは処分の制限又は通常実施権を目的とする質権の設定、移転、変更、消滅若しくは処分の制限は、登録しなければ、第三者に対抗することができない。

第二節　権利侵害
（差止請求権）
第百条　特許権者又は専用実施権者は、自己の特許権又は専用実施権を侵害する者又は侵害するおそれがある者に対し、その侵害の停止又は予防を請求することができる。
2　特許権者又は専用実施権者は、前項の規定による請求をするに際し、侵害の行為を組成した物（物を生産する方法の特許発明にあつては、侵害の行為により生じた物を含む。第百二条第一項において同じ。）の廃棄、侵害の行為に供した設備の除却その他の侵害の予防に必要な行為を請求することができる。

（侵害とみなす行為）
第百一条　次に掲げる行為は、当該特許権又は専用実施権を侵害するものとみなす。
一　特許が物の発明についてされている場合において、業として、その物の生産にのみ用いる物の生産、譲渡等若しくは輸入又は譲渡等の申出をする行為
二　特許が物の発明についてされている場合において、その物の生産に用いる物（日本国内において広く一般に流通しているものを除く。）であつてその発明による課題の解決に不可欠なものにつき、その発明が特許発明であること及びその物がその発明の実施に用いられることを知りながら、業として、その生産、譲渡等若しくは輸入又は譲渡等の申出をする行為
三　特許が物の発明についてされている場合において、その物を業としての譲渡等又は輸出のために所持する行為
四　特許が方法の発明についてされている場合において、業として、その方法の使用にのみ用いる物の生産、譲渡等若しくは輸入又は譲渡等の申出をする行為
五　特許が方法の発明（物を生産する方法の発明を除く。）についてされている場合において、その方法の使用に用いる物（日本国内において広く一般に流通しているものを除く。）であつてその発明による課題の解決に不可欠なものにつき、その発明が特許発明であること及びその物がその発明の実施に用いられることを知りながら、業として、その生産、譲渡等若しくは輸入又は譲渡等の申出をする行為
六　特許が物を生産する方法の発明についてされている場合において、その方法により生産した物を業としての譲渡等又は輸出のために所持する行為

（損害の額の推定等）
第百二条　特許権者又は専用実施権者が故意又は過失により自己の特許権又は専用実施権を侵害した者に対しその侵害により自己が受けた損害の賠償を請求する場合において、その者がその侵害の行為を組成した物を譲渡したときは、その譲渡した物の数量（以下この項において「譲渡数量」という。）に、特許権者又は専用実施権者がその侵害の行為がなければ販売することができた物の単位数量当たりの利益の額を乗じて得た額を、特許権者又は専用実施権者の実施の能力に応じた額を超えない限度において、特許権者又は専用実施権者が受けた損害の額とすることができる。ただし、譲渡数量の全部又は一部に相当する数量を特許権者又は専用実施権者が販売することができないとする事情があるときは、当該事情に相当する数量に応じた額を控除するものとする。
2　特許権者又は専用実施権者が故意又は過失により自己の特許権又は専用実施権を侵害した者に対しその侵害により自己が受けた損害の賠償を請求する場合において、その者がその侵害の行為により利益を受けているときは、その利益の額は、特許権者又は専用実施権者が受けた損害の額と推定する。
3　特許権者又は専用実施権者は、故意又は過失により自己の特許権又は専用実施権を侵害した者に対し、その特許発明の実施に対し受けるべき金銭の額に相当する額の金銭を、自己が受けた損害の額として

特許法 抄録

(生産方法の推定)
第百四条 物を生産する方法の発明について特許がされている場合において、その物が特許出願前に日本国内において公然知られた物でないときは、その物と同一の物は、その方法により生産したものと推定する。

(過失の推定)
第百三条 他人の特許権又は専用実施権を侵害した者は、その侵害の行為について過失があったものと推定する。

4 裁判所は、前項の規定により損害の賠償の額を定めるについて、故意又は重大な過失がなかったときは、これを参酌することができる。

その賠償を請求することができる。前項の規定は、同項に規定する金額を超える損害の賠償の請求を妨げない。この場合において、特許権又は専用実施権を侵害した者に故意又は重大な過失がなかったときは、裁判所は、損害の賠償の額を定めるについて、これを参酌することができる。

(具体的態様の明示義務)
第百四条の二 特許権又は専用実施権の侵害に係る訴訟において、特許権者又は専用実施権者が侵害の行為を組成したものとして主張する物又は方法の具体的態様を否認するときは、相手方は、自己の行為の具体的態様を明らかにしなければならない。ただし、相手方において明らかにすることができない相当の理由があるときは、この限りでない。

(特許権者等の権利行使の制限)
第百四条の三 特許権又は専用実施権の侵害に係る訴訟において、当該特許が特許無効審判により無効にされるべきものと認められるときは、特許権者又は専用実施権者は、相手方に対しその権利を行使することができない。

2 前項の規定による攻撃又は防御の方法については、これが審理を不当に遅延させることを目的として提出されたものと認められるときは、裁判所は、申立てにより又は職権で、却下の決定をすることができる。

(書類の提出等)
第百五条 裁判所は、特許権又は専用実施権の侵害に係る訴訟においては、当事者の申立てにより、当事者に対し、当該侵害の行為について立証するため、又は当該侵害の行為による損害の計算をするため必要な書類の提出を命ずることができる。ただし、その書類の所持者においてその提出を拒むことについて正当な理由があるときは、この限りでない。

2 裁判所は、前項ただし書に規定する正当な理由があるかどうかの判断をするため必要があると認めるときは、書類の所持者にその提示をさせることができる。この場合においては、何人も、その提示された書類の開示を求めることができない。

3 裁判所は、前項の場合において、第一項ただし書に規定する正当な理由があるかどうかについて前項後段の書類を開示してその意見を聴くことが必要であると認めるときは、当事者等(当事者(法人である場合にあつては、その代表者)又は当事者の代理人(訴訟代理人及び補佐人を除く。)、使用人その他の従業者をいう。以下同じ。)、訴訟代理人又は補佐人に対し、当該書類を開示することができる。

4 前三項の規定は、特許権又は専用実施権の侵害に係る訴訟における当該侵害行為について立証するため必要な検証の目的の提示について準用する。

(損害計算のための鑑定)
第百五条の二 特許権又は専用実施権の侵害に係る訴訟において、当事者の申立てにより、裁判所が当該侵害の行為による損害の計算をするため必要な事項について鑑定を命じたときは、当事者は、鑑定人に対し、当該鑑定をするため必要な事項について説明しなければならない。

(相当な損害額の認定)
第百五条の三 特許権又は専用実施権の侵害に係る訴訟において、損害が生じたことが認められる場合において、損害額を立証するために必要な事実を立証することが当該事実の性質上極めて困難であるときは、裁判所は、口頭弁論の全趣旨及び証拠調べの結果に基づき、相当な損害額を認定することができる。

(秘密保持命令)
第百五条の四 裁判所は、特許権又は専用実施権の侵害に係る訴訟において、その当事者が保有する営業秘密(不正競争防止法(平成五年法律第四十七号)第二条第六項に規定する営業秘密をいう。以下同じ。)について、次に掲げる事由のいずれにも該当することにつき疎明があった場合には、当事者の申立てにより、決定で、当事者等、訴訟代理人又は補佐人に対し、当該営業秘密を当該訴訟の追行の目的以外の目的で使用し、又は当該営業秘密に係るこの項の規定による命令を受けた者以外の者に開示してはならない旨を命ずることができる。ただし、その申立ての時までに当事者等、訴訟代理人又は補佐人が第一号に規定する準備書面の閲読又は同号に規定する証拠の取調べ若しくは開示以外の方法により当該営業秘密を取得し、又は保有していた場合は、この限りでない。

付録

一 既に提出され若しくは提出されるべき準備書面に当事者の保有する営業秘密が記載され、又は既に取り調べられ若しくは取り調べられるべき証拠（第百五条第三項の規定により開示された書類又は第百五条の七第四項の規定により開示された書面の内容に当事者の保有する営業秘密が含まれること。

二 前号の営業秘密が当該訴訟の追行の目的以外の目的で使用され、又は当該営業秘密に係る者以外の者に開示されることにより、当事者の事業活動に支障を生ずるおそれがあり、これを防止するため当該営業秘密の使用又は開示を制限する必要があること。

2 前項の規定による命令（以下「秘密保持命令」という。）の申立ては、次に掲げる事項を記載した書面でしなければならない。

一 秘密保持命令を受けるべき者

二 秘密保持命令の対象となるべき営業秘密を特定するに足りる事実

三 前項各号に掲げる事由に該当する事実

3 秘密保持命令が発せられた場合には、その決定書を秘密保持命令を受けた者に送達しなければならない。

4 秘密保持命令は、秘密保持命令を受けた者に対する決定書の送達がされた時から、効力を生ずる。

5 秘密保持命令の申立てを却下した裁判に対しては、即時抗告をすることができる。

（秘密保持命令の取消し）

第百五条の五 秘密保持命令の申立てをした者又は秘密保持命令を受けた者は、訴訟記録の存する裁判所（訴訟記録の存する裁判所がない場合にあつては、秘密保持命令を発した裁判所）に対し、前条第一項に規定する要件を欠くこと又はこれを欠くに至つたことを理由として、秘密保持命令の取消しの申立てをすることができる。

2 秘密保持命令の取消しの申立てについての裁判があつた場合には、その決定書をその申立てをした者及び相手方に送達しなければならない。

3 秘密保持命令の取消しの申立てについての裁判に対しては、即時抗告をすることができる。

4 秘密保持命令を取り消す裁判は、確定しなければその効力を生じない。

5 裁判所は、秘密保持命令を取り消す裁判をした場合において、秘密保持命令の取消しの申立てをした者又は相手方以外に当該秘密保持命令が発せられた訴訟において当該営業秘密に係る秘密保持命令を受けている者があるときは、その者に対し、直ちに、秘密保持命令を取り消す裁判をした旨を通知しなければならない。

（訴訟記録の閲覧等の請求の通知等）

第百五条の六 秘密保持命令が発せられた訴訟（すべての秘密保持命令が取り消された訴訟を除く。）に係る訴訟記録につき、民事訴訟法第九十二条第一項の決定があつた場合において、当事者から同項の規定する秘密記載部分の閲覧等の請求があり、かつ、その請求の手続を行つた者が当該訴訟において秘密保持命令を受けていない者であるときは、裁判所書記官は、同項の申立てをした当事者（その請求をした者を除く。第三項において同じ。）に対し、その請求後直ちに、その請求があつた旨を通知しなければならない。

2 前項の場合において、裁判所書記官は、同項の請求があつた日から二週間を経過する日までの間（その請求の手続を行つた者に対する秘密保持命令の申立てがその日までにされた場合にあつては、その申立てについての裁判が確定するまでの間）、その請求の手続を行つた者に同項の秘密記載部分の閲覧等をさせてはならない。

3 前二項の規定は、第一項の請求をした者に同項の秘密記載部分の閲覧等をさせることについて民事訴訟法第九十二条第一項の申立てをした当事者のすべての同意があるときは、適用しない。

（当事者尋問等の公開停止）

第百五条の七 特許権又は専用実施権の侵害に係る訴訟における当事者等の侵害の有無についての判断の基礎となる事項であつて当事者等の保有する営業秘密に該当するものについて、当事者本人若しくは法定代理人又は証人として尋問を受ける場合においては、裁判所は、裁判官の全員一致により、その当事者等が公開の法廷で当該事項について陳述をすることにより当該営業秘密に基づく当事者等の事業活動に著しい支障を生ずることが明らかであることから当該事項について十分な陳述をすることができず、かつ、当該陳述を欠くことにより他の証拠のみによつては当該事項を判断の基礎とすべき特許権又は専用実施権の侵害の有無についての適正な裁判をすることができないと認めるときは、決定で、当該事項の尋問を公開しないで行うことができる。

2 裁判所は、前項の決定をするに当たつては、あらかじめ、当事者等の意見を聴かなければならない。

3 裁判所は、前項の場合において、必要があると認めるときは、当事者等にその陳述すべき事項の要領を記載した書面の提示をさせることができる。この場合においては、何人も、その提示された書面の開

特許法　抄録

示を求めることができる。

4　裁判所は、前項後段の書面を開示してその意見を聴くことが必要であると認めるときは、当事者等、訴訟代理人又は補佐人に対し、当該書面を開示することができる。

5　裁判所は、第一項の規定により当該事項の尋問を公開しないで行うときは、公衆を退廷させる前に、その旨を理由とともに言い渡さなければならない。当該事項の尋問が終了したときは、再び公衆を入廷させなければならない。

（信用回復の措置）

第百六条　故意又は過失により特許権又は専用実施権を侵害したことにより特許権者又は専用実施権者の業務上の信用を害した者に対しては、裁判所は、特許権者又は専用実施権者の請求により、損害の賠償に代え、又は損害の賠償とともに、特許権者又は専用実施権者の業務上の信用を回復するのに必要な措置を命ずることができる。

第三節　特許料

（特許料）

第百七条　特許権の設定の登録を受ける者は、特許料として特許権の設定の登録の日から第六十七条第一項に規定する存続期間（同条第二項の規定により延長されたときは、その延長の期間を加えたもの）の満了までの各年について、一件ごとに、次の表の上欄に掲げる区分に従い同表の下欄に掲げる金額を納付しなければならない。

各年の区分	金額
第一年から第三年まで	毎年二千三百円に一請求項につき二百円を加えた額
第四年から第六年まで	毎年七千百円に一請求項につき五百円を加えた額
第七年から第九年まで	毎年二万千四百円に一請求項につき千七百円を加えた額
第十年から第二十五年まで	毎年六万千六百円に一請求項につき四千八百円を加えた額

2　前項の規定は、国に属する特許権には、適用しない。

3　第一項の規定による特許料は、特許権が国又は第百九条の規定若しくは他の法令の規定による特許料の軽減若しくは免除（以下この項において「減免」という。）を受ける者を含む者の共有に係る場合であつて持分の定めがあるときは、第一項の規定にかかわらず、国以外の各共有者ごとに同項に規定する特許料の金額（減免を受ける者にあつては、その減免後の金額）にその持分の割合を乗じて得た額を合算して得た額とし、国以外の者がその額を納付しなければならない。この場合において、当該金額に十円未満の端数があるときは、その端数は、切り捨てる。

4　第一項の特許料の納付は、経済産業省令で定めるところにより、特許印紙をもつてしなければならない。ただし、経済産業省令で定める場合には、経済産業省令で定めるところにより、現金をもつて納めることができる。

（特許料の納付期限）

第百八条　前条第一項の規定による第一年から第三年までの各年分の特許料は、特許権の設定の登録の日から三十日以内に一時に納付しなければならない。

2　前条第一項の規定による第四年以後の各年分の特許料は、前年以前に納付しなければならない。ただし、特許権の存続期間の延長登録をすべき旨の査定又は審決の謄本の送達があつた日（以下この項において「謄本送達日」という。）がその延長登録をすべき旨の査定又は審決の謄本の送達がないとした場合における特許権の存続期間の満了の日の属する年の末日から起算して前三十日目に当たる日以後であるときは、その年の次の年から謄本送達日の属する年までの各年分の特許料は、謄本送達日の属する年の末日までの日数が三十日に満たないときは、謄本送達日から三十日以内に一時に納付しなければならない。

3　特許庁長官は、特許料を納付すべき者の請求により、三十日以内を限り、第一項に規定する期間を延長することができる。

（特許料の減免又は猶予）

第百九条　特許庁長官は、次に掲げる者であつて資力に乏しい者として政令で定める要件に該当するときは、政令で定めるところにより、第百七条第一項の規定による第一年から第三年までの各年分の特許料を軽減し若しくは免除し、又はその納付を猶予することができる。

一　その特許発明の発明者又はその相続人

二　その特許発明の発明者又はその相続人の従業者等がした職務発明であつて、契約、勤務規則その他の定めによりあらかじめ使用者等に特許を受ける権利を承継させることが定められている場合において、その従業者等から特許を受ける権利を承継した使用者等

付　録

（利害関係人による特許料の納付）

第百十条　利害関係人は、納付すべき者の意に反しても、特許料を納付することができる。

2　前項の規定により特許料を納付した利害関係人は、納付すべき者が現に利益を受ける限度においてその費用の償還を請求することができる。

（既納の特許料の返還）

第百十一条　既納の特許料は、次に掲げるものに限り、納付した者の請求により返還する。

一　過誤納の特許料

二　特許を無効にすべき旨の審決が確定した年の翌年以後の各年分の特許料

三　特許権の存続期間の延長登録を無効にすべき旨の審決が確定した年の翌年以後の各年分の特許料（当該延長登録がないとした場合における存続期間の満了の日の属する年の翌年以後のものに限る。）

2　前項の規定による特許料の返還は、同項第一号の特許料については審決が確定した日から一年、同項第二号及び第三号の特許料については、納付した日から六月を経過した後は、請求することができない。

（特許料の追納）

第百十二条　特許権者は、第百八条第二項に規定する期間又は第百九条の規定による納付の猶予後の期間内に特許料を納付することができないときは、その期間が経過した後であっても、その期間の経過後六月以内にその特許料を追納することができる。

2　前項の規定により特許料を追納する特許権者は、第百七条第一項の規定により納付すべき特許料のほか、その特許料と同額の割増特許料を納付しなければならない。

3　前項の割増特許料の納付は、経済産業省令で定めるところにより、特許印紙をもってしなければならない。ただし、経済産業省令で定める場合には、経済産業省令で定めるところにより、現金をもって納めることができる。

4　特許権者が第一項の規定により特許料を追納することができる期間内に、第百八条第二項本文に規定する期間内に納付すべきであった特許料及び第二項の規定による割増特許料を納付しないときは、その特許権は、同条第二項本文に規定する期間の経過の時にさかのぼって消滅したものとみなす。

5　特許権者が第一項の規定により特許料を追納することができる期間内に第百八条第二項ただし書に規定する特許料及び第二項の割増特許料を納付しないときは、その特許権は、当該特許料を納付すべき期間の経過の時にさかのぼって消滅したものとみなす。

6　特許権者が第一項の規定により特許料を追納することができる期間内に第百九条の規定により納付が猶予された特許料及び第二項の割増特許料を納付しないときは、その特許権は、初めから存在しなかったものとみなす。

（特許料の追納による特許権の回復）

第百十二条の二　前条第四項若しくは第五項の規定により消滅したものとみなされた特許権又は同条第六項の規定により初めから存在しなかったものとみなされた特許権の原特許権者は、その責めに帰することができない理由により同条第一項の規定により特許料を追納することができる期間内に同条第四項から第六項までに規定する特許料及び割増特許料を納付することができなかったときは、その理由がなくなった日から十四日（在外者にあっては、二月）以内で、その期間の経過後六月以内に限り、その特許料及び割増特許料を追納することができる。

2　前項の規定による特許料及び割増特許料の追納があったときは、その特許権は、存続期間の満了の日の属する年の経過後特許料及び割増特許料を追納することができる期間の経過の時若しくは存続期間の満了の日の属する年の経過の時にさかのぼって回復し、又は初めから存続していたものとみなす。

（回復した特許権の効力の制限）

第百十二条の三　前条第二項の規定により回復した特許権の効力は、第百十二条第一項の規定により特許料を追納することができる期間の経過後特許権の回復の登録前における次に掲げる行為には、及ばない。

一　当該発明の実施

二　特許が物の発明についてされている場合において、その物の生産に用いる物の生産、譲渡等若しくは輸入又は譲渡等の申出をした行為

三　特許が物の発明についてされている場合において、その物を譲渡

300

| 特許法 抄録

四 特許が方法の発明についてされている場合において、その方法の使用に用いる物の生産、譲渡等若しくは輸入又は譲渡等の申出をした行為
五 特許が物を生産する方法の発明についてされている場合において、その方法により生産した物を譲渡等又は輸出のために所持した行為

付　録

不正競争防止法　抜粋（第一章、第二章、第五章）

（平成五年五月十九日法律第四十七号）

最終改正：平成二四年三月三一日法律第一二号

不正競争防止法（昭和九年法律第十四号）の全部を改正する。

第一章　総則（第一条・第二条）
第二章　差止請求、損害賠償等（第三条―第十五条）
第三章　国際約束に基づく禁止行為（第十六条―第十八条）
第四章　雑則（第十九条・第二十条）
第五章　罰則（第二十一条・第二十二条）
第六章　刑事訴訟手続の特例（第二十三条・第三十一条）
附則

第一章　総則

（目的）

第一条　この法律は、事業者間の公正な競争及びこれに関する国際約束の的確な実施を確保するため、不正競争の防止及び不正競争に係る損害賠償に関する措置等を講じ、もって国民経済の健全な発展に寄与することを目的とする。

（定義）

第二条　この法律において「不正競争」とは、次に掲げるものをいう。

一　他人の商品等表示（人の業務に係る氏名、商号、商標、標章、商品の容器若しくは包装その他の商品又は営業を表示するものをいう。以下同じ。）として需要者の間に広く認識されているものと同一若しくは類似の商品等表示を使用し、又はその商品等表示を使用した商品を譲渡し、引き渡し、譲渡若しくは引渡しのために展示し、輸出し、輸入し、若しくは電気通信回線を通じて提供して、他人の商品又は営業と混同を生じさせる行為

二　自己の商品等表示として他人の著名な商品等表示と同一若しくは類似のものを使用し、又はその商品等表示を使用した商品を譲渡し、引き渡し、譲渡若しくは引渡しのために展示し、輸出し、輸入し、若しくは電気通信回線を通じて提供する行為

三　他人の商品の形態（当該商品の機能を確保するために不可欠な形態を除く。）を模倣した商品を譲渡し、貸し渡し、譲渡若しくは貸

渡しのために展示し、輸出し、又は輸入する行為

四　窃取、詐欺、強迫その他の不正の手段により営業秘密を取得する行為（以下「不正取得行為」という。）又は不正取得行為により取得した営業秘密を使用し、若しくは開示する行為（秘密を保持しつつ特定の者に示すことを含む。以下同じ。）

五　その営業秘密について不正取得行為が介在したことを知って、若しくは重大な過失により知らないで営業秘密を取得し、又はその取得した営業秘密を使用し、若しくは開示する行為

六　その取得した後にその営業秘密について不正取得行為が介在したことを知って、又は重大な過失により知らないでその取得した営業秘密を使用し、又は開示する行為

七　営業秘密を保有する事業者（以下「保有者」という。）からその営業秘密を示された場合において、不正の利益を得る目的で、又はその保有者に損害を加える目的で、その営業秘密を使用し、又は開示する行為

八　その営業秘密について不正開示行為（前号に規定する場合において同号に規定する目的でその営業秘密を開示する行為又は秘密を守る法律上の義務に違反してその営業秘密を開示する行為をいう。以下同じ。）であること若しくはその営業秘密について不正開示行為が介在したことを知って、若しくは重大な過失により知らないで営業秘密を取得し、又はその取得した営業秘密を使用し、若しくは開示する行為

九　その取得した後にその営業秘密について不正開示行為があったこと若しくはその営業秘密について不正開示行為が介在したことを知って、又は重大な過失により知らないでその取得した営業秘密を使用し、又は開示する行為

十　営業上用いられている技術的制限手段（他人が特定の者以外の者に影像若しくは音の視聴若しくはプログラムの実行又は影像、音若しくはプログラムの記録をさせないために用いているものを除く。）により制限されている影像若しくは音の視聴若しくはプログラムの実行又は影像、音若しくはプログラムの記録（以下この号において「影像の視聴等」という。）を当該技術的制限手段の効果を妨げることにより可能とする機能を有する装置（当該装置を組み込んだ機器及び当該装置の部品一式であって容易に組み立てることができるものを含む。）若しくは当該機能を有するプログラム（当該プログラムが他のプログラムと組み合わされたものを含む。）を記録した記

302

不正競争防止法

十　録媒体若しくは記憶した機器を譲渡し、引き渡し、譲渡若しくは引渡しのために展示し、輸出し、輸入し、又は電気通信回線を通じて提供する行為を電気通信回線を通じて提供する行為を商品とする（当該装置又は当該プログラムが当該機能以外の機能を併せて有する場合にあっては、当該機能以外の機能によりり可能とする用途に供するために行うものに限る。）

十一　他人が特定の者以外の者に影像若しくは音若しくはプログラムの視聴等（影像若しくは音の視聴若しくはプログラムの実行をいう。以下この号において同じ。）をさせないために営業上用いている技術的利用制限手段により制限されている影像若しくは音の視聴等若しくはプログラムの実行又はプログラムの記録（影像若しくは音の視聴等をプログラムの電子計算機における実行を含む。以下この号において「影像の視聴等」という。）を可能とする機能を有する装置（当該装置を組み込んだ機器及び当該装置の部品一式であって容易に組み立てることができるものを含む。）若しくは当該機能を有するプログラム（当該プログラムが他のプログラムと組み合わされたものを含む。）を記録した記録媒体若しくは記憶した機器を譲渡し、引き渡し、譲渡若しくは引渡しのために展示し、輸出し、輸入し、若しくは電気通信回線を通じて提供し、又は当該機能を当該機能以外の機能と併せて有する役務を提供する行為（当該装置又は当該プログラムが当該技術的利用制限手段以外のプログラムの影像の視聴等を当該技術的利用制限手段の効果を妨げることにより可能とする用途に供するために行うものに限る。）

十二　不正の利益を得る目的で、又は他人に損害を加える目的で、他人の特定商品等表示（人の業務に係る氏名、商号、商標、標章その他の商品又は役務を表示するものをいう。）と同一若しくは類似のドメイン名を使用する権利を取得し、若しくは保有し、又はそのドメイン名を使用する行為

十三　商品若しくは役務若しくはその広告若しくは取引に用いる書類若しくは通信にその商品の原産地、品質、内容、製造方法、用途若しくは数量若しくはその役務の質、内容、用途若しくは数量について誤認させるような表示をし、又はその表示をした商品を譲渡し、引き渡し、譲渡若しくは引渡しのために展示し、輸出し、輸入し、若しくは電気通信回線を通じて提供し、若しくはその表示をして役務を提供する行為

十四　競争関係にある他人の営業上の信用を害する虚偽の事実を告知し、又は流布する行為

十五　パリ条約（商標法（昭和三十四年法律第百二十七号）第一項第二号に規定するパリ条約をいう。）の同盟国、世界貿易機関の加盟国又は商標法条約の締約国において商標に関する権利（商標権に相当する権利に限る。以下この号において単に「権利」という。）を有する者の代理人若しくは代表者又はその行為の日前一年以内に代理人若しくは代表者であった者が、正当な理由がないのに、その権利を有する者の承諾を得ないでその権利に係る商標と同一若しくは類似の商標をその権利に係る商品若しくは役務と同一若しくは類似の商品若しくは役務に使用し、又は当該権利に係る商品と同一若しくは類似の商品であって当該商標を使用したものを譲渡し、引き渡し、譲渡若しくは引渡しのために展示し、輸出し、輸入し、若しくは電気通信回線を通じて提供し、若しくは当該商標を使用して当該権利に係る役務と同一若しくは類似の役務を提供する行為

2　この法律において「商標」とは、商標法第二条第一項に規定する商標をいう。

3　この法律において「標章」とは、商標法第二条第一項に規定する標章をいう。

4　この法律において「商品の形態」とは、需要者が通常の用法に従った使用に際して知覚によって認識することができる商品の外部及び内部の形状並びにその形状に結合した模様、色彩、光沢及び質感をいう。

5　この法律において「模倣する」とは、他人の商品の形態に依拠して、これと実質的に同一の形態の商品を作り出すことをいう。

6　この法律において「営業秘密」とは、秘密として管理されている生産方法、販売方法その他の事業活動に有用な技術上又は営業上の情報であって、公然と知られていないものをいう。

7　この法律において「技術的制限手段」とは、電磁的方法（電子的方法、磁気的方法その他の人の知覚によって認識することができない方法をいう。次項において同じ。）により影像若しくは音の視聴若しくはプログラムの実行又は影像、音若しくはプログラムの記録を制限する手段であって、視聴等機器（影像若しくは音の視聴又はプログラムの実行のために用いられる機器をいう。以下同じ。）が特定の反応をする信号を影像、音若しくはプログラムとともに記録媒体に記録し、若しくは送信する方式又は視聴等機器に特定の変換を必要とする影像、音若しくはプログラムに係る記録若しくは送信する方式によるものをいう。

8　この法律において「プログラム」とは、電子計算機に対する指令で

付　録

あって、一の結果を得ることができるように組み合わされたものをいう。

9 この法律において「ドメイン名」とは、インターネットにおいて、個々の電子計算機を識別するために割り当てられる番号、記号又は文字の組合せに対応する文字、番号、記号その他の符号又はこれらの結合をいう。

10 この法律にいう「物」には、プログラムを含むものとする。

第二章　差止請求、損害賠償等

（差止請求権）

第三条　不正競争によって営業上の利益を侵害され、又は侵害されるおそれがある者は、その営業上の利益を侵害する者又は侵害するおそれがある者に対し、その侵害の停止又は予防を請求することができる。

2 不正競争によって営業上の利益を侵害され、又は侵害されるおそれがある者は、前項の規定による請求をするに際し、侵害の行為を組成した物（侵害の行為により生じた物を含む。第五条第一項において同じ。）の廃棄、侵害の行為に供した設備の除却その他の侵害の停止又は予防に必要な行為を請求することができる。

（損害賠償）

第四条　故意又は過失により不正競争を行って他人の営業上の利益を侵害した者は、これによって生じた損害を賠償する責めに任ずる。ただし、第十五条の規定により同条に規定する権利が消滅した後にその営業秘密を使用する行為によって生じた損害については、この限りでない。

（損害の額の推定等）

第五条　第二条第一項第一号から第九号まで又は第十五号に掲げる不正競争（同項第四号から第九号までに掲げるものにあっては、技術上の秘密（秘密として管理されている生産方法その他の事業活動に有用な技術上の情報であって公然と知られていないものをいう。）に関するものに限る。）によって営業上の利益を侵害された者（以下この項において「被侵害者」という。）が故意又は過失により自己の営業上の利益を侵害した者に対しその侵害により自己が受けた損害の賠償を請求する場合において、その者がその侵害の行為を組成した物を譲渡したときは、その譲渡した物の数量（以下この項において「譲渡数量」という。）に、被侵害者がその侵害の行為がなければ販売することができた物の単位数量当たりの利益の額を乗じて得た額を、被侵害者の当該物に係る販売その他の行為を行う能力に応じた額を超えない限度において、被侵害者が受けた損害の額とすることができる。ただし、譲渡数量の全部又は一部に相当する数量を被侵害者が販売することができないとする事情があるときは、当該事情に相当する数量に応じた額を控除するものとする。

2 不正競争によって営業上の利益を侵害された者が故意又は過失により自己の営業上の利益を侵害した者に対しその侵害により自己が受けた損害の賠償を請求する場合において、その者がその侵害の行為により利益を受けているときは、その利益の額は、その営業上の利益を侵害された者が受けた損害の額と推定する。

3 第二条第一項第一号から第九号まで、第十二号又は第十五号に掲げる不正競争によって営業上の利益を侵害された者は、故意又は過失により自己の営業上の利益を侵害した者に対し、次の各号に掲げる不正競争の区分に応じて当該各号に定める行為に対し受けるべき金銭の額に相当する額の金銭を、自己が受けた損害の額としてその賠償を請求することができる。

一　第二条第一項第一号又は第二号に掲げる不正競争　当該侵害に係る商品等表示の使用

二　第二条第一項第三号に掲げる不正競争　当該侵害に係る商品の形態の使用

三　第二条第一項第四号から第九号までに掲げる不正競争　当該侵害に係る営業秘密の使用

四　第二条第一項第十二号に掲げる不正競争　当該侵害に係るドメイン名の使用

五　第二条第一項第十五号に掲げる不正競争　当該侵害に係る商標の使用

4 前項の規定は、同項に規定する金額を超える損害の賠償の請求を妨げない。この場合において、その営業上の利益を侵害した者に故意又は重大な過失がなかったときは、裁判所は、損害の賠償の額を定めるについて、これを参酌することができる。

（具体的態様の明示義務）

第六条　不正競争による営業上の利益の侵害に係る訴訟において、不正競争によって営業上の利益を侵害され、又は侵害されるおそれがあると主張する者が侵害の行為を組成したものとして主張する物又は方法の具体的態様を否認するときは、相手方は、自己の行為の具体的態様

不正競争防止法

（書類の提出等）

第七条 裁判所は、不正競争による営業上の利益の侵害に係る訴訟においては、当事者の申立てにより、当事者に対し、当該侵害行為について立証するため、又は当該侵害の行為による損害の計算をするため必要な書類の提出を命ずることができる。ただし、その書類の所持者においてその提出を拒むことについて正当な理由があるときは、この限りでない。

2 裁判所は、前項ただし書に規定する正当な理由があるかどうかの判断をするため必要があると認めるときは、書類の所持者にその提示をさせることができる。この場合においては、何人も、その提示された書類の開示を求めることができない。

3 裁判所は、前項の場合において、第一項ただし書に規定する正当な理由があるかどうかについて前項後段の書類を開示してその意見を聴くことが必要であると認めるときは、当事者等（当事者（法人である場合にあっては、その代表者）又は当事者の代理人（訴訟代理人及び補佐人を除く。）、使用人その他の従業者をいう。以下同じ。）、訴訟代理人又は補佐人に対し、当該書類を開示することができる。

4 前三項の規定は、不正競争による侵害行為について立証するため必要な検証の目的物の提示について準用する。

（損害計算のための鑑定）

第八条 不正競争による営業上の利益の侵害に係る訴訟において、当事者の申立てにより、裁判所が当該侵害の行為による損害の計算をするため必要な事項について鑑定を命じたときは、当事者は、鑑定人に対し、当該鑑定をするため必要な事項について説明しなければならない。

（相当な損害額の認定）

第九条 不正競争による営業上の利益の侵害に係る訴訟において、損害が生じたことが認められる場合において、損害額を立証するために必要な事実を立証することが当該事実の性質上極めて困難であるときは、裁判所は、口頭弁論の全趣旨及び証拠調べの結果に基づき、相当な損害額を認定することができる。

（秘密保持命令）

第十条 裁判所は、不正競争による営業上の利益の侵害に係る訴訟において、その当事者が保有する営業秘密について、次に掲げる事由のいずれにも該当することにつき疎明があった場合には、当事者の申立てにより、決定で、当事者等、訴訟代理人又は補佐人に対し、当該営業秘密を当該訴訟の追行の目的以外の目的で使用し、又は当該営業秘密に係るこの項の規定による命令を受けた者以外の者に開示してはならない旨を命ずることができる。ただし、その申立ての時までに当事者等、訴訟代理人又は補佐人が第一号に規定する準備書面の閲読又は同号に規定する証拠の取調べ若しくは開示以外の方法により当該営業秘密を取得し、又は保有していた場合は、この限りでない。

一 既に提出され若しくは提出されるべき準備書面に当事者の保有する営業秘密が記載され、又は既に取り調べられ若しくは取り調べられるべき証拠（第七条第三項の規定により開示された書類又は第十三条第四項の規定により開示された書面を含む。）の内容に当事者の保有する営業秘密が含まれること。

二 前号の営業秘密が当該訴訟の追行の目的以外の目的で使用され、又は当該営業秘密が開示されることにより、当該営業秘密に基づく当事者の事業活動に支障を生ずるおそれがあり、これを防止するため当該営業秘密の使用又は開示を制限する必要があること。

2 前項の規定による命令（以下「秘密保持命令」という。）の申立ては、次に掲げる事項を記載した書面でしなければならない。

一 秘密保持命令を受けるべき者

二 秘密保持命令の対象となるべき営業秘密を特定するに足りる事実

三 前項各号に掲げる事由に該当する事実

3 秘密保持命令が発せられた場合には、その決定書を秘密保持命令を受けた者に送達しなければならない。

4 秘密保持命令は、秘密保持命令を受けた者に対する決定書の送達がされた時から、効力を生ずる。

5 秘密保持命令の申立てを却下した裁判に対しては、即時抗告をすることができる。

（秘密保持命令の取消し）

第十一条 秘密保持命令の申立てをした者又は秘密保持命令を受けた者は、訴訟記録の存する裁判所（訴訟記録の存する裁判所がない場合にあっては、秘密保持命令を発した裁判所）に対し、前条第一項に規定する要件を欠くこと又はこれを欠くに至ったことを理由として、秘密保持命令の取消しの申立てをすることができる。

2 秘密保持命令の取消しの申立てについての裁判があった場合には、その決定書をその申立てをした者及び相手方に送達しなければならな

付　録

い。

3　秘密保持命令の取消しの申立てについての裁判に対しては、即時抗告をすることができる。

4　裁判所は、秘密保持命令を取り消す裁判をした場合において、秘密保持命令の取消しの申立てをした者又は相手方以外に当該秘密保持命令が発せられた訴訟において当該営業秘密に係る秘密保持命令を受けている者があるときは、その者に対し、直ちに、秘密保持命令を取り消す裁判をした旨を通知しなければならない。

5　秘密保持命令を取り消す裁判は、確定しなければその効力を生じない。

（訴訟記録の閲覧等の請求の通知等）
第十二条　秘密保持命令が発せられた訴訟（すべての秘密保持命令が取り消された訴訟を除く。）に係る訴訟記録につき、民事訴訟法（平成八年法律第百九号）第九十二条第一項の決定があった場合において、当事者から同項に規定する秘密保持部分の閲覧等の請求があり、かつ、その請求の手続を行った者が当該訴訟において秘密保持命令を受けていない者であるときは、裁判所書記官は、同項の申立てをした当事者（その請求をした者を除く。第三項において同じ。）に対し、その請求後直ちに、その請求があった旨を通知しなければならない。

2　前項の場合において、裁判所書記官は、同項の請求があった日から二週間を経過する日までの間（その請求の手続を行った者に対する秘密保持命令の申立てがその日までにされた場合にあっては、その申立てについての裁判が確定するまでの間）、その請求の手続を行った者に同項の秘密記載部分の閲覧等をさせてはならない。

3　前二項の規定は、第一項の請求をした者に同項の秘密記載部分の閲覧等をさせることについて民事訴訟法第九十二条第一項の申立てをした当事者のすべての同意があるときは、適用しない。

（当事者尋問等の公開停止）
第十三条　不正競争による営業上の利益の侵害に係る訴訟における当事者等が、その侵害の有無についての判断の基礎となる事項であって当事者の保有する営業秘密に該当するものについて、当事者本人若しくは法定代理人又は証人として尋問を受ける場合においては、裁判所は、裁判官の全員一致により、その当事者等が公開の法廷で当該事項について陳述をすることにより当該営業秘密に基づく当事者の事業活動に著しい支障を生ずることが明らかであることから当該陳述を欠くことにより他の証拠のみによっては当該事項を判断の基礎とすべき不正競争による営業上の利益の侵害の有無についての適正な裁判をすることができないと認めるときは、決定で、当該事項の尋問を公開しないで行うことができる。

2　裁判所は、前項の決定をするに当たっては、あらかじめ、当事者等の意見を聴かなければならない。

3　裁判所は、前項の場合において、必要があると認めるときは、当事者等にその陳述すべき事項の要領を記載した書面の提示をさせることができる。この場合においては、何人も、その提示された書面の開示を求めることができない。

4　裁判所は、前項後段の書面を開示してその意見を聴くことが必要であると認めるときは、当事者等、訴訟代理人又は補佐人に対し、当該書面を開示することができる。

5　裁判所は、第一項の決定により当該事項の尋問を公開しないで行うときは、公衆を退廷させる前に、その旨を理由とともに言い渡さなければならない。当該事項の尋問が終了したときは、再び公衆を入廷させなければならない。

（信用回復の措置）
第十四条　故意又は過失により不正競争を行って他人の営業上の信用を害した者に対しては、裁判所は、その営業上の信用を害された者の請求により、損害の賠償に代え、又は損害の賠償とともに、その者の営業上の信用を回復するのに必要な措置を命ずることができる。

（消滅時効）
第十五条　第二条第一項第四号から第九号までに掲げる不正競争のうち、営業秘密を使用する行為に対する第三条第一項の規定による侵害の停止又は予防を請求する権利は、その行為を行う者がその行為を継続する場合において、その行為により営業上の利益を侵害され、又は侵害されるおそれがある保有者がその事実及びその行為を行う者を知った時から三年間行わないときは、時効によって消滅する。その行為の開始の時から十年を経過したときも、同様とする。

第五章　罰則

（罰則）
第二十一条　次の各号のいずれかに該当する者は、十年以下の懲役若しくは千万円以下の罰金に処し、又はこれを併科する。

不正競争防止法

一　不正の利益を得る目的で、又はその保有者に損害を加える目的で、詐欺等行為（人を欺き、人に暴行を加え、又は人を脅迫する行為をいう。以下この条において同じ。）又は管理侵害行為（財物の窃取、施設への侵入、不正アクセス行為（不正アクセス行為の禁止等に関する法律（平成十一年法律第百二十八号）第二条第四項に規定する不正アクセス行為をいう。）その他の保有者の管理を害する行為をいう。以下この条において同じ。）により、営業秘密を取得した者

二　詐欺等行為又は管理侵害行為により取得した営業秘密を、不正の利益を得る目的で、又はその保有者に損害を加える目的で、使用し、又は開示した者

三　営業秘密を保有者から示された者であって、不正の利益を得る目的で、又はその保有者に損害を加える目的で、その営業秘密の管理に係る任務に背き、次のいずれかに掲げる方法でその営業秘密を領得した者

イ　営業秘密記録媒体等（営業秘密が記載され、又は記録された文書、図画又は記録媒体をいう。以下この号において同じ。）又は営業秘密が化体された物件を横領すること。

ロ　営業秘密記録媒体等の記載又は記録について、その複製を作成すること。

ハ　営業秘密記録媒体等の記載又は記録であって、消去すべきものを消去せず、かつ、当該記載又は記録を消去したように仮装すること。

四　営業秘密を保有者から示されたその役員（理事、取締役、執行役、業務を執行する社員、監査役又はこれらに準ずる者をいう。次号において同じ。）又は従業者であって、不正の利益を得る目的で、又はその保有者に損害を加える目的で、その営業秘密の管理に係る任務に背き、その営業秘密の管理に係る任務に背き、その営業秘密を使用し、又は開示した者（前号に掲げる者を除く。）

五　営業秘密を保有者から示されたその役員又は従業者であった者であって、不正の利益を得る目的で、又はその保有者に損害を加える

六　営業秘密を保有者から示されたその役員又は従業者であった者であって、不正の利益を得る目的で、又はその保有者に損害を加える目的で、その在職中に、その営業秘密の管理に係る任務に背いてその営業秘密の開示の申込みをし、又はその営業秘密をその職について請託を受けて、その営業秘密をその職を退いた後に使用し、又は開示した者（第四号に掲げる者を除く。）

七　不正の利益を得る目的で、又はその保有者に損害を加える目的で、第二号又は前三号の罪に当たる開示によって営業秘密を取得して、その営業秘密を使用し、又は開示した者

次の各号のいずれかに該当する者は、五年以下の懲役若しくは五百万円以下の罰金に処し、又はこれを併科する。

一　不正の目的をもって第二条第一号又は第十三号に掲げる不正競争を行った者

二　他人の著名な商品等表示に係る信用若しくは名声を利用して不正の利益を得る目的で、又は当該信用若しくは名声を害する目的で第二条第一項第二号に掲げる不正競争を行った者

三　不正の利益を得る目的で第二条第一項第三号に掲げる不正競争を行った者

四　不正の利益を得る目的で、又は営業上の技術的制限手段を用いている者に損害を加える目的で、第二条第一項第十号又は第十一号に掲げる不正競争を行った者

五　商品若しくは役務若しくはその商品若しくは役務の広告若しくは取引に用いる書類若しくは通信にその商品の原産地、品質、内容、製造方法、用途若しくは数量又はその役務の質、内容、用途若しくは数量について誤認させるような虚偽の表示をした者

六　第二十一条第一項の規定に違反した者

七　第十六条、第十七条又は第十八条第一項の規定に違反した者

第一項第二号から第七号までの罪は、詐欺等行為若しくは管理侵害行為があった時又は保有者から示されていた営業秘密について、日本国内において管理されていた営業秘密について、日本国外において同項の罪を犯した者にも適用する。

第二項第六号の罪は、告訴がなければ公訴を提起することができない。

第二項第七号（第十八条第一項の規定に違反した者に係る部分に限る。）の罪は、刑法（明治四十年法律第四十五号）第三条の例に従う。

第一項及び第二項の規定は、刑法その他の罰則の適用を妨げない。

付　録

第二十二条　法人の代表者又は法人若しくは人の代理人、使用人その他の従業者が、その法人又は人の業務に関し、前条第一項第一号、第二号若しくは第七号又は第二項に掲げる規定の違反行為をしたときは、行為者を罰するほか、その法人に対して三億円以下の罰金刑を、その人に対して本条の罰金刑を科する。

2　前項の場合において、当該行為者に対してした前条第一項第一号、第二号及び第七号並びに第二項第六号の罪に係る同条第三項の告訴は、その法人又は人に対しても効力を生じ、その法人又は人に対してした告訴は、当該行為者に対しても効力を生ずるものとする。

3　第一項の規定により前条第一項第一号、第二号若しくは第七号又は第二項の違反行為につき法人又は人に罰金刑を科する場合における時効の期間は、これらの規定の罪についての時効の期間による。

玉井　誠一郎（たまい・せいいちろう）

大阪大学客員教授　博士（学術）
一般財団法人 大阪大学産業科学研究協会　専務理事
他に一般社団法人 知財経営推進企業協会（IPMA）理事、知財ブランド協会（SIR）代表など。昭和23年愛媛県松山市生まれ。愛光学園から大阪大学工学部、同大学院工学研究科卒業。大手電器メーカーにて溶接機器、溶接ロボット、視覚センサ、バーコード機器、ICカードおよびその端末、流通POSシステム、放射線機器、医療用機器等の研究開発から事業化（事業責任者）を担当。国内外に特許出願300件。発明協会表彰2回。定年までの10年間は半導体事業の知財経営活動の統括責任者。またこの間、中国ソフト開発委託事業推進責任者、自動認識工業会（現㈳日本自動認識システム協会）理事などを歴任。著書に『知財戦略経営概論』（日刊工業新聞社）など。
連絡先：ipbrand@gmail.com

阪大リーブル36

知財インテリジェンス
―知識経済社会を生き抜く基本教養―

発行日	2012年8月22日　初版第1刷　　〔検印廃止〕
著者	玉井　誠一郎
発行所	大阪大学出版会
	代表者　三成賢次
	〒565-0871
	大阪府吹田市山田丘2-7　大阪大学ウエストフロント
	電話：06-6877-1614（直通）　FAX：06-6877-1617
	URL　http://www.osaka-up.or.jp
印刷・製本	株式会社 遊文舎

ⓒSeiichiro TAMAI 2012　　　　　　　　　　　　　Printed in Japan
ISBN 978-4-87259-318-1　C1334

Ⓡ〈日本複製権センター委託出版物〉
本書を無断で複写複製（コピー）することは、著作権法上の例外を除き、禁じられています。本書をコピーされる場合は、事前に日本複製権センター（JRRC）の許諾を受けてください。
JRRC〈http://www.jrrc.or.jp　eメール：info@jrrc.or.jp　電話：03-3401-2382〉

阪大リーブル

HANDAI Live

001 ピアノはいつピアノになったか？
（付録CD「歴史的ピアノの音」）
伊東信宏 編
定価 1,785円

002 日本文学 二重の顔
〈成る〉ことの詩学へ
荒木浩 著
定価 2,100円

003 超高齢社会は高齢者が支える
年齢差別を超えて創造的老いへ
藤田綾子 著
定価 1,680円

004 ドイツ文化史への招待
芸術と社会のあいだ
三谷研爾 編
定価 2,100円

005 猫に紅茶を
生活に刻まれたオーストラリアの歴史
藤川隆男 著
定価 1,785円

006 失われた風景を求めて
災害と復興、そして景観
鳴海邦碩・小浦久子 著
定価 1,890円

007 医学がヒーローであった頃
ポリオとの闘いにみるアメリカと日本
小野啓郎 著
定価 1,785円

008 歴史学のフロンティア
地域から問い直す国民国家史観
秋田茂・桃木至朗 編
定価 2,100円

009 懐徳堂 墨の道 印の宇宙
懐徳堂の美と学問
湯浅邦弘 著
定価 1,785円

010 ロシア 祈りの大地
津久井定雄・有宗昌子 編
定価 2,205円

011 懐徳堂 江戸時代の親孝行
湯浅邦弘 編
定価 1,890円

012 能苑逍遙（上）世阿弥を歩く
天野文雄 著
定価 2,205円

013 わかる歴史・面白い歴史・役に立つ歴史
歴史学と歴史教育の再生をめざして
桃木至朗 著
定価 2,100円

014 芸術と福祉
アーティストとしての人間
藤田治彦 編
定価 2,310円

015 主婦になったパリのブルジョワ女性たち
一〇〇年前の新聞・雑誌から読み解く
松田祐子 著
定価 2,205円

016 医療技術と器具の社会史
聴診器と顕微鏡をめぐる文化
山中浩司 著
定価 2,310円

017 能苑逍遙（中）能という演劇を歩く
天野文雄 著
定価 2,205円

018 太陽光が育くむ地球のエネルギー
光合成から光発電へ
濱川圭弘・太和田善久 編著
定価 1,680円

019 能苑逍遙（下）能の歴史を歩く
天野文雄 著
定価 2,205円

020 懐徳堂 市民大学の誕生
大坂学問所懐徳堂の再興
竹田健二 編
定価 2,100円

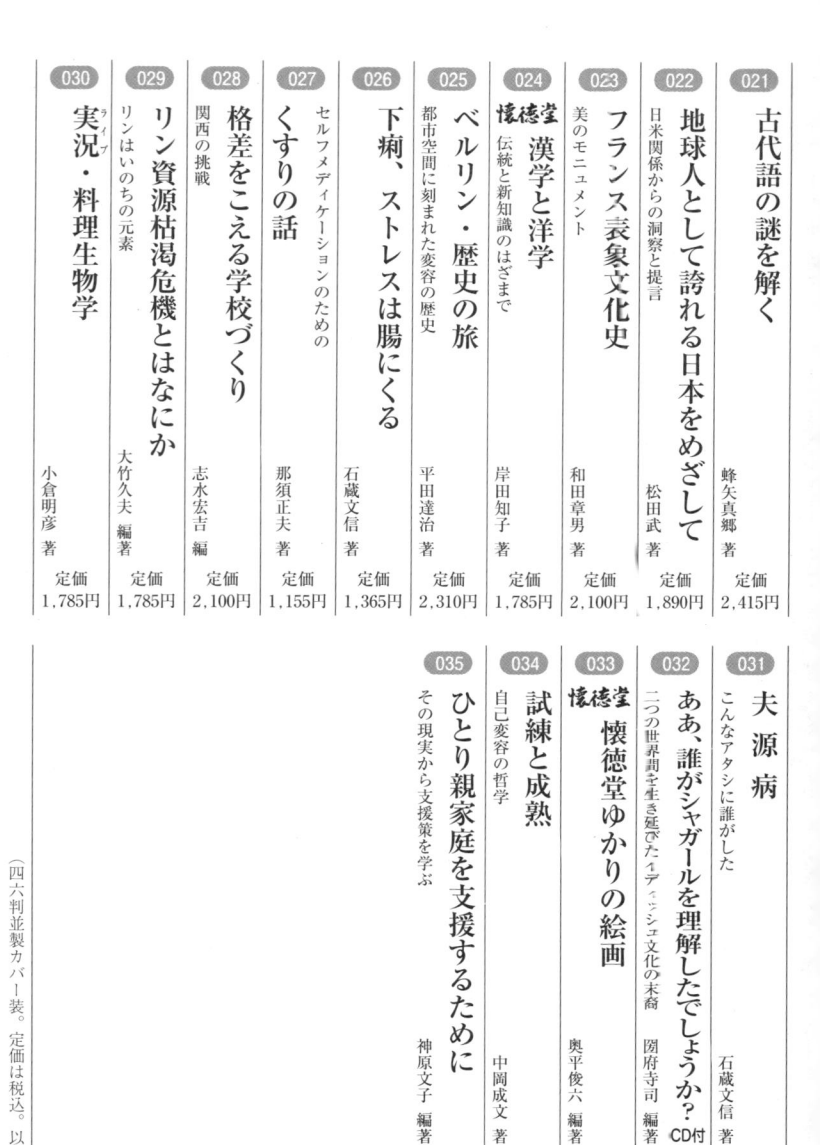

021 古代語の謎を解く
蜂矢真郷 著　定価 2,415円

022 地球人として誇れる日本をめざして
日米関係からの洞察と提言
松田武 著　定価 1,890円

023 フランス表象文化史
美のモニュメント
和田章男 著　定価 2,100円

024 懐徳堂 漢学と洋学
伝統と新知識のはざまで
岸田知子 著　定価 1,785円

025 ベルリン・歴史の旅
都市空間に刻まれた変容の歴史
平田達治 著　定価 2,310円

026 下痢、ストレスは腸にくる
石蔵文信 著　定価 1,365円

027 くすりの話
セルフメディケーションのための
那須正夫 著　定価 1,155円

028 格差をこえる学校づくり
関西の挑戦
志水宏吉 編　定価 2,100円

029 リン資源枯渇危機とはなにか
リン(ライフ)はいのちの元素
大竹久夫 編著　定価 1,785円

030 実況・料理生物学
小倉明彦 著　定価 1,785円

031 夫源病
石蔵文信 著　定価 1,365円

032 ああ、誰がシャガールを理解したでしょうか？
二つの世界潮を生き延びたイディッシュ文化の末裔
閔府寺司 編著　CD付　定価 2,100円

033 懐徳堂ゆかりの絵画
奥平俊六 編著　定価 2,100円

034 試練と成熟
自己変容の哲学
中岡成文 著　定価 1,995円

035 ひとり親家庭を支援するために
その現実から支援策を学ぶ
神原文子 編著　定価 1,900円

（四六判並製カバー装。定価は税込。以下続刊）